普通高等学校规划教材

旅游资源规划与开发

主　编　樊信友　郑　涛
副主编　舒　兰　朱　琨　漆明亮　何玉婷

人民交通出版社股份有限公司
China Communications Press Co.,Ltd.

内 容 提 要

按照旅游规划内容及工作程序，本书的篇章结构分为规划基础部分、主体部分、支持部分和保障部分。其中，基础部分有旅游规划概述、理论基础和资源分析；主体部分有规划目标体系和导向模式、空间规划、形象创意策划、产品规划和产业规划等；支持部分包括可持续发展规划、市场营销规划、旅游设施规划和交通旅游规划等；保障部分构建了完善的旅游要素保障体系。交通旅游与交通旅游规划成为本书的特色之一。

本书不但可以作为高等院校旅游管理专业学生教材，也可以作为旅游业管理者的学习参考书，还可以作为旅游规划人员的入门读物。

图书在版编目(CIP)数据

旅游资源规划与开发 / 樊信友，郑涛主编. — 北京：人民交通出版社股份有限公司，2018.9

ISBN 978-7-114-14974-0

Ⅰ. ①旅… Ⅱ. ①樊… ②郑… Ⅲ. ①旅游资源—经济规划②旅游资源—资源开发 Ⅳ. ①F590.3

中国版本图书馆 CIP 数据核字(2018)第 186166 号

普通高等学校规划教材

书　　名： 旅游资源规划与开发
著 作 者： 樊信友　郑　涛
责任编辑： 郭红蕊
责任校对： 刘　芹
责任印制： 张　凯
出版发行： 人民交通出版社股份有限公司
地　　址： (100011)北京市朝阳区安定门外外馆斜街 3 号
网　　址： http://www.ccpress.com.cn
销售电话： (010)59757973
总 经 销： 人民交通出版社股份有限公司发行部
经　　销： 各地新华书店
印　　刷： 北京印匠彩色印刷有限公司
开　　本： 787×1092　1/16
印　　张： 13.75
字　　数： 326 千
版　　次： 2018 年 9 月　第 1 版
印　　次： 2018 年 9 月　第 1 次印刷
书　　号： ISBN 978-7-114-14974-0
定　　价： 35.00 元

前言

随着社会的发展，旅游业已成为全球经济中发展势头最强劲和规模最大的产业。随着旅游业在国民经济中产业地位、经济作用逐步增强，其对国民经济的拉动性、乡村振兴的带动力和对文化与环境的促进作用也日益显现。2009 年，国务院颁布了《关于加快发展旅游业的意见》，明确提出要把旅游业培育成国民经济的战略性支柱产业和人民群众更加满意的现代服务业，我国旅游业发展面临前所未有的机遇。2016 年，旅游业被定位为“五大幸福产业”之首，在社会经济中占有重要地位。2017 年，我国旅游业持续取得佳绩，国内旅游人数超过 50 亿人次，入出境旅游总人数 2.7 亿人次，全年实现旅游总收入 5.4 万亿元，对 GDP 的综合贡献为 9.13万亿元，占 GDP 总量的 11.04%。

旅游地规划与开发是发展旅游业的基础，居于整个旅游产业链的最前端。旅游活动是由旅游主体、旅游介体和旅游客体组成的有机系统。其中，旅游主体指的是旅游者，旅游介体是为旅游活动提供便利和服务的产业，而旅游客体指旅游资源。要把旅游业办成旅游者满意的现代服务业，必须对旅游介体要素和旅游资源在时间和空间上进行合理的规划和科学的开发。旅游资源开发利用得好，就会促进当地经济的发展。例如，重庆市近年来大力发展旅游业，充分挖掘本地旅游资源，促进旅游产品的更新换代，搞好市场营销，因此旅游业蓬勃发展，也推动了当地经济的发展。而有些地方则没有充分利用当地的旅游资源，或是在开发过程中不注意合理规划，对旅游资源和生态环境造成了极大破坏，影响了旅游业的可持续发展。因此，做好旅游规划对旅游地建设乃至区域经济发展都有十分重要的意义。

旅游资源规划与开发作为一门应用性很强的课程，是为满足旅游实践而逐渐形成的。由于旅游发展的需要，20 世纪 80 年代出现了区域旅游规划，当时在没有理论指导的情况下，陈传康、郭来喜等老一辈学者把相关学科理论引入旅游规划中，并进行了经验总结和理论探索。我国旅游资源规划与开发方面的正式教材或著作在 20 世纪 90 年代中后期才相继出现，较为代表性的有：吴必虎的《区域旅游规划原理》(2001)、邹统钎的《旅游开发与规划》(1999)、辛建荣的《旅游区规划与管理》(1999)、赵黎明的《旅游规划教程》(2006)、马勇的《旅游规划与开发》(2012)等。这些教材或著作的出版，对成长中的旅游规划课程建设，发挥着重要作用。

本教材在吸收相关教材优点的基础上，结合旅游规划实践编写而成。相比同类教材，本教材有四大特点：一是按照旅游地规划的主要内容和工作程序来安排篇章结构，层次清楚，逻辑性强，便于学生从操作层面理解和掌握教学内容；二是突出交通特色，本教材结合旅游业发展趋势及编写人员背景条件，单独编写了旅游交通与交通旅游这一章节，这在国内尚属首次；三是面对全国，服务西部，在保证教材理论系统性和完整性的基础上，理论和案例的引入凸显西部特色，表现出服务西部的价值取向；四是实践性强，表现为以实践为线索整合理论内容，同时突出案例教学，让学生从案例教学中培养旅游规划实践操作能力。

本教材由重庆交通大学组织编写，编写成员为樊信友、郑涛、舒兰、朱琨、漆明亮和何玉婷六位。其中，樊信友拟订编写提纲并统稿修改。本书各章分工为：樊信友撰写第四章、第五章、第六章、第九章、第十章；郑涛参与撰写第五章和第十章；舒兰撰写第二章、第三章和第十一章；朱琨撰写第一章和第八章；何玉婷编写第七章；漆明亮撰写第十二章和第十三章。

本次编写，由于时间仓促，加之水平有限，难免有一些疏漏，我们将在使用中不断修改和完善，力争出版一部特色鲜明和应用性强的旅游资源规划与开发教材。本教材在编写过程中，参考了许多前人的研究成果，在此表示真诚的谢意。

目录

第一章　旅游规划概述 …… 1
　第一节　旅游规划的概念、分类及作用 …… 1
　第二节　旅游规划的原则、程序及内容 …… 4
　第三节　旅游规划发展历程及趋势 …… 10
　案例一　《海南省全域旅游建设规划》(2016—2020) …… 15
　案例二　《××度假区旅游总体规划》(2015—2030) …… 16
　本章思考题 …… 16
第二章　旅游规划的理论基础 …… 17
　第一节　旅游规划的经济学理论 …… 17
　第二节　旅游规划的系统理论 …… 22
　第三节　旅游规划的生态学理论 …… 23
　第四节　旅游规划的人类学理论 …… 25
　案例　宁夏全域旅游“四全”发展模式 …… 27
　本章思考题 …… 28
第三章　旅游资源及其评价 …… 29
　第一节　旅游资源的概念与分类 …… 29
　第二节　旅游资源的调查 …… 34
　第三节　旅游资源评价 …… 38
　案例　重庆市南山风景区旅游资源定量评价 …… 50
　本章思考题 …… 52
第四章　旅游规划的目标体系和导向模式 …… 53
　第一节　旅游规划的目标体系 …… 53
　第二节　旅游规划的导向模式 …… 55
　案例　基于体验经济的工业旅游开发模式 …… 57
　本章思考题 …… 59

第五章　旅游规划的空间结构与功能分区 …… 60
第一节　旅游空间结构 …… 60
第二节　旅游功能分区 …… 66
第三节　旅游空间结构规划的典型模式 …… 68
第四节　旅游区结构与建筑设施区位选择 …… 71
案例一　四川省"十三五"旅游业战略布局 …… 72
案例二　重庆市永川区卫星湖旅游总体布局与功能分区 …… 74
本章思考题 …… 75
第六章　旅游形象创意设计与传播 …… 76
第一节　旅游形象的含义、特点及分类 …… 76
第二节　旅游形象策划的影响因素 …… 78
第三节　旅游形象策划的过程与方法 …… 82
第四节　旅游形象的传播 …… 87
案例　格尔木旅游形象策划纲要 …… 89
本章思考题 …… 93
第七章　旅游产品创意开发 …… 94
第一节　旅游产品的概念与分类 …… 94
第二节　旅游产品策划的原则与影响因素 …… 96
第三节　旅游产品策划的过程与方法 …… 100
第四节　旅游产品组合 …… 106
案例　大足石刻旅游产品策划方案 …… 108
本章思考题 …… 114
第八章　旅游规划的市场分析及营销创意 …… 115
第一节　旅游市场分析及调研 …… 115
第二节　旅游市场细分 …… 119
第三节　旅游目标市场的选择及定位 …… 122
第四节　旅游市场营销组合 …… 124
案例一　宁夏旅游营销规划概要 …… 130
案例二　重庆市温泉消费市场调查问卷 …… 133
本章思考题 …… 136
第九章　旅游设施的时空规划 …… 137
第一节　旅游餐饮、住宿设施规划 …… 137
第二节　旅游购物、娱乐设施规划 …… 141

第三节 旅游基础设施规划…………………………………………………………… 145
案例 《大岚旅游服务设施规划》 ………………………………………………………… 148
本章思考题………………………………………………………………………………… 154
第十章 旅游交通与交通旅游…………………………………………………………… 155
第一节 旅游交通……………………………………………………………………… 155
第二节 交通旅游……………………………………………………………………… 160
第三节 交通与旅游融合发展………………………………………………………… 162
案例 宁波东钱湖地区旅游交通“三步曲”规划方法 ………………………………… 164
本章思考题………………………………………………………………………………… 168
第十一章 旅游可持续发展规划………………………………………………………… 169
第一节 旅游资源与环境保护的必要性与紧迫性…………………………………… 169
第二节 旅游环境容量………………………………………………………………… 173
第三节 旅游资源与环境保护的措施………………………………………………… 178
案例 重庆市永川区卫星湖景区旅游环境容量的测定………………………………… 180
本章思考题………………………………………………………………………………… 182
第十二章 旅游保障体系规划…………………………………………………………… 183
第一节 政策保障体系………………………………………………………………… 183
第二节 市场保障体系………………………………………………………………… 186
第三节 组织机构保障体系…………………………………………………………… 188
第四节 旅游人力资源规划…………………………………………………………… 190
第五节 社区参与……………………………………………………………………… 192
案例 梅里雪山雨崩村旅游社区参与的组织形式与分配制度………………………… 197
本章思考题………………………………………………………………………………… 199
第十三章 旅游规划与开发效益评估…………………………………………………… 200
第一节 旅游规划与开发效益评估的概念、分类与原则 …………………………… 200
第二节 旅游规划与开发效益评估的内容与方法…………………………………… 201
案例 乡村旅游投融资模式……………………………………………………………… 204
本章思考题………………………………………………………………………………… 208
参考文献………………………………………………………………………………… 209

第一章 旅游规划概述

教学目标与内容

本章介绍旅游规划相关概念并进行理论综述，让学生对旅游规划形成初步认识。要求学生掌握旅游规划的概念和分类；了解旅游规划的意义和作用；理解和掌握旅游规划的原则、程序和内容；了解中外旅游规划发展的历程和趋势。

第一节 旅游规划的概念、分类及作用

一、旅游规划的概念

旅游规划是旅游发展到一定阶段才出现的对旅游系统的规划与控制，是人类旅游活动发展到一定层次的标志，是旅游产业得以不断升级和提高的方法。

规划(Planning)是对未来各种长远活动方案的选样，具有宏观性、长远性、战略性和预测性。规划通常兼有两层含义：一是描绘未来，即规划是人们根据现在的认识对未来目标和发展状态的构想；二是行为决策，即规划实现未来目标或达到未来发展状态的行动顺序和步骤的决策。

旅游规划(Tourism Planning)则是从规划理论及管理科学理论衍生而来的，顾名思义就是对旅游地进行规划。这里的“旅游”并非一般意义上的旅游活动，而是整个旅游系统。我国学者陈安泽和卢云亭提出旅游系统由供给系统和需求系统组成，而供给系统则包括地域系统、旅游服务系统、旅游教育系统和旅游商品系统四个子系统。马勇、李玺在《旅游规划与开发》一书中将旅游系统界定为：由旅游客源市场子系统、旅游目的地吸引力系统、旅游企业子系统以及旅游支撑与保障子系统四个部分组成具有特定的结构、功能和目标的综合体。可以看到，旅游系统具有整体性、层次性和动态性的特点。

不同的学者对旅游规划的概念给予了不同的定义。

在国外，墨非(Murphy,1985)的定义是：“预测与调节系统内的变化，以促进有秩序的开发，从而扩大开发过程的社会效益、经济效益和环境效益。它是一个连续的操作过程，可以达到某一目标或平衡几个目标。”盖茨(Getz,1987)的定义是：“在调查研究与评价的基础上，寻求旅游业对人类福利和环境质量的最优贡献的过程。”甘恩(Gunn,1992)认为：“旅游业起源于游客对旅游的欲望，终止于对这种欲望的满足，因此，规划者决不能忽视游客的需求。”旅游规

划的首要目标是满足游客的需要。他吸收大卫多夫(Davidoff)和瑞内尔(Reiner)的观点,将旅游规划定义为:“经过一系列选择,决定合适的未来的行动过程。”这个过程是动态的、反馈的,未来的行动不仅指政策的制定,而主要是指目标的实现。

在国内,马勇、李玺在《旅游规划与开发》中将旅游规划界定为:“在旅游资源调查和评价的基础上,针对旅游资源的属性、特色和旅游地的发展规律,根据社会、经济和文化的发展趋势,对旅游资源进行总体布局、项目方案设计和具体实施。”赵黎明认为:“旅游规划是对未来旅游发展状况的构想和安排,它建立在一定的现实的调查与评价基础上,通过一系列方法寻求最佳决策,以实现经济效益、社会效益和环境效益最大化。”《旅游规划通则》(GB/T 18971—2003)对旅游规划的界定是:“根据旅游业的历史、现状和市场要素的变化所制定的目标体系,以及为实现目标体系在特定的发展条件下对旅游发展的要素所做的安排。”总的说来,我国学者认为旅游规划是对旅游业未来发展的设想和策划,其目标是根据发展需求尽可能合理有效地分配与利用旅游资源以及旅游接待能力、交通运输能力和保障支持能力等,以提升旅游产品吸引力和营造良好旅游环境,获得发展旅游业的经济效益、社会效益和环境效益。

综合国内外学者对旅游规划的界定,我们可以发现这些阐述强调旅游规划以调研评价研究为基础,以预测调整为手段,以实现协调发展和综合效益为目标。但任何学术概念的界定需要在抽象和具体之间找到一个平衡点,不能太抽象放之四海而皆准,也不能太具体而失去了概括性。根据规划概念,结合旅游系统,本书对旅游规划的定义为:以当地社会、经济和文化为背景,以旅游资源为基础,以市场为出发点,确定目标体系,并对实现目标的旅游及相关要素进行统筹安排,最终实现一定的经济效益、社会效益和环境效益。

二、旅游规划的分类

旅游规划按照不同的标准可以分为以下几类:

(一)按旅游规划的时空二维尺度分类

1. 按空间尺度分类

就空间范围与规模而言,旅游规划可分为国际协调旅游规划、全国旅游业规划、区域旅游业规划、地方旅游业规划和旅游景区规划等。例如,东盟国家之间,就在旅游业经营中采取统一宣传、统一促销、统一价格的协调行动。但是旅游规划中数量居多的还是地方旅游业规划和旅游景区规划。

2. 按时间尺度分类

就时间阶段和内容而言,旅游规划可分为旅游开发战略规划(即远期规划)和旅游地或旅游项目开发建设规划(中期和近期规划)。

(二)按旅游规划的内容和层次分类

从旅游规划的内容和层次上来看旅游规划可以分为两大类:一类是旅游综合规划,另一类是旅游专题规划。

1. 旅游综合规划

旅游综合规划是一个区域的规划概念，它指按照国家和地方旅游业发展纲要精神，结合国家旅游产业布局的要求，提出合理推进旅游业可持续发展的总体设想。包括长远发展的目标，以及在综合分析影响该区域旅游发展的国际国内旅游业形势及相关因素的基础上所提出的实施方案。它需要对区内旅游资源的赋存状况及特征进行系统分析和定性定量的评价，对影响区域发展的区位条件、区内外旅游因子及相关因素做全面的研究，对区域旅游的结构和功能进行深入的剖析，最后提出区域旅游发展的方向、规模和目标。

旅游综合规划还包括区域旅游发展战略的研究和制定。它主要研究该区域未来旅游发展的总体构想和战略布局，具有控制全局，统一认识，决定旅游区专题规划的内容、规模、性质、措施和实施步骤等重大作用。

2. 旅游专题规划

旅游专题规划又称为部门规划，是在区域旅游综合规划的指导下，针对旅游开发过程中的各个部门而提出的专题计划，主要是基础设施建设计划，涉及旅游饭店、旅行社、旅游交通、旅游娱乐设施以及供电、供水、能源、通信等，基本上涵盖了旅游业的六大要素。这些基础设施建设必须根据区域旅游发展的地域分工，区域旅游的发展方向、发展规模，结合客源层次类型、游客的消费水平对各项基础设施建设进行科学定位，确定其建设数量、规模、档次和时间。

（三）按规划的深度要求分类

从旅游规划所使用的技术方法和规划深度来看，旅游规划可划分为旅游发展总体规划、控制性详细规划和修建性详细规划。这三类规划在技术要求和规划深度上逐步增强。

1. 旅游发展总体规划

旅游发展总体规划的期限一般为 10 ~ 20 年，主要目的是确定区域旅游发展目标和制定发展战略，同时可根据需要对旅游区的远景发展做出轮廓性的规划安排。对于旅游区近期的发展布局和主要建设项目，亦应做出近期规划，期限一般为 3 ~ 5 年。旅游区总体规划的任务是分析旅游区客源市场，确定旅游区的主题形象，划定旅游区的用地范围及空间布局，安排旅游区基础设施建设内容，提出开发措施。

2. 控制性详细规划

控制性详细规划一般是针对规模较小的区域编制的规划，比如说旅游景区或景点，目的在于控制区域土地的使用，即将区域中的土地划分成许多地块，并规定每个地块的使用类型和方式。该规划年限较总体规划要短，约 10 年。在规划图件上，控制性详细规划较总体规划要求高，需要大量比例尺为 1∶2 万左右的规划图纸，包括土地利用现状图和土地利用规划图。

3. 修建性详细规划

修建性详细规划是旅游规划中最为基础的规划类型，其目的是指导旅游工程建设。在内容上，修建性详细规划更为细致，涉及建筑的体量、材质、外观、给排水、供电、交通、环卫、绿化等。规划图件更是该类规划的重要组成部分，除上述内容外，还涉及建筑立面景观效果、景源视线分析、环境效果分析等。修建性详细规划兼有旅游规划和建筑设计的特点，专业性更强。

三、旅游规划的意义与作用

旅游资源是旅游活动的客体和旅游业的基础，它同其他资源一样，必须经过开发才能为人所识、为人所用。旅游资源的价值直接受到开发是否合理、利用是否充分的影响，由此可见，旅游规划对旅游地的建设乃至整个旅游业的发展都具有十分重要的意义。

（一）旅游规划是提高旅游资源吸引力的必要手段

一方面，旅游资源的吸引力来源于其自身的“美、古、名、奇、特、用”，但这种吸引力往往带有隐藏性和原始性，必须通过一定的开发予以发掘，加以修饰，才能突出其个性特征。另一方面，旅游资源的吸引力在很大程度上受旅游者心理的影响。然而，随着旅游业的快速发展，旅游者的需求品位越来越高，旅游资源要保持持久的吸引力，就必须常变常新，因而旅游资源的规划显得很有必要。

（二）旅游规划是形成良好旅游目的地的有效途径

特色、优势的旅游资源加上良好的可进入性，可以保证旅游规模和开发深度适宜；对区域内各种旅游资源的组合适当，和谐地体现各种资源的美学价值；注重环境保护，以确保旅游业的可持续发展。总之，一个良好的旅游目的地要使旅游资源优势得到充分的转化和利用，让游客游有所值，游有所得。切实可行的规划，不仅能让旅游资源身价百倍，而且能协调好旅游业内部以及旅游业与其他行业之间的关系，从而达到形成良好旅游目的地的目标。

（三）旅游规划是促进旅游业三大效益协调发展的重要保证

在旅游开发中，普遍存在未经认真考察和科学分析便匆匆实施开发的现象，这往往容易导致对旅游资源破坏性的开发。同时，由于缺乏旅游容量的限制而导致旅游资源的超负荷利用以及旅游管理工作中的一些失误，也会严重破坏旅游资源，降低环境质量。因此，要使旅游业的经济、社会和生态环境三大效益协调发展，认真做好旅游规划是必不可少的。

（四）旅游规划是推动旅游业可持续发展的有力措施

旅游规划，首先应明确旅游资源的开发方向和客源市场，并且对地区旅游业的发展阶段、规模等做出总体规划，从而指导旅游业的有序发展。所涉及的行业和部门，包括交通、通信、能源、信息、教育、科研、工农业生产、对外贸易、环境保护等，可以有力地推动整个地区旅游业的可持续发展。

第二节　旅游规划的原则、程序及内容

一、旅游规划的原则

旅游规划是对已科学评价过的各类旅游资源做出全面系统的安排。其目的是为了更加合理有效地开发利用旅游资源，使潜在的旅游资源转化为可为旅游业利用的现实旅游设计和产品。开展旅游规划必须重点考虑两个方面的问题：一方面是旅游者的需求；另一方面是旅游资源本身的特点及其所处的环境条件。规划要确保旅游资源开发后能实现经济、社会、生态环境三个效益的统一。旅游规划应遵循以下原则：

（一）形象原则

通过开发，创造出鲜明的旅游形象，这是旅游规划的基本要求。旅游形象要有自己的特色、鲜明的主题和无穷的魅力，才能吸引众多的旅游者，增强旅游地的竞争力。在旅游规划中，切忌模仿、抄袭，否则就没有新意，不能引起游客的兴趣。

（二）市场原则

市场条件是进行旅游规划所要考虑的主要问题之一。有源源不断的游客前来观赏，旅游景点才能长盛不衰。而旅游市场客源受许多因素制约，如游客的动机和需求，风景的吸引力，旅游资源的种类、性质、数量、地理位置，自然环境，交通条件，经营水平等。这就要求我们在对旅游资源进行综合开发时必须灵活地适应旅游市场和旅游地的发展需要。

（三）美学原则

旅游资源之所以具有吸引旅游者的功能，其重要原因就在于它自身具有美的魅力。因而旅游规划应尽量体现旅游资源的美学特征。在开发中，任何人工建筑物的体量、造型、风格、色彩等都应与相应的自然环境和旅游气氛融为一体，体现自然美与人工美的和谐统一，体现旅游资源的时空结构特色，合理发挥旅游资源的神韵美。

（四）效益原则

旅游资源开发的目的是充分挖掘旅游者的潜在价值，追求经济、社会和生态环境三方面最大的综合效益。在规划中要选准突破口，尽快收回投资，获取利润。在取得经济效益的同时，还要注重社会效益，更应注重生态环境的保护和建设，从而使旅游区能够真正实现可持续发展。

（五）保护原则

凡具有价值的旅游资源都必须妥善加以保护。某些自然景观如山岩、溶洞、古木，往往位于高山深谷、人烟稀少的脆弱生态带，一旦遭到破坏便不能再生，即使付出巨大代价予以恢复，如仿造，其意义也大不相同。从这种意义上来说，旅游资源是不可替代的。因此，在进行旅游规划时应坚持“保护第一”的原则，并划出相应的保护区域、类别和等级，切实采取有效措施使旅游资源的保护工作落到实处。

二、旅游规划的程序

（一）调查分析

1. 工作准备

首先是明确任务，以有计划、可控制的方式发展旅游，确定旅游规划的任务、范围。其次是组织准备，挑选或组建合理的规划小组（以旅游规划专家为核心的，专业化的多学科队伍），成立旅游规划领导小组（包括与旅游有关的各职能部门）。最后制订工作计划，按规划人员结构、财力、设备、信息资料和时间条件，有效地组织安排规划编制工作计划，包括最终成果的内容、完成期限、阶段目标、操作方法与技术可行性安排。

2. 资料准备工作

规划资料包括基础资料和专业资料两大部分。基础资料通常由旅游规划的委托方提供，要求委托方必须精确地提供有关旅游系统关键因素的信息，包括地质地貌勘察资料、测绘资料、气象资料、水文资料、历史资料、社会文化资料、社会经济统计资料、交通运输资料、基础设施资料、服务设施资料、宣传媒体资料、土地利用状况与权属关系、生态环境资料、灾害与治安资料、风景旅游资料、政策法规资料，以及各类有关规划和图件、各部门所积累的有关资料和研究报告等。专业资料包括外部环境的相关资料，如国内外局势、发展动态、研究成果、旅游供求状况、相关案例等。

3. 调查工作

对当地及相关地区，与旅游相关的众多因素进行调查。通过专项调查和抽样调查，把握现有旅游者构成情况和潜在客源市场。目前，许多国家有专门的调查机构和定期进行的旅游调查，如机场乘客情况调查。这些调查资料，直接为公众所共享。其他调查方式，如座谈会、电话采访、调查表发放等，也可以使用。调查内容包括：现有旅游基础设施；现有旅游服务设施及服务；当地进出通道及交通运输状况；土地利用的总体情况；经济和社会发展模式；旅游开发项目的情况；自然及文化环境特征；可参与的文化风俗和节庆活动；当前政府的发展政策、计划；地方的投资和融资能力；旅游者满意程度；现有管理体制、科技、培训、劳动力，等等。

4. 现状评价

现状评价主要包括市场评价、资源评价、开发状况评价、保护状况评价、产业结构评价、管理机制评价、已有规划与政策的实施状况评价。

5. 发展预测

考虑旅游者到达该地区所需的时间和消费能力，并与竞争地的情况相比较，确定能被吸引的旅游者种类及数量，做出现实旅游需求（市场现状）分析与预测。这是对经济规模预测，服务设施和基础设施建设，劳动力需求预测，经济、环境和社会影响评估的前提。旅游者消费兴趣和消费习惯的变化非常重要，必须充分借助有关调查和研究，及时捕捉市场的需求变化。

6. 分析综合

该阶段的任务是，在市场调查、现状评价和发展预测的基础上，进行旅游客源市场综合分析、形势分析、发展机会与风险分析，对旅游与当地社会经济发展规划、城市规划和其他相关规划的关系进行研究，并研究旅游发展政策、管理机制。在客观、全方位把握现状的基础上，通过优势、劣势、机会、风险分析，确认目前所具备的优势与可能、劣势与阻力。分析综合阶段，是旅游规划的核心阶段，一般说来，这时要在旅游项目、信息与营销、旅游支持体系、旅游保障体系等方面，提出具体明确的目标。

(二)确定目标

包括五个“定”:一是定性质。旅游系统的性质,指规划范围内的旅游事业在国民经济和社会发展中所处的地位和作用,以及该系统在区域旅游网络中的分工和职能。规划定性,通过现状定位、理想定位,反映旅游系统发展的大方向。二是定指导思想。指导思想,是指导规划工作的方针,一般是对宏观政策背景、社会价值观背景、科技发展背景、经济发展形势与客观条件分析综合的客观反映和理性认识。三是定目标,即确定旅游系统发展的预期方位。该目标无论由谁、由何种方法确定,均需在本规划范围内根据实际情况进行市场可能性、资源承受性、社会接收性的检验。旅游发展目标必须综合平衡经济、环境及社会等因素;旅游发展目标的确定,应该在当地居民以及政府机构的密切合作下进行。四是定指标。发展指标,反映了发展的具体坐标。它将定性、概略和抽象的规划目标,具体化为一组量化的技术数据。发展指标在初步确定后,通常在规划制定过程中依据所反馈的信息加以斟酌变动。五是定战略,即根据现状定位和理想定位所提出的发展任务、总体目标和具体指标,在全面综合分析优势与可能、劣势与阻力的基础上,研究、选择和制定发展方针、战略举措和发展模式。

(三)规划部署

一是寻求法规、政策依据。国家或地方旅游法规、政策,包括专项旅游法规、政策和相关旅游法规、政策,都是旅游规划的主要依据。专项旅游法规、政策,是一个国家或地区发展旅游业的专门政策,常与发展旅游业要实现的总体目标有关。二是明确结构布局。结构布局的任务是,依据规划目标、战略和法规政策,对旅游系统进行结构性调控,推动旅游系统的结构向特定的方向变换,以满足旅游系统合理发展的要求。以规划目标为中枢,通过结构布局,解决条条和块块的矛盾、保护与开发的矛盾、规模与承受力的矛盾、重点与一般的矛盾、近期与远期的矛盾,初步建构各部分的协同关系。三是各项规划部署,包括旅游区区划、旅游产品体系规划、支持体系规划、保障体系规划和旅游管理机制调整等。各项规划部署必须将总体的、远期的规划目标逐层分解,落实到各部分和专项规划之中;不断进行回馈校核,分析执行过程中可能造成的影响、冲突,直至与现行法规、政策和周边地区、相关部门的近期规划相协调。

(四)规划优化与评审

1. 规划优化工作

规划方案初稿完成后,要在征询各方意见的基础上,进行各系统之间的综合平衡协调与规划优化工作。在此优化过程中,可以酌情选用或综合使用下述方法:方案列表比选法、目标—成果法、投入产出法、综合平衡法。没有哪一种方法十全十美,比如,最为有效的方法往往导致可行性低,或操作复杂,结果难懂。为简化规划工作又不致将问题简单化,可将工作过程划分为两个阶段:首先对所有问题做概略地分析,将确实最重要的与不很重要的区分开来,然后再对那些最重要的问题进行精确的、详细的分析研究。整个优化过程,需要灵活运用各种方法,通过多次反馈调整,确定最合理的方案。

2. 规划成果制作

由规划编制人员制作正式的旅游规划成果。规划成果,分为规划文件和规划图纸两大部分。规划文件包括规划文本、规划说明书和基础资料汇编三个部分。规划文本，是对旅游规划的目标、战略、规划内容所提出的规定性文件；规划说明书，是对规划文本的具体解释；基础资料汇编，是指收录在规划编制过程中汇集整理的基础资料、技术数据、调查统计资料、计算过程、专题研究报告等等。规划图纸的比例、内容分项、绘制手段、绘制精度，可视规划阶段、规划类型及实际需要而定。但是，勘察测量图件必须符合勘察测绘主管部门的有关规定和质量要求。

3. 规划评审与审批

旅游规划，涉及各部门、各社区和各个利益团体。它们又必须自我约束，共同遵守旅游规划，故需取得人们的广泛理解和支持，并报政府、人大审批。因此，旅游规划方案形成后，要广泛征求专家和各部门意见，鼓励公众积极参与，接受社会评判和修改，报政府有关部门审查，或者经政府修改定稿后，报人大审批、公布旅游规划文件。

（五）实施监管与规划修编

旅游规划审批以后，规划工作远远没有结束。要使合理的旅游发展理想成为现实，必须进一步通过行政、经济、法律、技术等手段，来实施旅游监管和规划修编。它应被看作是旅游规划整体过程中的一个最有价值的组成部分。

三、旅游规划的内容

（一）当地的自然社会状况

自然状况包括当地的自然条件、环境质量、自然灾害、气候、植被等；社会状况包括历史变革、民族成分、社会经济、民风民俗等。在规划中应对最主要的特征部分进行详细的阐述，甚至在某些方面提供非常具体的材料。例如在社会状况中，最基本的要素是历史情况、民族情况、经济发展状况，还必须有各个民族具体的人口数目、人均消费水平等资料，特别是民风民俗比较独特的地区，应对生活习俗、历史变革等加以必要的介绍。

（二）同行业的状况

旅游开发规划应考虑本地区正在兴建或已经建成的项目经营状况，包括资源、产品和设施状况，分析它们的优势和劣势，为本项目的规划提供依据。

（三）规划范围

规划范围包括被规划区的占地面积和边界等。规划范围的大小多由委托方提出，必要时受托方可以与委托方协商，提出合理的规划范围。

（四）规划依据和目标

规划依据包括中央及地方制定的各种有关的法律、政策、决定和上位规划，特别是与该规划有关的政策与规划。规划者应充分考虑各方发展主体的有关要求，确定合理规划依据和目标。

（五）旅游资源状况和评价

分析评估旅游资源的种类、数量和分布等，从而确定当地旅游资源的优势以及开发方向、开发时序，这也是旅游开发规划的基础。若当地旅游资源的开发有一定的基础设施，通常是从旅游资源开发的角度进行评价；若没有一定的基础设施，通常是从旅游资源自身特色的角度进行评价，否则评价的结果将出现差错。

（六）空间结构及功能分区

这属于旅游规划战略层面的内容，它确定了旅游发展的空间结构框架，从而使区域旅游各个部分的发展相互协调、相互补充，组成一个有机的系统。功能分区是对总体布局的深化，它把规划区域按照功能进行单元划分。当今旅游规划，大到一个国家和省级的规划，小到一个风景区、主题公园的规划，都是按照功能对空间进行划分的。

（七）客源市场分析及营销规划

主要指根据旅游资源的特点、旅游产品创意和对旅游业竞争态势的分析，确定该旅游项目的主要客源市场，包括客源市场范围、客源地、客源规模及结构和消费水平。客源地、客源市场的分析将直接涉及旅游接待设施和旅游服务项目规划，同时对旅游项目创意产生影响，所以有时必须根据客源市场分析的结果对各个方面做出必要的调整。

在客源市场分析的基础上，应对旅游地营销规划做出安排，包括细分市场、选择目标市场、确定市场定位及营销组合的方式等，形象战略也包括在旅游市场营销规划的内容中。有时，因为它的特殊地位，需要做专门的旅游形象规划。

（八）旅游产品创意

根据本地旅游资源状况、客源市场预测、旅游业竞争态势、规划原则和规划目标，明确旅游规划方向，突出地区旅游特色，避免重复建设。然后对能够充分发挥资源优势的旅游项目进行重点创意规划，使得旅游项目集观赏性、参与性、娱乐性于一体，提高其文化品位。旅游项目的创意是旅游规划的灵魂，它最能体现规划者的水平，但也是最费心血的。好的创意直接影响旅游项目的生存与发展，对产品的发展态势有决定性的影响。

（九）服务设施规划

服务设施规划从某种意义上说就是旅游产业规划，包括住宿设施规划、餐饮设施规划、康乐设施规划、旅游商品规划以及解说系统规划等。服务设施种类应追求丰富多样，具有地方民族特色；服务方式要唯我独有，给游客留下深刻的印象。

（十）基础设施规划

旅游地的基础设施，如食、住、行和商品供应、供电、邮电通信、医疗卫生等，要同旅游业的发展相配套。另外，旅游地的建筑在式样上也应独具特色，布局合理，防止旅游区建设出现同质化的倾向。

(十一)交通规划

交通规划包括对外交通系统规划和区内交通系统规划。对外交通系统规划一般依靠原有的交通条件,故不是规划的重点,但应保证游客在景区能够“进得来,散得开,出得去”。区内交通系统规划包括游览线路布局和交通方式。景区的游览线路应尽量避免平直、垂直路线,要充分利用小山、河流等景物,使道路适当弯曲,让游客产生移步换景的感觉。交通方式要力争多样化,并互相配合,步行道、登山道、索道、缆车、游船、自行车等方式均可以采用,让游客有尽可能多的选择余地。当然,保证安全畅通也应和保护环境相协调,旅游线路要进行绿化与美化。

(十二)绿化规划

绿化规划应做好以下几点:一是选用的植物品种应突出地方特色;二是植物品种应注意季节的搭配,适当增加常绿树种;三是植物品种要兼顾观赏性以及花卉和果品的供应。

(十三)旅游环境保护

环境保护是当今世界发展的主题。投资任何项目,生产任何产品,只有和环境保护联系起来才有持久的生命力。旅游开发规划时注意环境保护,不仅可以保护当地的旅游资源,提高其价值、品位及吸引力,而且可以实现旅游业的可持续发展。

(十四)保障体系规划

旅游保障体系规划是旅游地实现快速发展,有效提升其竞争力的重要手段,其实际上从外部环境上为旅游规划与开发实施提供全方位的支持和保障。具体包括政策保障、市场保障、组织机构保障、旅游人力资源规划、社区参与等。

(十五)效益分析

旅游资源规划与开发的效益分析包括社会效益、经济效益和生态环境效益分析,其中最重要的是经济效益的分析,即旅游资源开发的投入产出分析。

第三节　旅游规划发展历程及趋势

一、旅游规划发展历程

(一)国外旅游规划与开发的发展历程

第二次世界大战后,旅游业迅速发展和普及,旅游开发与规划的研究和实践工作起步较早并逐渐形成一门相对独立、科学性较强的学科。纵观国外旅游开发与规划的发展历程,大致可分为以下四个阶段。

1. 初始阶段(20 世纪 30 年代—50 年代)

第二次世界大战后,旅游进入了大众化的现代旅游阶段,经济发达地区的旅游规划初步成型。20 世纪 30 年代,英国、法国等发达国家出现了旅游规划的雏形,即为一些旅游项目或旅游接待设施做基础性的市场评估、场地选址和设计等工作。其中,具有较完整旅游规划形态的是 1959 年夏威夷州规划。这一规划至今被看作是现代旅游规划的先驱,它使旅游规划第一次成为区域规划的一个主要组成部分。这一时期的主要理论基础是旅游经济学、旅游地理学等,旅游规划者大多从旅游活动的经济角度进行研究,旅游规划研究的主要代表人物是加拿大的地理学家罗奥艾·沃尔夫。

2. 扩展阶段(20 世纪 60 年代—70 年代)

20 世纪 60 年代,随着英国、法国正式旅游规划的出现和联合国大会强调旅游规划的重大意义之后,美国、加拿大、澳大利亚以及马来西亚、斐济和中国台湾等国家和地区均兴起了制定旅游规划的热潮。世界范围内的旅游规划发展总体上是由发达国家向欠发达国家和地区推进,这一趋势显然与旅游业的区域发展形势相一致。

3. 快速发展阶段(20 世纪 70 年代—90 年代)

20 世纪 70 年代后,旅游需要规划的观念开始为许多国家和国际组织所认同和重视。如世界旅游组织、世界银行等国际组织都积极推动旅游规划的发展,并参与了菲律宾、斯里兰卡等国家的旅游规划编制工作。这个阶段,旅游规划的边缘学科性质日渐显现,更多其他学科的方法被引入到旅游规划之中,如旅游心理学、旅游社会学等理论已成为旅游规划中重要的理论基础。旅游规划从传统上静态的、确定性的规划向动态的、不确定性的规划转变,从物质环境规划向物质环境、社会、经济规划转变。80 年代以后,旅游规划进一步普及和深化,并出现了对旅游规划的修编,如 1959 年编制的夏威夷旅游规划于 1980 年进行了修编。这个阶段,旅游地理学、旅游生态环境学等理论逐渐被引入到旅游规划中并起到了重要的作用。加拿大的史密斯、英国的波利费斯和库泊尔等学者在这方面做了大量的工作。

4. 深入发展阶段(20 世纪 90 年代至今)

尽管旅游规划与开发的理论和实践经验经多年发展后已比较丰富,但旅游规划标准程序框架的建立直到 20 世纪 90 年代初才完成。美国著名旅游规划学家爱德华·因斯克谱的《旅游规划:一种综合性的可持续的开发方法》和《国家和地区旅游规划》,为建立旅游规划标准程序做出了杰出的贡献。同时,世界旅游组织也出版了《可持续旅游开发:地方规划师指南》和《旅游度假区的综合模式》等书籍。这些著作的问世,使旅游规划的内容、方法和程序日渐成熟。

与此同时,旅游规划界开始对旅游资源开发与保护的关系加以关注,力求在旅游规划与开发的过程中体现可持续发展的思想。市场的重要性也引起了旅游规划编制者的注意,旅游规划开始注重旅游市场的营销规划。罗杰·格里芬就提出了“创造市场营销与旅游规划的统一”的观点。

(二)我国旅游规划与开发的发展历程

我国旅游规划与开发研究起步较晚,但发展比较迅速。其发展过程经历了萌芽阶段、初步发展阶段、重新整合阶段和科学规划发展阶段。

1. 萌芽阶段

1990 年以前，旅游规划总体上属于单体项目规划。1986 年，国家将旅游业写进了“七五”规划。在旅游开发工作上，最具代表性的是国家旅游局全部或部分投资，进行了西安、桂林、苏南、杭州、三亚、北京、上海七个重点旅游地区的系列建设工程。这些工程在开发规划过程中有了旅游主管官员和旅游研究者的介入，如慕田峪长城作为八达岭游人的分流项目，其复建和策划就比较充分地吸收了北京旅游经济学会和北京旅游学院专家的意见，并在景区的建设安排上充分注意旅游活动的特征，避免早期旅游开发的盲目性和随意性。此外，一些重点旅游城市也开始旅游城市规划的制定，如 1986 年北京市委研究室与北京市计委制定的《北京市旅游发展战略规划》。这一时期，旅游规划总体上还没有迈出城市规划的空间布局套路，但比附属计划经济数字指标体系的规划更具有科学性和可操作性。与此同时，相关学科的专家，特别是城市规划和地理专家已经开始把研究的目光投向旅游区域规划的制定，其中以北京大学、清华大学、同济大学和中国科学院地理科学与资源研究所的工作最为突出。

2. 初步发展阶段

初步发展阶段有两个显著的标志：一是地方政府以工作计划的形式把旅游规划列入政府的工作日程；二是经过初步规划后投入建设的人造旅游吸引物在全国大量涌现。1990 年《海南省旅游发展规划》的出台，是我国真正省级旅游规划概念的开始。海南省的规划经过省人民政府的批准，最后以地方性法规的形式予以实施。它最显著的特征是充分体现了海南旅游资源的潜力和旅游市场的走向，规划所确定的发展方向是正确的。

20 世纪 90 年代初期，人造旅游吸引物和主题公园被无锡唐城和深圳锦绣中华等旅游区的成功所鼓舞，在全国遍地开花。但后来一些策划却因市场预测的失误而造成亏损。也正是这一失误，引起有关部门和专家对旅游规划的重视并开始强调旅游规划科学方法的使用。这一时期的标志性事件有：①1992 年由国家旅游局委托中国科学院专家制定的《中国旅游资源普查规范(试行稿)》的出版，使旅游资源的评价有了全国统一的较为科学的指标体系。②1993年《旅游学刊》和北京旅游学会联合召开了“旅游规划理论与实践”学术研讨会，对旅游规划的理论和实践进行了卓有成效的研究和讨论，同时还成立了一个松散的科研联合体——北京旅游规划与开发联合研究中心。其后，由北京第二外国语学院科研所与中国旅游协会合作，成立了中国旅游协会旅游咨询中心，这是一个负责旅游规划工作的实体。这两个中心的成立表明学术界和工程界对旅游规划的综合性已有更深一层的认识并产生了联合携手的共识。③20 世纪 90 年代中期，旅游度假区的建设如火如荼地开展，促进了旅游规划在全国范围大规模进行。1996 年“中国休闲度假游”主题的确立和 12 个国家级旅游度假区的兴建，把大规模的旅游规划工作推向了高峰。④这一时期，各省市和地县都纷纷把地区规划列上日程。进入旅游规划编制工作的单位，在数量和专业覆盖面上均出现了增加和扩展的趋势。⑤学界、业界对实现规划的规范化和科学化开始探索，代表性事件是 1995 年、1996 年中国旅游未来研究会两次与海南省旅游局、江苏省旅游局、无锡市旅游局和《旅游学刊》编辑部合作举办的全国性的有关旅游规划的研讨会。

3. 重新整合阶段

1997—1999 年是我国旅游规划编制的低潮期。由于此前我国经济发展的泡沫现象已有显现,加之亚洲金融风暴的波及,旅游业除了游客与收入“滞胀”外,还有人造旅游吸引物、主题公园、度假区建设失误的负效应,所以人们对旅游业的投入一般都持观望的态度。这些观望有各种表现:一是规划数量不多;二是学界对规划的失误开始反思;三是国家旅游局在杭州举办了培训和研讨会。这些反思和调整引起了不少省市局的高度重视,它们纷纷采取了相应的措施,如北京市就在 1998 年发布了 18 个区县必须编制地方性旅游规划的要求。这是低潮时酝酿着高潮的前期。

4. 科学规划发展阶段

经过 1997—1999 年的低潮反思和调整准备,加之 2000 年后宏观经济走势趋强(亚洲经济的复苏、1999 年国庆期间中国第一个“旅游黄金周”的“井喷”现象),旅游业是国民经济新的增长点的理念已被普遍接受。“大发展”的前景促进各地对编制地方旅游规划的需求不断扩大,同时不同的投资主体也增强了投资的信心,从而加快了旅游目的地的开发进程。2000 年是旅游规划发展具有里程碑意义的时刻,中国的旅游规划从此进入了一个新的发展阶段。这一时期的显著特征有:一是地方性旅游规划和旅游目的地规划的需求数量激增;二是旅游规划队伍的不断扩大;三是外国人参与省级旅游规划的编制引起了各方面的关注;四是出现了旅游规划的规范化趋向。各有关部门于 1999 年 3 月 29 日颁布了《旅游发展规划管理暂行办法》,又于 2000 年 11 月 22 日颁布了《旅游规划设计单位资质认定暂行办法》,并于 2003 年 2 月颁布了《旅游规划通则》和《旅游资源分类调查与评价》,2010 年颁布《旅游度假区等级划分》,2017 年印发了《全域旅游示范区创建工作导则》。这些是我国旅游规划走向规范化的重要步骤。尽管人们对这些标准和要求可能还有一些不同的意见,而且有些规定也可能今后还会向更合理的方向转变,但这种规范化的趋向却是很明确的。这是中国旅游规划前进的新里程,也是中国旅游规划进步的新希望。

二、旅游规划发展趋势

我国的旅游规划与开发在经历了上述各个发展阶段后已日渐规范,并开始向系统规划、形象规划、参与性规划与多样化等方向发展。

(一)由产业规划向系统规划发展

旅游涉及政治、经济、社会、文化、环境、心理、审美活动等方面,是一个复杂的系统,所以旅游发展规划就是对旅游系统进行全面分析,找出各要素间相互影响与制约关系,并进行合理干预,以增强系统功能并促进其良性循环的过程。因此,旅游发展规划是对旅游系统的整体规划,是“整合规划”(Integrated Planning)或“综合规划”(Comprehensive Planning),旅游发展规划要考虑自然、生态、经济、社会文化和社会管理等因素。在上述认识的基础上,在我国旅游发展规划的实践中,应将旅游发展规划与交通规划、城市规划、环境规划、绿化规划、国土规划、土地利用规划等专业规划和综合规划相结合,或将旅游发展规划的成果纳入上述规划之中。

(二)由领导规划、专家规划向参与性规划发展

目前,我国地方的旅游发展规划主要是由专家队伍组成的规划编制组和由地方政府组成的规划领导小组或协调小组来完成的。前者主要是进行规划的编制工作;后者主要是协调地方各部门之间的关系,以便为规划编制的专家小组提供更多资料和考察上的方便。未来的旅游发展规划更多的是一种可持续发展的旅游系统规划,必须考虑到企业、政府和目的地社区三方面的利益。因此,未来的旅游发展规划应是一种有广泛人员参加的参与性规划。参与人员除规划编制专家组和政府有关部门外,还应有本地的专家、当地的社会文化名人、社区代表和投资商等。在专业构成方面,规划编制小组成员则扩充到了包括公路交通、市场营销、形象策划、文化、历史、美学、网络等方面的专家,以体现旅游发展规划是一种整合规划和系统规划的性质。参与性的旅游发展规划过程既是一种充分考虑当地实际情况、充分挖掘地方文化内涵的过程,也是一种交流与统一思想、调动各方面积极性并进行广泛宣传的过程。这一过程使规划编制的专家组对当地有更深刻的认识和了解,以确保旅游发展规划中各种定位的准确性。

(三)由规范化向多样化发展

国家旅游局(现为文化和旅游部)颁发的《旅游发展规划管理办法》对我国的旅游规划进行了规范。但由于旅游系统的复杂性以及旅游规划自身的特点,旅游发展规划除规范化外,还有多样化等方面的问题。首先,在规划的内容上,旅游发展规划是以旅游业为主体的旅游系统规划,也是区域旅游系统的可持续发展规划,其内容包括了经济效益、环境效益和社会效益的目标。由于旅游系统要素复杂,涉及面广,所以旅游发展规划的内容将逐步走向规范化;并以规范化为基础,根据各地的实践经验,形成不同规划区域的特色内容,如地方旅游业的形象策划与定位、地方旅游业的企业形象战略系统导入、地方旅游业发展中的人地感应系统规划等。其次,在规划的语言上,应根据所规划的旅游资源特点,使语言更生动形象。再次,规划成果也将多样化,除了传统的规划文本、规划的基础材料、规划的附件和附图外,还可以增加地方旅游网站、风景光盘、地方旅游信息系统、地方旅游决策系统、重点区域和重点项目的创意策划方案等衍生成果。最后,规划的表现形式也更加多样化、更加生动活泼、更加直观形象,如,既有印刷版,也有电子版;既有静态的显示,也有动态的演示;既有平面的展示,也有沙盘模型的立体表现,还可利用声、光、电等现代化的表现手段。

(四)由实体规划向形象规划发展

旅游形象的定位与策划越来越受到地方政府的重视。各地逐渐由产品推销转移到重视形象的推销,由企业形象战略系统(CIS)引入到地区形象系统(DIS)及区域旅游形象系统或旅游地形象系统(DIS)。在一些旅游发展规划中,有关地方形象的塑造与定位及旅游形象主题口号设计等方面的内容往往很受地方政府的重视和欣赏。

因此,地方旅游发展规划要注重项目的规划,更要注重形象的规划,包括地方旅游的总体形象、资源形象、产品形象、服务形象、旅游企业形象、城市形象、市场形象等。未来的规划更要注重区域的总体形象定位、功能区的主题形象定位以及旅游形象的时间序列的再定位,为地方旅游的发展描绘出一幅形象化的宏伟蓝图,即5年、10年后的形象是怎样的。这样既可使地

方有一个旅游业发展的长期奋斗目标,又可使地方旅游的发展适应市场变化的需要,并便于旅游功能区开发和旅游项目的市场化运作。所以,未来的旅游规划将由注重实体的规划转变为注重区域旅游的形象规划。

(五)由规划文本向发展大纲发展

目前,在我国旅游规划的主体成果主要是规划文本。有些规划单位片面追求短时间内的可操作性,常常规划得较细,使文本篇幅较长;有的则只是逻辑推理或理论阐述,导致主题形象不鲜明,项目重点不突出,失去了规划应有的宏观指导作用。而旅游发展规划应该是一种宏观、粗线条的战略性规划。如果过于详细,就会限制旅游项目规划并使地方旅游业发展难以适应快速变化的市场。所以,未来的旅游发展规划将是在充分的战略背景分析、深入的实地调研、广泛的征求意见、反复的讨论论证的基础上制定出的旅游发展规划的大纲,确定出地方旅游发展的各种形象定位、旅游发展战略方向和战略体系、各种战略目标以及近中期的战略重点等。这样的旅游发展规划才能使地方政府统揽旅游发展全局,把握地方旅游发展的方向,掌握地方旅游发展的重点,以指导地方各区域详细的旅游规划工作和有关项目的详细规划,同时又能调动和发挥投资商的积极性和创造性,便于旅游项目的市场运作,便于通过项目招商以对市场做出快速反应。

(六)旅游规划与城市规划的一体化发展

旅游发展规划是一种区域旅游的可持续发展规划,旅游的发展往往以城市为依托。城市常常是区域旅游的中心,但又不仅仅是旅游的接待中心。优美的城市环境既可成为有吸引力的旅游吸引物,也是旅游发展的大环境。现在很多城市规划发展游憩商务区,如,北京的前门、王府井、西单一带,天津的和平路旅游步行街等。同时,旅游活动是一种高品质、高质量的生活方式,也是人们的一种审美活动,城市建设要融入旅游的理念,将城市的建设与旅游的开发和发展结合在一起,实现城市旅游开发的一体化,从城市文化和社会经济整体发展的高度考虑旅游发展的要求,把旅游作为现代城市的一项基本的职能,把旅游开发融于城市的整体建设中。主要包括两个方面:在硬件建设上将旅游意识融于城市景观与市政建设之中,努力营造城市旅游环境,实现旅游开发与城市硬件建设的一体化;在软件配套上要致力于培养独特的城市文化,形成区域城市文化特色,使旅游开发与城市建设协调发展。

案例一 《海南省全域旅游建设规划》(2016—2020)

规划结构	规划内容
第一章 规划总纲	规划范围与期限、规划任务、指导思想、规划原则
第二章 综合分析	发展背景分析、全域资源分析、全域市场分析、全域旅游发展基础、全域旅游发展制约因素
第三章 总体定位	发展理念、总体定位、创建目标、验收标准与流程、空间布局、市县发展指引、发展路径
第四章 全域统筹"点线面"建设	"点"的建设、"线"的建设、"面"的建设

续上表

规划结构	规划内容
第五章　全域旅游产品提升	打造海洋旅游新标杆、高水平发展康养旅游、创新发展文体旅游、积极培育会展旅游、加快发展乡村旅游、稳步开发森林生态旅游、全域化发展特色城镇旅游、培育壮大购物旅游、积极发展产业旅游、大力开发专项旅游
第六章　全域旅游产业融合	完善传统旅游要素、旅游＋农业、旅游＋互联网信息业、旅游＋医疗健康产业、旅游＋金融业、旅游＋商务会展业、旅游＋工业、旅游＋林业、旅游＋文化体育业
第七章　全域旅游国际化建设工程	提高海南岛入境便利性、积极举办国际会议和展览、支持培养国际化旅游人才、创新升级国际化旅游产品、全面提升国际化服务水平、广泛开展国际化营销宣传
第八章　全域旅游标准化建设工程	构建旅游标准化体系、旅游产品标准化建设、旅游基础设施标准化建设、旅游服务标准化建设、旅游市场标准化管理、旅游标准化建设保障
第九章　全域旅游信息化建设工程	加快智慧景区建设、完善智慧旅游公共服务体系、提升智慧旅游交通服务能力、推广应用信息化新技术、加强智慧旅游监控管理、落实旅游信息化保障
第十章　全域生态文化保护工程	生态环境保护、节能减排绿色认证、景区承载量预警机制、文化遗产保护
第十一章　全域旅游实施保障工程	严抓全域旅游考核、改革创新体制机制、加大政策配套力度、改善全域旅游统计、促进全民共建共享

案例二　《××度假区旅游总体规划》(2015—2030)

规划结构	规划内容
总论篇	规范范围、规划期限、规划依据、规划目的、规划原则
认知篇	背景研究、专项分析、基础分析
规划篇	战略定位、规划布局
保障篇	用地规划、道路交通规划、旅游产品规划、服务设施规划、产业发展规划、基础设施规划、景观绿地系统规划、生态环境保护规划、安全与防灾规划、社区发展规划、市场营销规划、保障运营规划
效益篇	分期开发、投资估算、效益分析

本章思考题

1. 旅游规划的概念是什么？
2. 旅游规划可以从哪几个角度来进行分类？
3. 旅游规划包括哪些内容？
4. 简述旅游资源开发应遵循的原则。
5. 简述我国旅游规划的发展历程及趋势。
6. 试分析旅游规划对资源开发与保护的影响。

第二章 旅游规划的理论基础

教学目标与内容

旅游是一个涉及社会、经济、文化和环境等多方面的复杂系统，旅游资源规划与开发更是一个多学科知识交互运用的创新过程，由此决定了它理论来源的多样性和复杂性。要求掌握的基础理论包括区位理论、增长极理论、区域发展理论、地域分工理论、系统理论、全域旅游理论、生态学理论和旅游人类学理论等，了解这些理论的内容、特点及其在旅游规划中的运用等。

第一节 旅游规划的经济学理论

区域旅游规划需要理论指导。指导区域旅游规划的理论可从空间、时间和动因三个维度来划分。空间维度上有中心地理论、距离衰减原理、梯度理论、点—轴开发理论等；时间维度有生命周期理论、可持续发展理论等；动因维度包括系统理论、地域分异理论和生态学理论等。现对其重要理论进行简要论述。

一、区位理论

区位理论是关于人类活动空间分布及空间组织优化的理论，突出表现在经济方面。

各个阶段具有代表性的区位理论分别为：杜能的农业区位论、韦伯的工业区位论、克里斯塔勒的中心地理论、威尔逊的空间相互作用理论。静态区位论多以一两个因素进行孤立的分析，模型所反映的是静止的局部的均衡状态。动态区位论则摆脱了静态的均衡模式范围，进入到动态发展的多因子对比研究阶段。现代区位论强调对系统进行连续而非间断的研究，系统地考虑活动之间的联系，认为人类活动具有较大的随机性，应以概率论的观点观察其发展变化，强调合理地运用有限的资源和空间，开发落后地区，促进区域动态平衡发展，认为政策、规划与行动三者之间有互动关系。

从现有的文献看，旅游区位论理论的研究集中体现在以下几个方面：

(一)中心地理论

中心地理论的基本思想是：中心地存在于一定范围内的区域之中，不同大小的服务区域

(腹地)对应于不同规模的中心地;不同规模的中心地构成一个等级序列;中心地体系的具体空间排列服从于中心地的功能性质。

中心地理论的创始人德国城市地理学家克里斯塔勒(W. Christaller)也曾研究过旅游区位。但是他从旅游需求(旅游客源地)出发,采用经验研究和行为研究的方法加以探讨,而不是像在对商业服务中心地研究时采取的演绎方法,故而最终没能建立一个旅游作用的理想空间模型。我国学者楚义芳、钱小芙(1986)提出旅游地空间组织的最终格局应类似于克里斯塔勒中心地理论中的 $K=3$ 体系。在楚义芳等的模型中,旅游地作为旅游供给中心(也是旅游需求释放中心),其总供给量即旅游需求释放总量是从高级中心地到低级中心地逐渐降低的。每个中心地及其吸引范围构成一个旅游区域,随着中心地的等级层次变化,旅游区域也呈现等级格局。

实际上,旅游中心地体系是一个一般均衡的空间作用系统,是旅游需求和旅游供给平衡在空间上的反映。每一个旅游地根据其资源开发状况都可以划分为现状旅游区域和远景旅游区域。随着社会经济的发展,远景旅游区域都可能相继成为现状旅游区域。因此在旅游规划和建设中,不能仅将投资集中在少数几个高等级的旅游地,而置中低级旅游地于不顾,应该有计划、有重点地对中低级旅游地进行投资,避免造成高等级旅游地供需矛盾突出的局面,从而影响整个旅游地的健康发展。

(二)距离衰减原理

该原理认为:如果地理实体之间是相互作用的,那么作用量随距离的增加而降低,其表现形式之一便是引力原理。模式的表达式源于牛顿万有引力公式,20 世纪 60 年代后期引入旅游研究。克朗蓬(Crampon Lj,1966)第一个清楚地证明引力模型在旅游研究中是有用的,他提出的适用于旅游业的引力模型如式(2-1):

$$T_{ij} = G \times \frac{P_i A_j}{D_{ij}^{\ b}} \tag{2-1}$$

式中,T_{ij}为客源地与目的地之间旅游次数的某种量度;G、b 为经验参数;P_i 为客源地的人口规模、财富或旅游爱好的量度;A_j 为目的地的吸引力或容量的某种量度;D_{ij}为客源地与目的地之间的距离。

保继刚(1986)将 1986 年 6 月到北京的国内旅游者统计数据代入上式构建了适用于 6 月份的北京旅游地吸引模型。从现有研究来看,引力模型在分析问题上是成功的,但预测时可信度较差。

二、增长极理论

增长极理论(Growth Pole Theory)是法国经济学家弗朗索瓦·佩尔鲁克斯(Francois Perroux)于 20 世纪 50 年代中创立的。其主要思想是:经济增长不是在每个区域都以相同的速度增加的,相反,在一定时期增长的势头往往集中于某主导经济部门和有创新能力的行业,而这些行业部门由于追求外部经济效果,一般趋于向最佳区位聚集,通常是区域的大中城市。因此,这些大中城市往往成为区域经济发展的增长极,并通过扩散效应带动所影响地区的经济发展。

增长极理论已经被我国理论界普遍接受,结合我国地区经济发展水平和实际条件的基础上提出的空间开发模式中，最为常见的有据点开发、轴线开发、点轴开发和梯度开发四种模式。这四种开发模式都可以应用于旅游业空间布局实践之中。

（一）据点开发

据点开发是地域极化理论的一种。该理论认为，由于资金的有限，要开发和建设的一个地区，不能面上铺开，而要集中建设一个或几个据点，通过这些据点的开发与建设来带动周围地区经济的发展。在区域旅游发展初期，往往采取这种开发模式，即把有限的人力、物力和财力投入到资源禀赋条件最好的旅游景点，成为区域旅游优先发展起来的核心。

（二）轴线开发

它是据点开发理论模式的进一步发展。该理论认为，区域的发展与基础设施的建设密切相关，将联系城市与区域的交通、通信、供电、供水、各种管道等主要工程性基础设施的建设集中成束，形成发展轴，从而带动轴线上工业点、工业区和城市的发展。轴线开发在旅游业中的运用最显著的体现是交通轴线对旅游开发的影响，比如高铁时代的到来，推动了沿线城市、景点和乡村的旅游快速发展。

（三）点轴开发

点轴开发理论是据点开发和轴线开发的结合。该理论认为集聚效应形成了区域经济发展的增长极，不同层次的增长极通过交通串联构成区域经济的发展轴线，形成点轴发展格局，从而带动轴线上其他次区域和次要节点的经济发展。

在旅游发展中，点轴理论中的点就是中心城镇或重点旅游区，轴就是它们之间的联结通道（即交通线）。在规划布局时，应考虑开发一些旅游发展增长点，点与点之间要有一定的联结通道。在不断发展的过程中，使交通沿线一些次一级的城镇和旅游风景区、风景点也逐步发展起来，形成交通沿线的轴带发展，从而达到以点带线、以线带面的作用，带动整个地域的经济旅游发展。

（四）梯度开发

生产布局学中，梯度理论被广泛用来表示地区经济发展水平的差别，以及由低水平地区向高水平地区过渡的空间变化历程。梯度理论一般原理包括三个基本点：无论是在世界范围内，还是在一国一地范围内，经济技术的发展是不平衡的，客观上已形成一种地区间的经济技术梯度；生产的空间推移，要从梯度的实际出发，首先让有条件的高梯度地区发展或引进先进的技术，然后逐步向二级、三级梯度地区推移；随着经济的发展，推移速度的加快，将逐步缩小地区间的梯度差距，实现经济发展的相对均衡。在旅游发展中也存在着旅游发展的地域分异，出现空间上的递增或递减现象，往往表现出由中心城市或重点旅游地向周围递减分布。

三、区域发展理论

发展是指事物从低级到高级、由简单到复杂的运动过程。对发展规律的研究一直是社会科学的研究重点之一。旅游发展理论主要研究旅游内在运动规律，以及旅游发展对区域经济结构和社会文化结构等方面的影响。在有关旅游发展的理论中,旅游地生命周期理论和区域可持续发展理论最应值得注意。

(一)旅游地生命周期理论

旅游地生命周期理论是目前关于旅游地研究中比较成熟的理论。德国著名城市地理学家克里斯塔勒(W. Christaller)对地中海沿岸旅游乡村的演化过程进行研究后,将旅游乡村的生命周期分为三个阶段:发展阶段、增长阶段和衰落阶段。加拿大地理学家巴特勒(R. W. Butler,1980)则系统地阐述了S型旅游地生命周期演化模型,如图2-1所示。

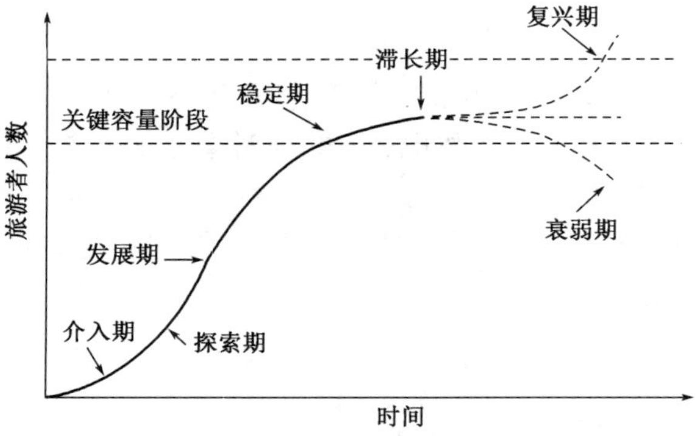

图2-1 Butler生命周期模型

旅游地生命周期理论是一个客观规律。任何一项旅游地或旅游产品的吸引力都会随时间的推移而发生变化,其市场需求也会发生变化,都有一个发现与开发、成长与巩固、衰退和淘汰的过程,只不过这个过程所经历的时间长短不同而已。只有了解旅游地或旅游产品生命周期的变化趋势,了解市场需求的变化,采取正确的策略和措施,才可能延长旅游地产品的生命周期。分析各种不同旅游地的具体生命周期特点及规律、剖析形成这些具体生命周期特点和规律的存在因素,可以为旅游地、旅游产品的规划、开发、建设和管理提供有效的决策指导。

旅游地生命周期理论对旅游规划的指导意义:

(1)一般来说,吸引力越大,其生命周期越长。通过特色旅游产品的规划与开发来增强旅游吸引物的吸引力。因为旅游产品的吸引力不仅来自于产品本身的吸引力,而在更大程度上依赖于目的地的自然环境和社会环境,如居民的友好态度、优美的环境、安全、卫生、便捷的交通等。正是从这个意义上说,目的地政府必须树立大旅游的观念,用系统工程的方法来统一规划,不仅要重视旅游景点的物质文明建设,更要重视精神文明建设,这样才可能使本地区旅游业可持续地高速发展。

(2)旅游业市场竞争日趋激烈的今天,改变经营观念,加大促销与宣传力度,实施正确的产品组合策略和市场细分战略,才可能保持可扩展的客源市场,才能延长旅游产品的生命周期。

(3)通过开发新的旅游项目、更新改善旅游设施、扩大宣传促销的范围,重新包装产品、开拓新的市场则可延长旅游产品的生命周期。旅游产品生命周期理论要求我们在制定企业经营战略时首先要重视客源市场和定位。了解旅游者的消费心理和现代旅游追求个性化、多样化、参与和自助的特点,开发新的旅游项目。

(4)应根据消费者的不同需求,按时间、品种、消费水平和线路等要素进行产品组合和配套服务,延长旅游产品的生命周期,减缓变化趋势。

(二)区域可持续发展理论

1989 年,世界环境与发展委员会(WCED)在其研究报告《Our Common Future》中首次明确提出"可持续发展"(Sustainable Development)这一概念,并在 1992 年里约热内卢联合国环境与发展大会上得到公认。《Our Common Future》对可持续发展概念的界定是:既满足当代人的需要,又不对后代人满足其需要的能力构成危害的发展。

这一概念包括了三个要素:一是人类需要,包括基本需求(充足的食物、水、住房、衣物等)和高层次需求(提高生活水平、安全感,拥有更多假期等);二是资源限制,即要求考虑环境和资源承受能力,达到人地关系的长远协调;三是机会公平,即发展机会选择的平等性,包括区际公平、代际公平和人类与自然环境之间的公平三个方面。

旅游的可持续发展含义有两层:一方面,旅游是社会可持续发展的一个子系统,任何违反客观条件的超前开发和忽视市场的滞后开发,都会阻碍区域旅游的可持续发展。旅游业在社会发展过程中应有相应的规模和阶段。另一方面,旅游资源开发的强度与可利用潜力是区域旅游发展的基本动力,严禁对旅游资源进行掠夺性的开发,要开发新资源为后人有效利用旅游资源创造更多的基础和条件。区域旅游开发必须吸收先进的开发理论、手段和管理,建立合理的空间地域结构。越来越多的旅游工作者已经认识到旅游资源并不是"可以无限利用的资源",若没有合理的开发结构和空间布局结构作为保证,并不断充实其文化内涵,旅游业也会出现衰退。

四、地域分工理论

(一)静态比较优势原理

每个区域的生产要素禀赋各不相同。区域若利用禀赋好、相对丰富的要素生产产品则容易处于有利地位;反之,若利用禀赋差,相对稀缺的要素生产产品,则可能处于不利地位。因此,各地区应该多注重对前一类商品的生产,以发挥各自所拥有的禀赋优势。由此产生了地域分工和区际交易。同样,区域旅游发展中,旅游资源丰富的旅游地应重点开发利用现有特色资源,在旅游需求旺盛而资源不足的旅游地则可适当建造人造景观。

(二)动态比较优势原理

动态比较优势原理认为:区域比较优势并不是一成不变的。有的产业从当前看虽然是幼小的,在市场竞争中没有比较优势,但如果它对区域国民经济的发展具有重大意义,就应当加以扶持,经过一段时间的努力,达到增长曲线上的转折点后,即可转化成具有比较优势的产业,在竞争中处于优势地位。

因此,在进行区域旅游空间布局时,可以选择那些旅游业所占比重暂时较小,但具备发展前景的城镇作为中心旅游地加以培育,使其逐步发展成为旅游中心。

(三)区域主导产业理论

在区域发展过程中,各个产业在区域产业体系中的地位、作用不同,其中有一个或几个产业居于主要地位,构成区域的主导产业或主导产业群。现代区域经济的增长过程,实质是产业部门的发展过程;区域产业结构优化,就是正确选择区域的主导产业,合理确定其发展规模和速度,并以此为核心,协调区域主导产业和其他非主导的关系,既提高本区域与外区域在经济上的互补性,又提高区域内产业间的关联度。

区域旅游空间布局涉及旅游产业结构的调整和优化。旅游地若选择旅游业作为其主导产业,则应优先重点发展,使其有效地增强带动区域经济发展的辐射力,配套发展关联产业,尽可能延长产业链,以提高产业素质。

第二节　旅游规划的系统理论

一、系统理论

系统论认为,系统是由相互联系的各个部分和要素组成的具有一定结构、关系和功能的有机整体。系统论认为,整体性、关联性、等级结构性、动态平衡性、时序性等是所有系统的共同基本特征。其基本思想是:

(1)系统整体性。系统论的核心思想就是系统的整体观念。要把研究或处理的对象看成是一个有一定层次、顺序的系统,从整体上考虑问题,“整体大于部分之和”。

(2)系统相关性。系统与外部环境之间、系统与各单元之间、单元与单元之间存在着一定的有机联系,他们相互作用,且有物质、能量和信息流动,即有输入、输出与变换关系。

(3)系统等级性。系统及其内部单元在时空上是有限的,系统与单元在空间尺度、结构与功能上具有一定的层次结构。

(4)系统目的性。系统根据一定目标而建立,其功能具有一定的方向性。

从上述系统论的基本思想可以看出,系统论分析系统的结构和功能,研究系统、要素、环境三者的相互关系和变动的规律性,并用优化系统观点看问题,研究系统的目的在于调整系统结构,协调各要素关系,使系统达到优化目标。

近年来,“旅游系统”的提法已经被旅游学术界认可。陈兴中等人指出,旅游应视作一个系统,它是旅游者通过旅游媒介到达旅游目的地的旅游活动系统,其构成要素有:旅游主体——旅游者,旅游客体——旅游产品(广义),旅游介体——旅游业,以及贯穿这三者的旅游活动。旅游系统是以旅游需求为动力,通过旅游者的旅游活动使各组成要素相互联系、相互作用而构成的有序、立体、网络的整体关系。

系统论不仅为旅游资源的开发规划提供了认识论基础,即应从系统论的观点来看待旅游资源,应遵循系统本身的各种性质和功能来进行旅游开发;同时又为旅游资源的开发规划提供了方法论基础,即用系统论的方法来开发旅游资源。因此,旅游资源开发规划中要注意:合理配置资源,使之产生最大综合效益;旅游相关行业、部门有机结合,相互配合。

二、全域旅游理论

系统理论在中国旅游业中的应用,诞生了全域旅游规划模式。2008 年浙江省绍兴市编制的《绍兴全城旅游区总体规划及创5A 整改提升规划》最早提出“城旅一体”的全城旅游发展战略。2010 年编制的大连市旅游规划最早提出全域旅游发展战略,“全域旅游战略的提出,最根本的就是打破都市(或单一景区)旅游一枝独秀的接待格局,在不同的区域内打造各自的旅游吸引物和服务业”。此后,我国陆续有县市提出全域旅游的发展思路,例如浙江省杭州市、海南省琼海市等。2013 年,厉新建等人在研究北京旅游产业发展时全面系统地阐述了全域旅游发展理念,标志着全域旅游在学术研究领域形成较为完整的理论体系,对后来的研究影响深远。2015 年 8 月,原国家旅游局局长李金早在全国旅游工作研讨会上,首次明确提出全面推动全域旅游发展的战略部署,不久,国家旅游局下发《关于开展“国家全域旅游示范区”创建工作的通知》。2016 年 2 月,国家旅游局公布首批创建“国家全域旅游示范区”名单,同年 11 月国家旅游局又公布了第二批 238 个“国家全域旅游示范区”创建单位。从此,全域旅游在全国范围内由理论走向实践,我国逐渐进入全域旅游时代。

2016 年 7 月,习近平总书记在基层视察时指出:“发展全域旅游,路子是对的。”目前,国内对全域旅游的认识有两种论调:一种是“全面系统论”,认为关键在“全”,全域旅游就是全时空、全要素、全行业、全过程、全方位,是一种新的区域协调发展理念和模式;另外一些学者认为,全域旅游核心不在“全”而在“域”,如张辉提出了空间域、产业域、要素域和管理域。全域旅游是一个整体,“全”是“形”,“域”是“神”,对“全”的理解要去其刚性取其弹性,做到形神兼备,实现区域旅游协调发展。

第三节 旅游规划的生态学理论

人类对于生态系统的研究,包括对物质循环、能量流动、信息传递以及对生态系统的功能及其稳定性和弹性的研究,为科学合理地开展旅游资源开发与规划提供了理论依据。在旅游实践过程中,生态因子、种群分布规律,生态平衡理论、生物的耐受性定律、种群的 logistic 增长规律、生物多样性理论、系统承载力等研究成果直接为资源的开发与保护提供科学支持,对旅游规划的开展具有重要的指导意义。

一、生态平衡理论

生态系统依靠周而复始的物质循环、能量流动和信息传递(即物流、能流、信息流)三者相互联系、紧密结合而得以存在和发展。它具有自我调节和自我维持的能力,即它在一定时间和范围内保持稳定,称为生态系统的稳态(Homeostasis),即生态平衡(Ecological Balance)。但是,这种自我调节与维持能力是有限的。旅游区内的基础设施建设、旅游者与经营管理者的日常活动所造成的旅游区自然的物质能量的输入、输出发生改变。一旦这种改变超出生态系统自身的调节范围,生态系统就会紊乱,生态平衡就会失调。因此,在具体的旅游活动中,无论是旅游者还是管理者都应当尽量减少活动对生态环境系统的扰动和对生态平衡的破坏。如:基础设施建设尽量就地取材,生活垃圾无害化处理等。

二、生物的耐受性定律

美国生态学家谢尔福德(Shelford,1913)认为,耐受性定律是指任何一个生态因子在数量上或质量上的不足或过多,即当其接近或达到某种生物的耐受性限度时,就会使该生物衰退或不能生存。在旅游系统中,我们可以理解为环境对外来干扰的耐受范围,即通常所提的旅游环境承载力(Tourist Environmental Bearing Capacity)或旅游环境容量(Tourist Ecological Carrying Capacity),指在没有产生不可接受的物质环境的影响下,在没有明显降低游客旅游经历的前提下,使用某一旅游区的最大游客量。旅游活动对环境的干扰接近或达到环境承载力时,就会使环境退化或遭到破坏。因此,旅游资源开发与规划必须首先确定旅游环境容量,确保旅游活动无损于生态环境。

三、种群的 logistic 增长规律

该模型是生态学中描述物种种群有限增长规律的,它说明种群不可能无限增长,而是有一个最大值,此最大值称为环境容纳量或负荷量,常用 K 表示。其数学模式如式(2-2):

$$\frac{\mathrm{d}N}{\mathrm{d}t} = rN\left(1 - \frac{N}{K}\right) \tag{2-2}$$

式中,N 表示种群数量;t 表示时间;r 为种群瞬时增长率;K 为环境容纳量。其增长曲线如图 2-2 所示。

种群的 logistic 增长曲线说明种群的增长要经历:“发生—快速增长—增长减缓—增长停滞—衰退或复苏”几个过程,此模型对旅游资源开发与规划也同样适用。在旅游资源开发与规划中,横坐标仍然表示时间,但纵坐标表示游客数量。该模型对旅游资源开发与规划的意义主要在于:一方面说明环境容量同种群数量一样是有限的,旅游区的超容量运转将导致旅游环境的退化从而导致旅游业的衰退;另一方面,旅游业也有一个“发生—快速增长—增长减缓—增长停滞—衰退或复苏”的过程,具有生命周期。旅游地生命周期理论和旅游动力学模型——Butler 模型即是在此基础上形成的。

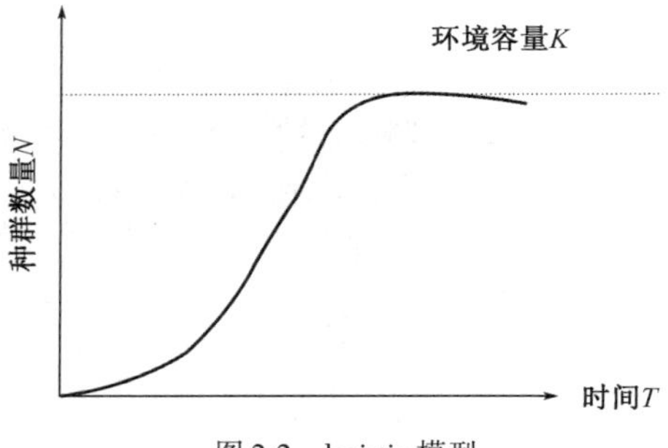

图 2-2 logistic 模型

四、景观生态学理论

根据国际景观生态学会给出的最新景观生态学(Landscape Ecology)定义,景观生态学是对不同尺度上景观空间变化的研究,包括景观异质性的生物、地理和社会的原因与系列,是一门连接自然科学和相关人类科学的交叉学科。它是在现代地理学与生态学结合下产生的,既强调空间研究又考虑生态学思想和原则,注重人为活动干扰对景观格局和过程影响的研究,与

旅游的空间范围和生态内涵不谋而合，是旅游规划管理的理论基础之一，为旅游资源开发与规划研究提供了一条有益的尝试途径。其对旅游资源开发与规划管理的作用集中表现为：第一，给实践者提供理论框架，重点是结构与过程的相互关联原理；第二，为规划设计者提供一系列方法、技术、数据及经验。

景观生态学将景观的空间形态结构归纳为三个元素：斑（Point）、廊（Corridor）和基（Matrix）。在一个有边界的旅游区中，斑代表旅游的产品单元，即游客的旅游消费场所（旅馆、宿营地、景点等）；廊即景点之间的路径；基代表除此之外的生态背景，旅游活动的开展则发生在这个三元网络结构中。景观生态三类元素的设计可归纳为表 2-1。

旅游的三类景观单元　　表 2-1

景观生态单元	对应旅游功能	设 计 原 则
斑（Point）	景点、宿营地、服务网点	区外集中式；区内分散式；与环境融为一体
廊（Corridor）	交通网络路径	利用现有自然通道或水系；道路过客量与环境容量一致；回避生态敏感区
基（Matrix）	旅游区的自然背景	注意适当突出背景特色；通过基—斑的递变构建新的旅游景点

第四节　旅游规划的人类学理论

一、西方旅游人类学理论研究

旅游规划师不仅要为旅游者建造楼房以供入住、提供车位以供泊车，更重要的是，还应为旅游者寻找或创造一个充满人文关怀的旅游社区。要使当地社区的居民与当地政府和前来投资的开发商之间，当地居民与来自世界各地的旅游者之间，当地社区与旅游业发生不同密切程度的关系的人群之间，以及来自不同国家和地区的旅游者之间，能够找到和谐共处的机会，并且能在出现不可避免的冲突时寻找到合乎大多数人的意愿的解决途径，旅游规划师需要一种理论来武装自己。这种理论可能就是最近发展起来的旅游人类学。

所谓人类学（Anthropology）从字面上理解就是研究人类的科学，人类的发展过程、人类所拥有的文化等方面都应是其研究的内容。人类学的学科体系中，可分为如下的研究方向：体质人类学、考古学、语言人类学和文化人类学。可见，人类学就是从人类社会的不同方面和角度来研究人类的社会、经济、文化活动的科学。从国内外现有的各种研究成果来看，旅游人类学的研究主要是从旅游地的居民和游客之间人际关系的角度来研究旅游地的文化现象和演变，以及这种文化现象对旅游地社会的影响。因此，我们可以认为，旅游人类学就是从文化和美学的角度，研究旅游地居民、社会团体、旅游开发者与旅游者之间关系的科学。

一般认为西方人类学者加入旅游研究的标志是 1963 年人类学学者努涅斯（Nunez）发表的论文，论述一个墨西哥山村开展周末旅游带来的影响。20 世纪 70—80 年代，研究旅游对目的地社会、文化的影响是旅游人类学的主流。其中，70 年代以旅游对发展中国家的社会文化影响为主。进入 80 年代后，学者们越来越关注旅游对西方发达社会的影响，并把旅游开发与社区建设联系起来，考察如何使二者更好地互动。20 世纪 90 年代后，旅游的可持续发展问题也进入学者们的视野，他们开始思考如何达到社会文化方面的可持续发展。

西方人类学者研究旅游，主要从目的地居民、游客以及客源地社会这三个不同视角出发，进行系列研究，形成相应理论和观点。关注目的地社会的人类学学者认为旅游引发了当地社会文化的变迁，因而把旅游看作一种涵化和发展形式；从游客出发，学者们认为旅游活动的结构、功能与人生经历仪式（Rites of Passage）相似，因而旅游可以看作一种世俗仪式；为了弄清楚旅游的成因，学者到客源地社会寻找答案，认为旅游是一种上层建筑，其本质是一种异地社会文化生活方式。

二、我国旅游人类学理论研究

尽管中国旅游人类学的研究起步较晚，但从20世纪80年代开始，已有学者自觉或不自觉地涉及了旅游人类学研究的内容。1981年，我国著名经济学家于光远在《旅游》杂志上发表《旅游和文化》一文。文章指出："旅游不仅是一种经济生活，而且也是一种文化生活"，"旅游业不仅是一种经济事业，而且也是一种文化事业"。继于光远先生之后，晏亚仙、陈辽、卜昭程、吴义宏、魏小安、郁龙余，也都纷纷撰文对旅游文化进行界定。1984年，《中国大百科全书·人文地理卷》出版，该书率先在中文书刊中使用"旅游文化"一词，并认为旅游文化即是指旅游主体在旅游过程中所传播的本国文化和所接受的异国文化的总和。受西方人本主义影响，1991年，冯乃康从旅游主体、旅游客体和旅游介体的关系出发，围绕旅游文化的动态特征，将旅游文化界定为：旅游文化是旅游主体、客体和介体相互作用所产生的物质和精神成果。

1996年，申葆嘉在《旅游学刊》上发表《国外旅游研究进展》一文，使国人第一次接触到了"旅游人类学"这一全新的概念，并了解到西方旅游学研究的发展趋向。这不仅为国人翻译、介绍、引进西方旅游人类学研究成果打开了一扇大门，而且对中国旅游学研究的发展取向也产生了一定的影响。

随后，随着学术会议的推广，学术刊物积极搭建研究平台，相关专业的设置、专门机构的成立，各类基金和项目的自助力度的加大，旅游人类学在中国开始加速发展。首先，表现为对国外旅游人类学的理论和研究成果广泛关注和翻译。张晓萍和黄继元发表在《思想战线》上的论文——《纳尔逊·格雷本的"旅游人类学"》中提到，近几十年来，随着旅游业的蓬勃发展，许多国家对旅游业的研究，从各个方面得到了深入的发展，并上升到一定的理论高度。在一些西方国家里，一些旅游业研究的学者提出了"旅游人类学"这一新的学说，使旅游业的研究又上了一个更高的台阶，拓宽了研究的领域，促进了旅游业的新发展。纳尔逊·格雷本（Nelson Graburn）是美国加州大学伯克利分校的人类学家，他的旅游人类学理论有独到的思想观点和模式，引起了人类学界的广泛关注。其次，表现在对旅游经济作用充分认知的基础上积极研究经济影响。在大多数学者看来，文化是为经济服务的，保护的最终目的还是为了发展，因而为政府和有关部门提供决策服务是国内旅游研究的主要特征，这也是旅游人类学的功能性体现。再次，研究领域得到了极大拓展，社会文化影响研究进展迅速，将旅游的社会文化影响研究提到了旅游社会学与人类学学科的理论和方法论高度，还拓展了文化"真实性"与"商品化"研究。此外，社区参与旅游发展也有所突破，因为社区居民对生态旅游开发要进行全方位参与，才能分享旅游带来的各种利益，才能有助于生态旅游的成功。

三、旅游人类学在旅游规划中的应用

随着中国旅游业的飞速发展以及由此而造成的对目的地文化的巨大影响,旅游发展与文化变迁的关系问题也不可避免地引起了中国人类学学者的关注。国内学者在论及旅游过程中的文化变迁问题时,呈现出两种截然不同的看法。有学者认为:“游客每到一个地方去旅游,必然也把自己的文化带到了那里,并对当地的文化产生了影响,破坏了当地原生文化。”与这种持否定态度的看法相反,另有学者认为,旅游的发展也有助于加强、保护甚至复兴自己的文化。除上述两种看法外,在国内旅游学术界还存在着第三种声音,即认为旅游的发展对当地文化的影响既有利也有弊。如,有学者认为:“现代旅游,特别是文化旅游,实际上带给当地人的利大于弊,无论是在经济上,还是在文化上。”如何运用人类学方法与原理进行旅游开发,也是西方旅游人类学家颇为关注的问题之一。近几年来,国内也有学者运用人类学方法与原理探讨此问题,国内学者运用人类学方法与原理探讨旅游开发,主要侧重于旅游文化资源的开发与旅游文化产品的开发。文化人类学研究与旅游规划有无联系?如果有,在旅游规划中如何应用人类学方法与原理,从而使旅游规划更加科学与合理。有的学者还运用人类学方法与原理探讨了其他旅游问题,如从人类学背景,探讨了旅游审美,“关于旅游审美的人类学思考,只有从生命与人类栖居大地间的关系层面上,从人类生存的艺术感悟或诗化哲学中,我们或许能阐释旅游和旅游审美的存在及其意义。”

案例 宁夏全域旅游“四全”发展模式

按照“全景、全业、全时、全民”模式,以全域旅游发展理念布局旅游产业发展,发挥全域旅游对生产要素布局的导向作用。将宁夏全区作为一个目的地打造的“全景”规划理念,推进旅游产业与其他产业融合创新发展的“全业”融合理念,实施淡旺季均衡发展、全天候旅游服务的“全时”开发理念,强调全社会共同参与、成果主客共享的“全民”发展理念,秉承“一切资源都是旅游资源”,促进区域资源有机整合、产业深度融合发展和社会共同参与,达到旅游业带动乃至于统领经济社会全面发展的目标。

全景旅游。充分利用宁夏独具特色的自然风光、历史文化、生态环境、民族风情、乡村民俗、风土人情等旅游资源和工业、农业、交通、水利等发展优势,以及城乡建设成果,构建结构稳定、功能完备的“一核两带三廊七板块”空间结构,形成点、线、面相互关联、共同作用的空间布局。“一核”是将银川建设成为宁夏全域旅游核心区,发挥全区旅游集散中心和咨询服务中心城市的作用。“两带”包括黄河金岸旅游带、古城文化旅游带。第一带黄河金岸旅游带部分,全长 397 公里,是宁夏自然和文化资源最集中的区域,也是最适合以自驾游的形式全程游览的宁夏精品景区,纳入石嘴山—银川—吴忠—中卫四座旅游城市,可以说是宁夏现代城市休闲度假带,也是宁夏提升区域的整体竞争和辐射能力,形成经济新增长极的抓手。第二带是固原—韦州—灵武—银川古城文化旅游带,这四座城市从古至今形成时间轴,过去分别叫原州、韦州、灵州、银州,是宁夏的古城市带,它们展示了宁夏的历史变迁,属于历史文化旅游带。“三廊”包括贺兰山东麓葡萄文化旅游廊道、清水河流域旅游廊道、古军事文化旅游廊道。“七板块”包括大沙湖度假休闲板块、西夏文化旅游板块、塞上回乡文化体验板块、边塞文化旅游板块、大沙坡头度假休闲板块、韦州历史文化旅游板块、大六盘红色生态度假板块，这七个板块能够带动整个宁夏旅游的全域发展。

全业旅游。就是突破一二三产业界限，大力推进旅游与文化、工业、农业、林业、水利、体育、教育、商贸会展、康体医疗、休闲养老等产业融合发展，构建以旅游业为引领，具有现代服务业特征的新型产业体系；开发“食住行游购娱”的新旅游产品群，拉长旅游产业链，构建大旅游、大市场、大产业。通过政策扶持，建设以沙漠、葡萄酒、乡村旅游三大休闲度假产品，西夏文化探秘游、回族文化体验游、黄河文化深度游等十大专项旅游精品和温泉旅游、冰雪旅游、西部民俗体验三大冬季旅游产品为支撑的全域旅游产品体系。

全时旅游。就是要努力实现“旺季与淡季”“黄金周与非黄金周”“周末与非周末”“白天与夜间”的旅游市场和旅游消费均衡发展。全年旅游丰富多彩，春夏秋冬各有特色，白天夜间相得益彰，拓展旅游发展的新时空，拉动旅游消费的“全天候”。

全民旅游。就是调动全社会的力量推进全域旅游发展，引导城乡居民以主人翁的态度参与全域旅游建设，推动旅游基础设施、旅游公共服务共建共享、主客共享，共同分享旅游发展红利，共享旅游业发展带来的美好生活。

2016 年 7 月，习近平总书记在宁夏视察时，对宁夏发展全域旅游给予了充分肯定，并做出了“发展全域旅游，路子是对的，要坚持走下去”的重要指示，为宁夏乃至全国指明了全域旅游的发展方向和目标，更加坚定了宁夏发展全域旅游的信心和决心。我们将坚持创新驱动、协调推进、绿色发展、开放合作、共建共享的发展原则，全力实施全域旅游发展战略，努力实现“全域旅游，让人民生活更美好”的发展目标。

本章思考题

1. 什么是区位理论？它在旅游资源规划与开发中有何作用？
2. 什么是生态平衡理论？它在旅游资源规划与开发中有何作用？
3. 什么是系统理论？它在旅游资源规划与开发中有何作用？
4. 什么是可持续发展理论？它在旅游资源规划与开发中有何作用？
5. 试举例说明增长极理论在旅游规划与开发中的运用。
6. 什么是旅游人类学？它在旅游地规划中有何作用？
7. 地域分工对区域旅游规划和发展有什么影响？

第三章 旅游资源及其评价

教学目标与内容

旅游资源是旅游规划与开发的基础。在了解旅游资源概念和分类的基础上,掌握旅游资源的调查与评价的程序、内容与方法,特别是旅游资源定量评价的层次分析法和国家标准评价法。只有做到这些,才有可能对旅游资源进行合理的规划与开发,使旅游资源充分且可持续地为旅游业服务。

第一节 旅游资源的概念与分类

一、旅游资源概念的界定

什么是旅游资源？多年来许多学者对此作了诸多建设性的探讨,卢云亭在《现代旅游地理学》一书中罗列的当时所见的提法就有 19 种之多,现今更多,例如以下列出的旅游资源的种种定义。

周进步:“所谓旅游资源,专指地理环境中具有旅游价值的部分,也即旅游者旅游过程中感兴趣的环境因素和条件,即旅游资源。”

郭来喜:“凡是能给人们提供旅游观赏、知识乐趣、度假休闲、娱乐休息、探险猎奇、考察研究以及人们友好往来和消磨时间的客体和劳务都可称之为旅游资源。”

保继刚、楚义芳:“旅游资源是指对旅游者具有吸引力的自然存在和历史文化遗产,以及直接用于旅游目的的人工创造物。”

邢道隆:“从现代旅游业来看,凡是能激发旅游者的旅游动机,为旅游业所利用,并由此产生经济价值的因素和条件即为旅游资源。”

黄辉实:“旅游资源是吸引人们前往游览、娱乐的各种事物的原材料。这些原材料可以是物质的,也可以是非物质的。他们本身不是游览的目的物和吸引物,必须经过开发才能成为有吸引力的事物。”

国家旅游局资源开发司和中国科学院地理研究所,在《中国旅游资源普查规范》(1992)中指出:“自然界和人类社会凡能对旅游者产生吸引力,可以为旅游开发利用,并可产生经济效益、社会效益和环境效益的各种事物和因素都可以视为旅游资源。”

杨振之:“所谓‘旅游资源’,对于旅游者来说,就是旅游目的地及有关旅游的一切服务和设施;对于旅游地来说就是客观存在的客源市场,是关于旅游的主体、客体和介体的相互间的吸引向性的总和。”简单说就是:“旅游资源是旅游地资源、旅游服务及其设施、旅游客源市场三大要素相互吸引、相互制约的有机系统,是有关这三大要素相互间吸引向性的总和。”

肖星、严江平:“旅游资源是特定地理环境(自然环境和社会环境)中,能够激发人们旅游动机并产生旅游活动的各种因素的综合。这种‘因素’可以是物质的,也可以是附着于物质实体上的精神文化。”

陈传康、刘振礼:“旅游资源是在现实条件下,能够吸引人们产生旅游动机并进行旅游活动的各种因素的总和。”

孙文昌:“旅游资源应指凡能激发旅游者旅游动机的,能为旅游业所能利用的,并由此而产生经济效益和社会效益的自然和社会的实在物。”

傅文伟:“凡是具有旅游吸引力的自然、社会景象和因素,统称为旅游资源。”

杨时进:“凡是自然力和人类社会造成的,有可能被用来规划、开发成旅游消费对象的物质或精神的诸多因素,都可以视作旅游资源。”

罗贝尔·朗加尔(Robert Lanquar):“旅游资源即自然的、文化的、艺术的、历史或工艺等资源的旅游遗产,它吸引着旅游者,刺激着他去旅游。”

霍洛韦(Holloway J C,1986):“旅游吸引物必须是那些给旅游者以积极的效益或特征的东西,他们可以是海滨或湖滨,山岳风景,狩猎公园,有趣的历史纪念物或文化活动,体育运动,以及令人愉悦舒适的会议环境。”

李天元:“凡是能够造就对旅游者具有吸引力环境的自然因素、社会因素或者其他任何因素,都可构成旅游资源。”

诸种论述,虽然表述不一,各有侧重点,但大多都包含了以下含义。首先,旅游资源具有吸引力。正因为旅游资源具有吸引力,才会激发旅游者的旅游动机,促使其从客源地到旅游目的地去旅游。其次,旅游资源是一个不断发展的概念,其包含的范畴,与人们的认识水平、社会生产力发展具有密切关系,因此,旅游资源的范畴还在不断扩大。再次,旅游资源提供给旅游者的各种物质与精神享受必须是积极健康的。对旅游资源的开发利用不仅要考虑经济效益,更要考虑社会效益。最后,旅游资源形态的多元化。旅游资源有自然的,也有人文的;有物质的,也有非物质的;有有形的,还有无形的,因此具有多种形态。作为旅游资源,自然界禀赋的沟壑山峦、河流湖泊、飞瀑涌泉、花鸟虫兽等,以及人工创造的、历史遗存的园林、宫殿、文物等,它们是物质的、有形的客观实体,认同感较强,是旅游资源中很重要的一部分。而像历史名人、当地的风俗习惯、风土人情等无形的、非物质的事物和现象也同样吸引旅游者,也是旅游资源的重要组成形式,如泸沽湖摩梭人的人文习俗。旅游活动不仅要满足旅游者旅游过程中食住行等物质需要,更重要的是要满足旅游者的精神需求。因此,物质的和非物质的旅游资源都是旅游开发中重要的资源形式。

二、旅游资源的分类

对旅游资源进行科学分类是认识评价旅游资源、更好地开发利用旅游资源的一项基础性工作,是旅游学研究的重要内容。旅游资源的分类,就是遵循一定的分类标准,根据旅游资源的同质性和异质性，按照一定的目的、需要将其分门别类，通过比较、认识、归纳，划分出具有一定从属关系的不同等级的旅游资源类型。

（一）分类原则

为了保证旅游资源分类的科学性和适用性，旅游资源分类必须遵循一定的原则，它既是旅游资源分类的指导思想，又是旅游资源分类的依据。旅游资源分类主要有以下几种原则：

1. 同质性和异质性原则

即划分出的同一类型的旅游资源必须是相似的，具有共同的属性；而不同类型的旅游资源之间必须具有一定的差异性。

2. 可操作性原则

旅游资源的分类是一项实践性很强的工作，在进行分类的过程中，必须考虑资源的定量评价与资源的实际开发问题，确定的分类指标和体系，必须可以指导旅游资源的调查与开发，否则将会与实际脱节，分类也显得没有意义。

3. 独立性原则

即所划分的几大类相互之间应该是独立的，不会出现相互包含或重叠的情况。

（二）旅游资源分类方法

由于旅游资源本身的复杂性和范围的广泛性，使得人们对其类型的划分从一开始就是从不同的角度，采用不同的方法进行的。最有代表性的有两种：

1. 1992 年版旅游资源分类分级系统

1992 年，由国家旅游局资源开发司和中国科学院地理研究所起草的《中国旅游资源普查规范（试行稿）》中，提出了一种以旅游资源普查为目的的应用性分类方案。该方案主要依据旅游资源的成因、性质、状态、特征、功能等指标的相似性，以及类型之间明显的差异性等原则进行分类。它提出将旅游资源分为 2 大类、6 类、72 基类。详见表 3-1。

1992 年版《中国旅游资源普查规范》旅游资源分类表　　表 3-1

大　类	类	基 本 类 型
自然旅游资源	地文景观类	典型地质构造、标准地质剖面、生物化石点、自然灾变遗迹、名山、火山熔岩景观、蚀余景观、奇特与形象山石、沙（砾石）滩、小型岛屿、洞穴、其他地文景观
	水域风光类	风景河段、漂流河段、湖泊、瀑布、泉、现代冰川、其他水域风光
	生物景观类	森林、古树名木、奇花异草、草原、野生动物栖地、其他生物景观
人文旅游资源	古迹与建筑类	人类文化遗址、社会经济文化遗址、军事遗址、古城和古城遗址、长城、宫殿建筑群、宗教建筑与礼制建筑群、殿（厅）堂、楼阁、塔、碑碣、建筑小品、园林、景观建筑、桥、雕塑、陵寝陵园、墓、石窟、摩崖字画、水工建筑、厂矿、农林渔牧场、特色城镇与村落、港口、广场、乡土建筑、民俗街区、纪念地、景观地、其他建筑或其他古迹

续上表

大　类	类	基本类型
人文旅游资源	休闲求知健身类	科学教育文化设施、休疗养和社会福利设施、动物园、植物园、公园、体育中心、运动场馆、游乐场所、节日庆典活动、文艺团体、其他休闲求知健身活动
	购物类	市场与购物中心、庙会、著名店铺、地方产品、其他物产

2. 国家标准分类体系

在《中国旅游资源普查规范(试行稿)》(1992)的基础上,由中国科学院地理研究所会同其他科研单位和高校地理工作者,在通过对云南西双版纳州等不同类型地域的实践基础上,起草了国家标准《旅游资源分类、调查与评价》(GB/T 18972—2003),于2003年2月24日由中华人民共和国国家质量监督检验检疫总局发布,2003年5月1日起开始实施。该标准依据旅游资源的现存状况、形态、特性、特征划分出8个主类、31个亚类、155个基类。详见表3-2。

旅游资源分类表　　表3-2

主　类	亚　类	基本类型
A 地文景观	AA 综合自然旅游地	AAA 山丘型旅游地 AAB 谷地型旅游地 AAC 沙砾石地型旅游地 AAD 滩地型旅游地 AAE 奇异自然现象 AAF 自然标志地 AAG 垂直自然地带
	AB 沉积与构造	ABA 断层景观 ABB 褶曲景观 ABC 节理景观 ABD 地层剖面 ABE 钙华与泉华 ABF 矿点矿脉与矿石积聚地 ABG 生物化石点
	AC 地质地貌过程形迹	ACA 凸峰 ACB 独峰 ACC 峰丛 ACD 石(土)林 ACE 奇特与象形山石 ACF 岩壁与岩缝 ACG 峡谷段落 ACH 沟壑地 ACI 丹霞 ACJ 雅丹 ACK 堆石洞 ACL 岩石洞与岩穴 ACM 沙丘地 ACN 岸滩
	AD 自然变动遗迹	ADA 重力堆积体 ADB 泥石流堆积 ADC 地震遗迹 ADD 陷落地 ADE 火山与熔岩 ADF 冰川堆积体 ADG 冰川侵蚀遗迹
	AE 岛礁	AEA 岛区 AEB 岩礁
B 水域风光	BA 河段	BAA 观光游憩河段 BAB 暗河河段 BAC 古河道段落
	BB 天然湖泊与池沼	BBA 观光游憩湖区 BBB 沼泽与湿地 BBC 潭池
	BC 瀑布	BCA 悬瀑 BCB 跌水
	BD 泉	BDA 冷泉 BDB 地热与温泉
	BE 河口与海面	BEA 观光游憩海域 BEB 涌潮现象 BEC 击浪现象
	BF 冰雪地	BFA 冰川观光地 BFB 长年积雪地
C 生物景观	CA 树木	CAA 林地 CAB 丛树 CAC 独树
	CB 草原与草地	CBA 草地 CBB 疏林草地
	CC 花卉地	CCA 草场花卉地 CCB 林间花卉地
	CD 野生动物栖息地	CDA 水生动物栖息地 CDB 陆地动物栖息地 CDC 鸟类栖息地 CDD 蝶类栖息地

续上表

主　类	亚　类	基本类型
D 天象与气候景观	DA 光现象	DAA 日月星辰观察地 DAB 光环现象观察地 DAC 海市蜃楼现象多发地
	DB 天气与气候现象	DBA 云雾多发区 DBB 避暑气候地 DBC 避寒气候地 DBD 极端与特殊气候显示地 DBE 物候景观
E 遗址遗迹	EA 史前人类活动场所	EAA 人类活动遗址 EAB 文化层 EAC 文物散落地 EAD 原始聚落
	EB 社会经济文化活动遗址遗迹	EBA 历史事件发生地 EBB 军事遗址与古战场 EBC 废弃寺庙 EBD 废弃生产地 EBE 交通遗迹 EBF 废城与聚落遗迹 EBG 长城遗迹 EBH 烽燧
F 建筑与设施	FA 综合人文旅游地	FAA 教学科研实验场所 FAB 康体游乐休闲度假地 FAC 宗教与祭祀活动场所 FAD 园林游憩区域 FAE 文化活动场所 FAF 建设工程与生产地 FAG 社会与商贸活动场所 FAH 动物与植物展示地 FAI 军事观光地 FAJ 边境口岸 FAK 景物观赏点
	FB 单体活动场馆	FBA 聚会接待厅堂(室) FBB 祭拜场馆 FBC 展示演示场馆 FBD 体育健身馆场 FBE 歌舞游乐场馆
	FC 景观建筑与附属型建筑	FCA 佛塔 FCB 塔形建筑物 FCC 楼阁 FCD 石窟 FCE 长城段落 FCF 城(堡) FCG 摩崖字画 FCH 碑碣(林) FCI 广场 FCJ 人工洞穴 FCK 建筑小品
	FD 居住地与社区	FDA 传统与乡土建筑 FDB 特色街巷 FDC 特色社区 FDD 名人故居与历史纪念建筑 FDE 书院 FDF 会馆 FDG 特色店铺 FDH 特色市场
	FE 归葬地	FEA 陵区陵园 FEB 墓(群) FEC 悬棺
	FF 交通建筑	FFA 桥 FFB 车站 FFC 港口渡口与码头 FFD 航空港 FFE 栈道
	FG 水工建筑	FGA 水库观光游憩区段 FGB 水井 FGC 运河与渠道段落 FGD 堤坝段落 FGE 灌区 FGF 提水设施
G 旅游商品	GA 地方旅游商品	GAA 菜品饮食 GAB 农林畜产品与制品 GAC 水产品与制品 GAD 中草药材及制品 GAE 传统手工产品与工艺品 GAF 日用工业品 GAG 其他物品
H 人文活动	HA 人事记录	HAA 人物 HAB 事件
	HB 艺术	HBA 文艺团体 HBB 文学艺术作品
	HC 民间习俗	HCA 地方风俗与民间礼仪 HCB 民间节庆 HCC 民间演艺 HCD 民间健身活动与赛事 HCE 宗教活动 HCF 庙会与民间集会 HCG 饮食习俗 HGH 特色服饰
	HD 现代节庆	HDA 旅游节 HDB 文化节 HDC 商贸农事节 HDD 体育节
数量统计		
8 主类	31 亚类	155 基本类型
[注] 如果发现本分类没有包括的基本类型时,使用者可自行增加。增加的基本类型可归入相应亚类,置于最后,最多可增加 2 个。编号方式为:增加第 1 个基本类型时,该亚类 2 位汉语拼音字母 + Z;增加第 2 个基本类型时,该亚类 2 位汉语拼音字母 + Y		

资料来源:中华人民共和国国家标准《旅游资源分类、调查与评价》(GB/T 18972—2003)。

第二节　旅游资源的调查

旅游资源是一个国家或地区发展旅游业的前提条件，只有将旅游资源的现状利用情况及开发潜力等情况调查清楚，才能对旅游资源的价值及功能做出合理的评价，为旅游开发与规划提供科学的依据。

一、旅游资源调查的概念及其作用

旅游资源调查就是通过合理的计划，采用科学的方法和技术手段，按照旅游资源的分类标准有系统地收集、记录、整理、分析和总结旅游资源及其相关因素的信息与资料，以确定旅游资源的赋存状况，为旅游经营管理者提供客观决策依据的活动。

旅游资源调查是旅游区开发的第一步。通过调查，了解和掌握该区域旅游资源的类型、数量、分布、特征、成因、规模、结构以及开发潜力等基本情况，有助于全面认识该区域旅游资源现状，为确定该区域的旅游业发展方向及当地的旅游规划与开发提供客观的科学依据。通过调查，可建立和完善该区域旅游资源信息数据库，为该区域旅游业的经营管理提供必要的信息，为旅游的预测、决策奠定基础，为寻找新的旅游资源、开发新旅游产品、开拓旅游客源市场提供帮助。通过调查，可深入了解该区域旅游环境质量，发现该区域旅游开发利用过程中存在的问题，为区域旅游环境质量监控提供详细、准确、具体的信息，为当地制定旅游资源和旅游环境保护措施提供科学的决策依据。

二、旅游资源调查的内容

旅游资源调查的内容繁复，涉及旅游活动相关的方方面面，包括旅游资源环境条件、旅游资源存量状况、旅游资源开发现状及开发条件调查等。

（一）旅游资源环境条件调查

1. 自然环境的调查

包括调查该区概况、地质地貌条件、水体、气象气候、动植物等要素。

2. 人文环境的调查

包括该区的历史沿革、行政区划、文化、医疗卫生、调查区的经济环境和发展水平、法治环境和交通、邮电通信、水、电、气、网络、宾馆饭店等基础条件，同时还应调查当地的旅游业发展水平和当地居民对发展旅游业的态度。

3. 旅游环境质量调查

调查当地大气、水体、土壤等的质量状况，了解当地工矿企业生产、生活、服务等人为因素造成的大气、水体、土壤、噪声污染状况和治理程度，以及自然灾害、传染病、放射性物质、易燃易爆物质等状况。

(二)旅游资源存量状况调查

包括对旅游资源的类型、数量、特征、成因、级别、结构、规模、组合等基本情况进行调查,并提供旅游资源的文字、影像、专题地图等相关资料。

(三)旅游资源开发现状及开发条件调查

1. 旅游要素调查

包括旅游活动的六大要素:食、住、行、游、购、娱。

2. 客源市场调查

调查海外游客、国内游客、外地游客、本地游客的数量、所占比例、各自停留时间、旅游动机、消费结构和消费水平,以及年龄、性别、职业、文化程度等基本情况,旅游地和周围客源地居民消费水平和出游率,游客的旅游需求等内容,分析产生客源的有利因素和不利因素。

3. 邻近资源及区域内资源的相互关系

包括自然与人为旅游资源的结合与互补情况,各要素的组合及协调性,景观的集聚程度等,分析邻近资源与区域内资源的相互关系、所产生的积极和消极因素,以及区域内旅游资源在不同层次旅游区域中的地位。

三、旅游资源调查的方法

(一)资料统计分析法

资料统计分析法是一种间接调查法,是通过收集旅游资源的各种现有信息数据和情报资料,从中选取与资源调查项目有关的内容进行分析。主要收集经加工过的次级资料,而且以文献性信息为主,既有动态资料,也有静态资料。尤其偏重于从动态角度收集各种反映旅游变化状态的历史与现实资料,包括超越时空条件限制的古今中外的有关文献资料。

(二)现场考察法

现场考察法是调查者在现场对被调查的事物和现象进行直接观察或借助仪器设备进行记录,以获得第一手的旅游资源信息资料的调查方法。调查人员通过观察、踏勘、测量、填绘、摄像等形式直接接触旅游资源,通过专业人员的感性认识和客观分析,得到翔实可靠的资料。这种调查方法的最大特点是能客观地反映被调查对象的实际行为,资料的真实性高,并且简便易行,灵活性强,不受历史或将来意愿的影响,只记录实际发生的事项,调查结果更接近于实际。

(三)询问调查法

询问调查法是旅游资源调查的一种辅助方法,是调查者用访谈询问的方式了解旅游资源情况的一种方法。应用这种方法,可以从资源所在部门、居民及旅游者中及时地了解旅游资源客观事实和难以发现的事物现象。通常可以采用设计调查问卷、调查卡片、调查表等,通过面谈调查、电话调查、邮寄调查、留置问卷调查等形式进行访谈,获取需要的资料信息。访谈调查成功与否,主要取决于被调查者是否密切配合,以及调查者事前的各种准备工作和对访谈技巧的掌握程度。因此,如果是访问座谈,要求预先精心设计询问或讨论的问题,且调查对象应具有代表性;如果是问卷调查,要求问卷设计合理,分发收回的程序符合问卷调查的规定,以保证其结果的有效性和合理性。

(四)现代科技分析法

在进行野外实地考察时,有多种现代科技手段可以使用,常见的如使用现代声像摄录设备,如照相机、摄像机等,将野外考察过程全面真实地记录下来,真实地显现出旅游资源地的原貌。这里主要是指遥感技术(RS)、全球定位系统(GPS)、现代测量技术、物探技术等。利用这些现代科技手段提供的卫星照片、航空照片等遥感图像,我们可以全面掌握调查区旅游资源现状、判读各景点的空间布局和组合关系,实现景观派生信息的提取,特别是能对人迹罕至、山高密林及常规方法无法达到的地区进行旅游资源的调查,有时还能发现一些野外综合考察等不易发现的潜在旅游资源。

遥感(RS)即遥远感知。遥感技术是采用航天遥感(卫星)、航空遥感测量技术,对地球进行测量观察而获得地学信息的一种手段,具有信息量大、覆盖面广、方位准确性高、所需时间短、费用较少、现实性强等优点。

全球定位系统(GPS)是一种空间定位技术,现代测量技术如全站仪(可用于测定地面的地物、地形,并能用符号表示在图上的一种测量仪器)等,都可用来测定调查区域旅游资源的位置、范围、大小、面积、体量、长度等,在调查中用途很大。另外,物探技术主要用于调查那些尚未发掘的地下文物。

在旅游资源调查中,应尽量充分运用各种现代科学技术手段,提高调查的准确性、精确性和科学性,但需要有可应用专门知识和先进技术设备能力的人,才能进行信息判读、解释和选择。

四、旅游资源调查的程序

旅游资源调查是一项系统而复杂的工程,无论采取哪种形式,都是一次有组织、有计划的行动,需要经过一定的程序,才能保证旅游资源调查工作有条不紊地进行,才能保证调查质量,提高工作效率。一般分为三个阶段,即旅游资源调查准备阶段、野外实地调查阶段和室内资料整理分析阶段。

(一)调查准备阶段

1. 组织准备

首先确定调查人员,成立调查组。调查人员主要由不同管理部门的工作人员和不同学科方向的相关专业人员组成。调查人员应具备相关的专业知识和野外生存与急救常识。

2. 资料准备

出发前收集一切与调查区有关的资料。主要包括本区和邻区的旅游资源,自然、社会、经济和环境方面的文献资料、图形资料、照片音像资料等。通过对收集的资料进行系统整理和分析，可初步了解本区旅游资源的特色，在此基础上，制订野外工作计划。同时要准备好调查区不同比例尺的地形图（所需地形图比例尺因调查区域大小或级别而有差异，一般县域调查区用1∶1万～1∶5万比例尺地形图，地市级用1∶10万～1∶50万比例尺地形图，省市级用1∶50万～1∶100万比例尺地形图），作为野外调查时的填图底图。

3. 制订计划和仪器准备

制订旅游资源调查的工作计划和方案。包括调查目的、调查区域、调查对象、主要调查方式、所需设备器材、调查经费、需完成的图表以及调查成果的表达方式等。

（二）野外实地调查阶段

1. 确定调查小区和调查线路

调查小区一般按行政区划分，也可按现有或规划中的旅游区域划分。调查线路按实际要求设置，一般要求贯穿调查区内所有调查小区和主要旅游资源所在区。尽量做到覆盖面广、避免遗漏、不走回头路。

2. 选定调查对象

可分为初步普查和重点详查。初步普查是在收集资料的基础上，对区域内的旅游资源进行全面的调查，确定资源基本状况和分布位置，把有关景点标注在相应比例尺图件上。经过初步筛选，重点详查那些具有旅游开发前景的，有明显经济、社会、文化价值的旅游资源，以及集合型旅游资源中具有代表性的部分。

3. 实地调查

调查内容包括旅游资源单体的规模与体量、成因现状、历史演变及发展趋势，类型结构和空间结构特点（外观形态结构、内在性质、组成成分），自然、经济、社会、环境条件以及技术、物资、能源、水源、交通、生活供应等，预测投资、客源、收益及旅游业发展对区域经济、社会、生态等带来的影响，与同类资源相比较的特色，确定该区旅游发展的方向和重点项目，提出规划性建议，并将结果标绘于比例尺为1∶5000或1∶1万的图件上。同时注意数据记录，对重点问题和地段进行专题研究与鉴定。填写“旅游资源单体调查表”和“旅游资源调查实际资料图”等。

（三）室内资料整理分析阶段

对收集的资料和野外勘察的记录进行系统整理总结，再进行认真的分析研究，最后完成调查报告和图件。

一是整理资料。主要是将收集的零星资料整理成系统的、能说明问题的情报，包括对文字资料、照片、录像的整理，以及图件的编制与清绘等内容。首先，对资料进行鉴别、核对和修正，审查资料的适用性与准确性，剔除有错误的资料，并补充、修正资料，使其达到完整、准确、客观、前后一致。其次，运用科学的编码分类方法对资料进行编码与分类，以便于今后分析利用。最后，采用常规的资料储存方法或计算机储存方法，将资料归类存储，以利于今后查阅和再利用。

二是分析资料。经过整理后的资料、数据和图件,应能表示某种意义,只有通过调查人员的分析解释,才能对资源调查项目产生作用。一般需要借助一定的统计分析技术,才能科学地测定它们之间的关系,认识某种现象与某个变化产生的原因,把握其动向与发展变化规律,并探求解决问题的办法,对该项调查结果提出合理的行动建议。

(四)编写旅游资源调查报告

旅游资源调查报告既能够为决策部门提供客观的决策依据,又能体现该调查项目的全部调查活动,是旅游资源调查的文字总结。报告编写力求观点正确、材料典型、中心明确、重点突出、结构恰当、层次分明。主要内容包括:

(1)前言。调查任务来源、目的、要求,调查区位置、行政区划与归属、范围、面积,调查人员组成,工作期限、工作量和主要资料及其成果等。

(2)调查区旅游环境。调查区自然地理特征、交通状况和社会经济概况等。

(3)旅游资源开发历史和现状。包括旅游资源的成因、类型、分区、特色、功能结构、开发现状等。

(4)旅游资源基本类型。包括旅游资源的类型、名称、分布位置、规模、形态和特征(可附素描、照片、录像资料等)。

(5)旅游资源评价。通过对调查区的旅游资源进行定性和定量的评价,评定旅游资源的级别和吸引力。

(6)旅游资源开发和保护建议。阐明调查区内的旅游资源开发指导思想、开发途径、步骤和保障措施。

(7)附图。包括区位条件图、旅游资源评价图、旅游开发现状图、功能分区图、旅游线路图、旅游项目和设施分布图、市场结构图等。

第三节　旅游资源评价

旅游资源评价是在调查摸底的基础上对调查区的旅游资源、资源环境及其开发条件进行深入的剖析和研究,为调查区旅游资源的规划、开发和管理提供理论依据。

旅游资源评价的目的主要有三个:首先确定旅游资源的质量水平,评估该项资源在旅游地区开发建设中所处的地位;其次明确旅游地的主导资源,确定旅游地的性质,拟订旅游资源和旅游地的开发方向和计划;最后排定不同旅游地的建设顺序。

一、旅游资源评价方法

对旅游资源进行评价,是一项系统而复杂的工作。其原因在于,一方面,旅游资源本身包罗万象,很难采取统一的评价标准;另一方面,由于受人的主观因素的影响,不同民族、职业、年龄和文化背景的人往往具有不同的审美标准。因此,旅游资源的评价方法有很多,目前国际上较为流行的是使用定性评价和定量评价两种方法。

（一）旅游资源的定性评价

所谓定性评价也称为体验性评价，指评价者在考察之后根据自己的主观印象和固有的价值观念对旅游资源的质量所作的定性描述。由于受个人意见的局限，定性评价的结果难免带有主观臆断的色彩。但是，定性评价具有省时、省钱、简便、易行等优点，因此深受理论研究者和旅游开发商的喜爱。尤其是那些投资少、规模小、周期短的项目，定性评价往往起到事半功倍的作用。为了减少个人主观意识的影响，在实际工作中可以组成一个专家组对旅游资源进行定性评价。

根据评价的深入程度及评价结果的形式，定性评价又可以分为一般体验性评价和美感质量评价等方法。

1. 一般体验性评价

一般体验性评价是由体验者根据自己的亲身体验对一个或一系列的旅游资源就其整体质量进行定性评估。对一系列旅游资源进行一般体验性评价，其结果可以形成一个评价序列。如 1985 年《中国旅游报》发起的"中国十大名胜"评选；1991 年国家旅游局主持的"中国旅游胜地四十佳"评选；世界旅游及旅行理事会（WTTC）的十大旅游城市排名，以及西方一些畅销杂志每年面向旅游者进行的"受欢迎的度假地"的调查等，都属于这种评价类型。这种类型的显著特点是：评价的项目很简单，甚至根本没有评价的细项，只要求就旅游地（旅游资源）进行整体质量评价，或在问卷上按序号（表示质量优劣的顺序）填上评价者认定的旅游地（旅游资源）即可。这种评价常局限于少数知名度较高的旅游资源，无法用于一般类型或尚未开发的当地旅游资源。

2. 美感质量评价

旅游资源美感质量评价一般是基于对旅游者或专家体验的深入分析，建立规范化的评价模型，评价结果多具有可比性的定性尺度或数量值，其中，对于自然风景视觉质量评估的技术已经比较成熟。

世界上对于自然风景视觉质量评估的研究，起始于 20 世纪 60 年代中期。当时西方发达国家开始着手于环境保护、设立国家公园和自然保护区的工作，与之相应要求有科学的自然风景评估研究作为政策和法令实施的前提和根据。众多专家学者先后参与这一领域的研究，到 20 世纪 80 年代，较为公认的有四个学派：即专家学派（国外代表有 R. B. H. Litton；我国有邓光磊，1982）、心理物理学派（H. W. Schreoeder 和 Daniel，1981；Buhyoff，1982）、认知学派或心理学派（S. Kaplan、Gimblett 和 Brown）、经验学派或现象学派（Lowenthal），各学派都有自己的思想和工作方法，俞孔坚和保继刚均对其进行过总结与介绍。

（1）专家学派

专家学派认为，凡是符合形式美原则的风景（皆指自然风景）就具有较高的风景质量。因而，这一学派对风景的分析基于其线条、形体、色彩和质地四个要素，强调多样性、奇特性、协调统一性等形式美原则在风景质量分级中的主要作用。这种评价方法突出表现为一系列的分类分级过程，其依据除了形式美原则外，还有生态学原则。风景评价工作由少数训练有素的专业人员来完成。这一方法一直处于统治地位，为许多官方机构所采用。

美国林务局风景管理系统中，对于自然风景质量的评价方法如下：

第一，划分风景类型。根据地形、植被、水体等特点，按自然地理区域划分出风景类型大类，各风景类型之下，又根据区域风景的多样程度划分出亚型。亚型是风景质量评价的基本单元，各风景类型的质量以亚型的质量评价结果向上归并。

第二，评价亚型的风景质量。根据山石地形、植被类型及水体形态的多样性，将风景质量划分为三个等级。即 A 级——特异风景、B 级——一般风景、C 级——低劣风景。

美国土地管理局的风景资源管理系统对于自然风景质量的评价，先是选定七个风景质量因子进行分级评分(见表 3-3)，然后再将七个单项因子的得分值相加作为风景质量总分值，最后将风景质量归入三个等级：A 级总分 19 分以上；B 级总分为 12 ~ 18 分；C 级总分为 0 ~ 11 分。

风景质量分级评价表 表 3-3

评价因子	评价分级标准和评分值		
地形	断崖、顶峰或巨大露头的高而垂直的地形起伏；强烈的地表变动或高度冲蚀的构造(包括主要的劣地或沙丘)；具支配性、非常显眼而又有趣的细部特征(如冰河等)(5)	险峻的峡谷、台地、孤丘、火山丘和冰丘；有趣的冲蚀形态或地形的变化；虽不具支配性，但仍有具趣味性的细部特征(3)	低而起伏的丘陵、山麓小丘或平坦的谷地，有趣的细部景观特征稀少或缺乏(1)
植物	植物种类、构造和形态上有趣且富于变化(5)	有某些植物种类的变化，但仅有一、二种主要形态(3)	缺少或没有植物的变化或对照(1)
水体	干净、清澈或白瀑状的水流，其中任何一项都是景观上的支配因子(5)	流动或平静的水面，但并非景观上的支配因子(3)	缺少，或虽存在但不显目(1)
色彩	丰富的色彩组合；多变化或生动的色彩；岩石、植物、水体或雪原的愉悦对比(5)	土壤、岩石和植物的色彩对比具有一定程度的强度的变化，但并非景观上的支配因子(3)	微小的颜色变化；具有对比性或尚有趣；一般而言都是平淡的色调(1)
邻近景观的影响	邻近的景观大大地提升视觉美感质量(5)	邻近的景观一定程度地提升视觉美感质量(3)	邻近的景观对于整体视觉美感质量只有少许或没有影响(1)
稀有性	仅存性种类、非常有名或区域内非常稀少；具观赏野生动物和植物花卉的一致机会(6)	虽然和区域内某些东西有相似之处，但仍是特殊的(2)	在其立地环境内具趣味性，但在本区域内非常普遍(1)
人为改变	未引起美感上的不愉悦或不和谐；或修饰有利于视觉上的变化性(2)	景观被不和谐干扰，质量有某些减损，但非很广泛而使景观质量完全抹杀或修饰，只对本区增加少许视觉的变化或根本没有(0)	修饰过于广泛，致使景观质量大部分丧失或实质上降低(-4)

资料来源：保继刚、楚义芳编著的《旅游地理学》(修订版，高等教育出版社，1999)。

(2)心理物理学派

心理物理学派把风景与风景审美理解为一种刺激—反应的关系，将心理物理学的信号检测方法引用到风景质量评价中,通过测量公众对风景的审美态度而获得一个反映风景质量的量表,然后将该量表与风景的组成成分之间建立起数学关系。该学派的基本思想是:人类具有普遍一致的风景审美观,可将之作为风景质量的衡量标准;风景审美是风景与人之间的一种共同作用过程,风景质量评估在于建立反映这一作用关系的定量模型;人们对风景质量的审美评判,可以通过风景的自然要素来定量表达。评价模型操作可以分为四个步骤进行:一是测量公众的平均审美态度,以照片和幻灯片作为工具获得公众对所展示风景的美感评价;二是确定所展示风景的基本要素;三是建立风景质量与风景的基本要素之间的相关模型;四是将建立的数学模型用于同类风景的质量评估之中。

(3)心理学派(认知学派)

该学派把风景作为人的生存空间、认识空间来研究,强调风景对人的认识作用在情感上的影响,试图用人的进化过程及功能需要来解释人对风景的审美过程。20 世纪 70 年代中期,美国环境心理学家卡普兰夫妇以进化论为前提,从人的生存需要出发,提出了风景信息的观点,逐步完善了风景审美理论模型,认为人在风景审美过程中,既注重风景中那些易于辨识和理解的特性,又对风景中蕴藏的神秘特性信息感兴趣。因此,具有这两种特性或信息的风景的质量就比较高。

(4)现象学派(经验学派)

该学派把人在风景审美评判中的主观作用提高到了绝对高度,它把人对风景的神秘评判看作是人的个性和其文化历史背景、志向与情趣的表现。研究方法一般是考证文学艺术家关于风景审美的文学、艺术作品及名人日记等,以此来分析人与风景的相互作用及某种审美评判所产生的背景;另外,也通过心理测量、调查、访问等形式,记叙现代人对具体风景的感受和评价。但这些调查不是简单地评价风景优劣,而是详细描述个人经历及关于某风景的感受,以此分析某风景价值所产生的环境与背景。因此,现象学派的方法和研究结论往往不能被风景评价学者直接应用。

3. 卢云亭“三三六”评价法

“三三六”评价法包括三大价值、三大效益和六大开发条件。三大价值,即旅游资源的艺术欣赏价值、历史文化价值、科学考察价值;三大效益,即经济效益、社会效益和环境效益;六大开发条件,指旅游资源所在地的地理位置和交通条件、景象景点地域组合条件、旅游环境容量、旅游客源市场条件、投资能力、施工难易程度等六个方面。

除了以上的方法外,近年来不少专家学者在原有方法的基础上,还提出了一些新的定性评价的方法,如黄辉实的“六字七标准”评价法、北京旅游学院科研室提出的“八、六、五”评价法等。但由于定性评价的描述对象不同,所用的标准差别很大,往往要求评价者自己根据旅游资源的实际情况去加以创造。因此,定性评价的方法虽然简便易行,但因个人意见的局限性,常常带有主观色彩。

(二)旅游资源的定量评价

定量评价是通过一定的统计、分析、计算,用具体的数量来表示开发区域的旅游资源及旅游环境等级的一种方法,其结果更加直观准确。定量评价避免了定性评价的主观片面性,使评价结论更加明晰，解释的确定性大大增强，预测性也更加明确，进而使旅游资源评价尽可能地减少主观色彩和个性色彩，一般可将其结果作为旅游开发的决策依据。但是，定量评价难以反映客观条件的临时变化和未来不确定因素的影响，对一些无法量化的因素也无力表达。评价过程显得较为复杂，多适合于专业人员。因此在实际工作中，还必须与定性评价法密切配合，才能较好地达到预期目的。定量评价法一般又分为单因子评价和综合性多因子评价两个方面。

1. 技术性的单因子评价法

技术性的单因子评价是评价者在评价旅游资源时，集中考虑某些典型而又关键的因子，对这些关键因子进行技术性的适宜或优劣评判。这种评价对于开展专项旅游活动，如登山、滑雪、游泳等非常适用，一般限定自然旅游资源评价。针对不同的评价对象，现在较为成熟的方法有海滩和海水浴场的评价（乔戈拉斯，1970）、旅游湖泊的评价（王家骏，1988）、地形适宜性评价（日本洛克计划研究所，1980）、滑雪旅游资源评价（美国）、康乐气候分析（刘继韩，1988）和溶洞的评价（陈诗才，1993）。下面将对地形、海滩和海水浴场的评价方法给予介绍。

（1）地形的适宜性评价

一般来说，地形因素对于运动型的旅游活动至关重要，是关键的旅游资源因子。地形对于风景观赏存在影响。地形的崎岖、陡峭给旅游者移动带来的困难常能借助于人工设施来解决，如缆车、索道等，但地形的这种特性本身却能提高风景的美感质量。各种运动类型的旅游活动对于地形的倾斜程度都有较严格的要求，如滑雪运动要求地形坡度必须在35°以下，但是滑雪区缓坡（10°以下）占地面积太大，又会影响滑雪者的体验水准，难以吸引大量滑雪者。因此，各种旅游活动特别是参与性旅游活动对于地形的要求，成为评估地形适宜性的重要衡量标准。

（2）海滩评价

1970年乔戈拉斯（Georgulas）在研究海滩旅游地时，提出了一级浴用海滩的评价标准。

用于阳光浴等消极活动时，要求海滩沙质细洁，海滩至少长91米、宽15米，全区至少有80%的时间免于曝晒；后腹地有遮掩，有树木，环境幽静，无人工废弃物和自然危害物，坡度小于15°，易于通达，具有开发潜力。

用于游泳等积极活动时，要求水底没有或很少淤泥，水质无色、无味，大肠杆菌含量小于50个/1000毫升，无生物垃圾，高潮时水深2.4米，海底无珊瑚和尖石，无危险性激流，与水域邻接的海滩坡度不大于8°。海滩性质同上，但要更长更宽。一年中应有9个月适宜游泳。

（3）海水浴场的评价

日本东急设计咨询公司在为我国台湾南部"垦丁风景特定区"制定旅游开发规划时，曾提出了海水浴场评价的技术指标（见表3-4）。

海水浴场评价标准（日本） 表3-4

序号	资料项目	符合要求的条件	附注
1	海滨宽度	30～60m	实际总利用宽度50～100m
2	海底倾斜	1/60～1/10	倾斜度越低越好
3	海滩倾斜	1/50～1/10	倾斜度越低越好

续上表

序号	资料项目	符合要求的条件	附注
4	流速	游泳对流速的要求在0.2～0.3m/s	无离岸流之类局部性海流
5	波高	0.6m以下	符合游泳要求之高位0.3m以下
6	水温	23℃以上	不超过30℃,但越接近30℃越好
7	气温	23℃以上	—
8	风速	5m/s以下	—
9	水质	透明度0.3m以上,COD_2mL/L以下, 大肠杆菌数1000MPV/100mL以下, 油膜肉眼难以辨明	—
10	地质粒径	没有泥和岸石	—
11	藻类	在游泳区域中不接触身体	—
12	有害生物	不能辨认程度	—
13	危险物	无	—
14	浮游物	无	—

资料来源:保继刚、楚义芳编著的《旅游地理学》(修订版,高等教育出版社,1999)。

2.综合性多因子定量评价法

该评价方法是在考虑多因子的基础上运用一些数学方法,对旅游资源进行综合评价。这类评价方法也非常多,如:综合价值评价模型、模糊数学评价法、层次分析法、美学评分法、观赏性旅游地评价模型、价值工程法、指数表示法等等。其中,层次分析法因其作为一种较为通俗而严谨的定量评价方法而得到广泛的应用。

利用层次分析法来进行定量评价,其工作分为两大部分:第一,确定各评价因子(如图3-1)及其权重(见表3-5),获得各评价因子的评估值。为此,分别采用特尔菲法(专家征询法)和层次分析法(Analytic Hierarchy Process,AHP,分级标定评分法)。前者是以一种问卷的形式对专家进行意见征询,然后汇总专家意见以之作为问题解答的一种方法。专家征询法在旅游地评价中主要用于确定评价因子及评价因子的权重,在被评价的旅游地数量较少的情况下,也可以用来确定评价因子的得分。层次分析法则用于获得因子的评价值,其核心是针对每一个最底层评价因子制定一个相应的打分标准(见表3-6),然后根据标准对评价对象(景区或景点)进行打分。第二,将权重和得分代入基本模型,如式3-1,得出总评价值,并根据总评分值对评价对象进行排序,以指导区域旅游后期的规划与开发,具体案例见四川省江安县部分旅游景区开发潜力层次分析评价表(见表3-7)。

$$E=\sum_{i=1}^{n}Q_iP_i \tag{3-1}$$

式中:E为评估结果值;Q_i为第i个评价因子的权重;P_i为第i个评价因子的评价值;n为评价因子的数目。

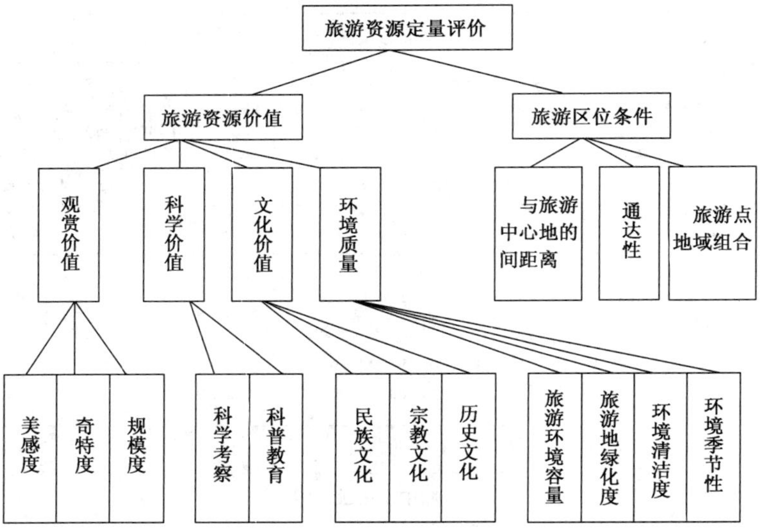

图 3-1　旅游资源层次分析法评价因子模型树

旅游资源层次分析法评价因子体系及权重分配表　　表 3-5

总目标层	综合因子层		评价因素层		评价因子层	
	综合因子	权重	评价因素	权重	评价因子	权重
旅游资源开发潜力评价	旅游资源价值	0.75	观赏价值	0.40	美感度	0.20
					奇特度	0.10
					规模度	0.10
			科学价值	0.07	科学考察	0.02
					科普教育	0.05
			文化价值	0.18	民族文化	0.09
					宗教文化	0.04
					历史文化	0.05
			旅游环境质量	0:10	环境容量	0.04
					绿地覆盖	0.03
					环境清洁度	0.02
					环境季节性	0.01
	旅游区位条件	0.25	与旅游中心城市间距离			0.07
			旅游通达性			0.13
			旅游点地域组合			0.05

旅游资源层次分析法评价因子模糊计分表 表 3-6

指标			记分等级				
			8～10	6～8	4～6	2～4	0～2
旅游资源价值	观赏价值	美感度	极美	很美	较美	美	一般
		奇特度	罕有	少有	较少	普遍	极普遍
		规模度	宏大	很大	较大	中等	不大
	科学价值	科学考察	极高	高	较高	一般	低
		科普教育	极高	高	较高	一般	低
	文化价值	民族文化	极高	高	较高	一般	低
		宗教文化	极高	高	较高	一般	低
		历史文化	极高	高	较高	一般	低
	旅游环境质量	环境容量	极大	大	较大	一般	小
		绿地覆盖	极高	高	较高	一般	低
		环境清洁度	极高	高	较高	一般	低
		环境季节性	无	小	一般	较强	强
旅游区位条件	与旅游中心城市间距离		＜10km	10～50km	50～100km	100～150km	＞150km
	旅游通达性		优	良	中	差	劣
	旅游点地域组合		优	良	中	差	劣

四川省江安县部分旅游景区开发潜力层次分析评价表 表 3-7

总目标层	综合因子层		评价因素层		评价因子层		蜀南竹海东区	夕佳山博物馆	仁和百竹海	国立剧专旧址	竹艺生产品
	综合因子	权重	评价因素	权重	评价因子	权重					
旅游资源开发潜力评价	旅游资源价值	0.75	观赏价值	0.40	美感度	0.20	1.2	1.2	0.8	0.02	1.2
					奇特度	0.10	0.6	0.6	0.3	0	0.3
					规模度	0.10	1	0.3	1	0.01	0.3
			科学价值	0.07	科学考察	0.02	0.12	0.06	0.12	0	0
					科普教育	0.05	0.3	0.15	0.3	0.05	0.05
			文化价值	0.18	民族文化	0.09	0.27	0.9	0.27	0.54	0.54
					宗教文化	0.04	0.04	0.04	0	0	0
					历史文化	0.05	0.15	0.5	0.15	0.5	0.3
			旅游环境质量	0.10	环境容量	0.04	0.4	0.04	0.4	0.04	0.12
					绿地覆盖	0.03	0.3	0.18	0.3	0.03	0
					环境清洁度	0.02	0.2	0.2	0.2	0.12	0.06
					环境季节性	0.01	0.06	0.1	0.06	0.1	0.1
	旅游区位条件	0.25	与旅游中心城市间距离			0.07	0.56	0.56	0.56	0.7	0.7
			旅游通达性			0.13	1.3	1.3	0.78	1.3	1.3
			旅游点地域组合			0.05	0.5	0.5	0.5	0.5	0.5
总得分							7	6.63	5.74	3.91	5.47
排名							1	2	3	11	5

注：本资料来源于《四川省宜宾市江安县旅游发展总体规划》，表中各景区某评价因子得分为评价值(10 分制)乘以相应评价因子权重的结果。

3. 国家标准规定的综合评价法

根据《旅游资源分类、调查与评价》(GB/T 18972—2003),依据“旅游资源评价赋分标准”(表3-8)对旅游资源综合评价。评价系统设“评价项目”和“评价因子”两个档次。评价项目为“资源要素价值”“资源影响力”和“附加值”。其中“资源要素价值”项目中含“观赏游憩使用价值”“历史文化科学艺术价值”“珍稀奇特程度”“规模、丰度与几率”“完整性”五项评价因子;“资源影响力”项目中含“知名度和影响力”“适游期或使用范围”两项评价因子;“附加值”含“环境保护与环境安全”一项评价因子。

旅游资源评价赋分标准　　表3-8

评价项目	评价因子	评价依据	赋值
资源要素价值(85分)	观赏游憩使用价值(30分)	全部或其中一项具有极高的观赏价值、游憩价值、使用价值	22～30
		全部或其中一项具有很高的观赏价值、游憩价值、使用价值	13～21
		全部或其中一项具有较高的观赏价值、游憩价值、使用价值	6～12
		全部或其中一项具有一般观赏价值、游憩价值、使用价值	1～5
	历史文化科学艺术价值(25分)	同时或其中一项具有世界意义的历史价值、文化价值、科学价值、艺术价值	20～25
		同时或其中一项具有全国意义的历史价值、文化价值、科学价值、艺术价值	13～19
		同时或其中一项具有省级意义的历史价值、文化价值、科学价值、艺术价值	6～12
		历史价值,或文化价值,或科学价值,或艺术价值具有地区意义	1～5
	珍稀奇特程度(15分)	有大量珍稀物种,或景观异常奇特,或此类现象在其他地区罕见	13～15
		有较多珍稀物种,或景观奇特,或此类现象在其他地区很少见	9～12
		有少量珍稀物种,或景观突出,或此类现象在其他地区少见	4～8
		有个别珍稀物种,或景观比较突出,或此类现象在其他地区较多见	1～3
	规模、丰度与几率(10分)	独立型旅游资源单体规模、体量巨大;集合型旅游资源单体结构完美、疏密度优良级;自然景象和人文活动周期性发生或频率极高	8～10
		独立型旅游资源单体规模、体量较大;集合型旅游资源单体结构很和谐、疏密度良好;自然景象和人文活动周期性发生或频率很高	5～7
		独立型旅游资源单体规模、体量中等;集合型旅游资源单体结构和谐、疏密度较好;自然景象和人文活动周期性发生或频率较高	3～4
		独立型旅游资源单体规模、体量较小;集合型旅游资源单体结构较和谐、疏密度一般;自然景象和人文活动周期性发生或频率较小	1～2
	完整性(5分)	形态与结构保持完整	4～5
		形态与结构有少量变化,但不明显	3
		形态与结构有明显变化	2
		形态与结构有重大变化	1

续上表

评价项目	评价因子	评价依据	赋值
资源影响力（15分）	知名度和影响力（10分）	在世界范围内知名，或构成世界承认的名牌	8～10
		在全国范围内知名，或构成全国性的名牌	5～7
		在本省范围内知名，或构成省内的名牌	3～4
		在本地区范围内知名，或构成本地区的名牌	1～2
	适游期或使用范围（5分）	适宜游览的日期每年超过300天，或适宜于所有游客使用和参与	4～5
		适宜游览的日期每年超过250天，或适宜于80%左右游客使用和参与	3
		适宜游览的日期每年超过150天，或适宜于60%左右游客使用和参与	2
		适宜游览的日期每年超过100天，或适宜于40%左右游客使用和参与	1
附加值	环境保护与环境安全	已受到严重污染，或存在严重安全隐患	-5
		已受到中度污染，或存在明显安全隐患	-4
		已受到轻度污染，或存在一定安全隐患	-3
		已有工程保护措施，环境安全得到保证	3

根据对旅游资源单体的评价，得出该单体旅游资源共有综合因子评价赋分值。旅游资源评价等级指标，依据旅游资源单体评价总分，将其分为五级，从高级到低级分别为：五级旅游资源，得分值域≥90分；四级旅游资源，得分值域75～89分；三级旅游资源，得分值域60～74分；二级旅游资源，得分值域45～59分；一级旅游资源，得分值域30～44分。此外还有未获得等级旅游资源，得分≤29分。

其中，五级旅游资源被称为“特品级旅游资源”；五级、四级、三级旅游资源被统称为“优良级旅游资源”，二级、一级旅游资源被统称为“普通级旅游资源”。

二、旅游资源评价内容

旅游资源的评价内容极为广泛，涉及资源质量、资源环境及开发条件三个方面，总结起来可归纳为“345”评价体系，具体如下：

（一）旅游资源质量评价

旅游资源质量是指旅游资源的内在价值、对旅游市场的吸引力和旅游资源特质对于特定的旅游活动的适合程度。旅游资源的质量应从区域旅游资源的特色、价值、功能、数量、密度和结构等方面进行判断。

1. 旅游资源的特色

“特色”即区域旅游资源或景区景点所具有的超群出众的个性特征，是吸引旅游者前往参观游览的主要因素，是旅游资源开发的灵魂，具有极大的开发潜力。通过对调查区与其他旅游区的比较研究,寻找出旅游资源的特色,分析评价也就主要针对旅游资源的地方色彩的浓郁程度(即奇特、珍稀、古老、优美、体量等),个性的强弱、艺术造诣的高低和景观的优劣等方面。为确定旅游资源的开发方向和具体旅游项目的建设提供依据。

2. 旅游资源的价值和功能

旅游资源的价值是旅游资源质量和水平的反映,旅游资源的价值决定其旅游开发的功能。拥有美学观赏、历史文化、科学研究、经济社会和生态环境等价值的旅游资源,一般均具有观光、度假、健身、商务、探险、科考、娱乐等旅游功能,据此决定其开发方式、开发规模、市场指向和保护前景。

3. 旅游资源的结构和规模

区域旅游资源的多少(主要指景物、景点的数量)、旅游资源的集群度(单位面积内旅游资源的数量),以及区域旅游资源的分布和组合特征,能进一步说明旅游资源的吸引功能,是旅游资源评价的主要内容之一。一些独个孤立的旅游景观,即使特色、价值很高,功能也多,但其开发价值并不一定高。只有在一定地域和时间内,多种类型旅游景观的协调布局和组合,形成一定规模的旅游资源结构模式,才能形成一定的开发规模,获得较高的开发效益,故旅游资源的结构和规模应是其评价不可缺少的内容之一。

(二)旅游资源环境评价

1. 旅游自然环境

旅游自然环境指调查区内的地质、地貌、气象、水文、生物等组成的自然环境。旅游自然环境对旅游资源的质量、时间节律和开发有着直接的决定作用。首先,不少自然环境的组成部分如植被、水文、气象本身就是旅游资源不可分割的一部分,直接影响旅游资源的质量与品位。世界闻名的自然旅游资源都是与自然环境协调、融为一体的优美自然景观。其次,旅游自然环境的某些因子如气候的季节变化,直接影响并决定到调查区旅游的淡旺季。另外,旅游自然环境的某些因子如地质、大气、水体和生态环境质量也会影响旅游资源的开发。

2. 旅游社会环境

旅游社会环境指旅游资源所在区域的政治局势、社会治安、医疗保健和当地居民对旅游业的态度,以及精神文明状态等条件。一个地区的政治局势和社会治安稳定与否,直接影响旅游者的出游决策,政局不稳、战争频发、社会治安差的地方,即使有丰富且高品位的旅游资源,游客出于人身和财产安全的考虑,也不敢前来旅游。医疗保健条件较好的地区能及时处理旅游过程中游客的疾病或意外伤害,保障其生命安全。若当地居民对旅游业有正确的认识,热情好客,使游客有一种宾至如归的亲切感,这对旅游资源开发和发展旅游业也有积极的作用。

3. 旅游经济环境

旅游经济环境指能够满足游客开展旅游活动的一切外部经济条件,包括交通、水电、邮电通信、各种档次的食宿服务和其他旅游接待设施。由于不少旅游资源位于偏僻山区,交通条件往往成为旅游资源开发的一个限制性因素,直接影响游客的可进入性。水电等基本生活需要若不能保障，直接影响旅游接待条件。邮电通信对于出门在外的游客，无论是家庭还是公务联络都颇为重要。各种食宿和旅游接待设施及服务质量同样影响旅游资源的开发和旅游经济效益。

4. 旅游环境容量

旅游环境容量指调查区在一定的时间内旅游资源及自然、社会、经济环境，在不影响旅游活动和旅游业持续发展的基础上，所能容纳游客的限定数量，超出这个数量，旅游活动就会受到影响，旅游资源及其环境就会遭到破坏。具体又可细分为旅游资源容量、旅游自然环境容量、旅游社会环境容量、旅游经济环境容量、旅游心理容量等。

（三）旅游资源开发条件的评价

1. 旅游资源的区位条件

区位条件包括旅游资源所在地区的地理位置、交通条件及其与周围旅游区的关系。区位优劣往往影响到旅游资源的吸引力、开发规模、线路设计和资源的利用方向。旅游资源的开发成功与否，不仅取决于资源本身，还取决于资源所处的空间位置、与邻近区域旅游资源的组合状况以及交通区位状况。一般情况下，处在交通枢纽或交通沿线附近的旅游资源有利于开发利用。反之，地点偏僻，交通不便的旅游资源，由于可进入性差，即使资源价值较高，也难成为热点旅游地。世界许多旅游点（区）因其特殊地理位置而增强了吸引力，如位于经度和时间起点的英国皇家天文台、赤道上的厄瓜多尔的加拉加利镇、位于北半球极昼极夜起点的瑞典斯德哥尔摩等地均为世界旅游热点地。旅游资源区的交通区位条件也决定了旅游资源开发的难易程度。此外，旅游资源与其邻近区域旅游资源的等级相当，类型相似，则呈现相互替代的状态，造成游客分流，旅游市场将会受到影响；相反，调查区周围若有名山、名湖、名城等旅游热点，则呈现互补状态，产生集聚效应，可以连片规模开发，起到提携作用，能够吸引更多的旅游者，开发前景乐观。

2. 旅游资源的客源市场条件

游人数量是与经济效益直接挂钩的，没有一定数量的游客则旅游资源的开发不会产生良好的效益。客源条件有个时空问题，在时间上，客源的不均匀分布形成旅游的淡旺季，这与当地气候季节变化有一定关系，如哈尔滨冬季观冰雕，形成了它一年一度的旅游旺季。空间上，客源的分布半径范围及其密度，由旅游资源的吸引力和社会经济环境决定，旅游资源特色强、成规模、社会和经济接待环境好的旅游区，其客源范围和数量都极为可观，相应的经济效益也高，这种旅游资源是值得开发的。通过对旅游资源开发后所能吸引的客源范围、客源层次、客源特点的分析研究，确定主要的客源市场，有针对性地进行规划开发，有利于促进区域旅游业的发展。

3. 旅游投资条件

旅游资源的开发需要大量的资金，需要吸引国内外的投资。调查区旅游资源的品位、国家政治局势、地区社会治安状态、地区政策、投资优惠政策等因素，都直接影响投资者的决策。为此，有必要研究寻找既能使旅游区有实惠，又能给予投资者较大优惠的良策，营造良好的投资环境,有利于增强投资积极性,提高旅游资源的开发利用价值。

4. 施工条件

确定旅游资源开发项目必须考虑其工程量的大小和难易程度。首先是工程建设的自然基础条件,如地质地貌、水文气候等条件;其次是工程建设供应条件,包括设备建材、食品、供电等,它们影响着施工进度、投资大小及收益周期。对开发施工方案需进行充分技术论证,同时要考虑经费、时间的投入与效益的关系,以确定合理的施工方案。评价旅游资源必须合理地评价施工环境条件,才能形成旅游资源开发利用的完整价值。

5. 旅游资源开发现状条件

有的调查区旅游资源已有一定程度的开发利用,评价时应注意总结开发过程中的成功经验和失败教训,找出存在的主要问题,为下一步旅游资源的开发和保护提供具有建设性的建议。

案例　重庆市南山风景区旅游资源定量评价

南山风景区位于重庆市南岸区,素有“都市绿岛”“山城花冠”之称,早在20世纪80年代就被当时的四川省评为省级风景名胜区。这里生态环境优越,是重庆市主城的天然生态屏障,被誉为重庆主城乃至整个重庆市的“肺叶”,在净化城市空气、调节气候等方面发挥着重要的作用。同时,众多的历史人文景观所承载的历史文化底蕴,又使它在主城区具有不可替代的地位,是重庆市内一处著名的旅游胜地,深受广大市民及众多外地旅游者喜爱。

在对南山风景区旅游资源进行实地考察和综合评价的基础上,根据国家标准评价法对其主要旅游资源进行综合评价,评价结果见表3-9。

南山风景区旅游景点分级评价表　　表3-9

资源名称	资源要素价值					资源影响力		附加值	总分	级别
	观赏游憩使用价值	历史文化科学艺术价值	珍稀奇特程度	规模、丰度与几率	完整性	知名度和影响力	适游期或使用范围	环境保护与环境安全		
	30	25	15	10	5	10	5	-5~3		
抗战遗址博物馆	26	25	14	9	5	6	5	3	93	五级
南山植物园	27	20	11	9	5	9	5	3	89	四级
山城夜景(一棵树)	27	18	10	6	4	9	5	3	82	四级
大金鹰园	25	19	11	7	5	7	5	3	82	四级
涂山雕塑公园	24	20	12	8	5	7	5	1	82	四级
海昌加勒比公园	26	15	11	7	5	7	3	3	77	四级
老君洞	23	20	12	7	5	6	5	3	81	四级

续上表

资 源 名 称	资源要素价值					资源影响力		附加值	总分	级别
	观赏游憩使用价值	历史文化科学艺术价值	珍稀奇特程度	规模、丰度与几率	完整性	知名度和影响力	适游期或使用范围	环境保护与环境安全		
	30	25	15	10	5	10	5	-5~3		
黄桷古道	22	19	12	8	5	8	5	3	82	四级
南山田园风光	22	16	10	8	5	5	5	3	74	三级
涂山寺	20	17	11	6	4	6	5	3	72	三级
慈母山温泉	21	15	10	6	4	5	5	3	69	三级
宋代瓷窑	16	17	10	6	3	4	5	2	63	三级
老厂	17	16	11	6	4	5	5	2	66	三级
文峰塔	17	17	11	5	4	5	5	3	67	三级
空军坟	16	17	11	5	3	5	5	2	64	三级
老龙洞	15	16	10	5	4	4	5	3	62	三级
铁桅杆	12	15	9	4	4	3	5	3	55	二级
三毛故居	12	15	9	4	4	3	5	1	53	二级
施光南故居	11	13	8	4	3	3	5	1	48	二级
云南会馆	12	13	8	4	3	3	5	1	49	二级

从评价结果看,南山风景区的旅游资源在重庆市的旅游资源中,其资源要素价值(尤其是观赏和历史文化价值)、资源影响力和附加值的总体水平较高。在主要列举的20个资源单体中,五级旅游资源1个、四级旅游资源7个、三级旅游资源8个,优良级(三级以上)资源占到总数的80%。

南山景区参评的资源单体共20个,其中自然旅游资源4个,人文旅游资源16个。因此,人文旅游资源在数量上占有优势,而在品质上,自然旅游资源和人文旅游资源则各自具备突出的地方。

就资源单体等级而言,以抗战遗址博物馆品质最好。这里不仅体现了浓郁的陪都文化、抗战文化,而且完整地保存了蒋介石、宋氏姐妹以及其他国民党高官当时在重庆的官邸,对于缅怀历史、进行爱国主义教育有着重要的作用。其次为南山植物园、一棵树观景台、大金鹰园、涂山雕塑公园、海昌加勒比公园、老君洞、黄桷古道等。

必须特别强调的是,资源的评价与产品的开发有着重要的联系,表现为,高级别的资源有条件发展为高级别的产品。在招商引资、开发指导方面需要作为工作重点加以倾斜。但是,资源是原有的自身素质,产品是加工创造后的产物。一流的开发理念完全可以把二流的旅游资源开发为一流的旅游产品,关键在于满足游客需求的创新思路。

本章思考题

1. 什么是旅游资源？
2. 旅游资源有哪些类型？
3. 简述旅游资源调查的主要内容。
4. 旅游资源调查程序包括哪些？
5. 简述旅游资源评价的主要内容。
6. 阐述旅游资源定性评价方法和定量评价方法的优缺点。

第四章 旅游规划的目标体系和导向模式

教学目标与内容

旅游规划的目标体系和导向模式，决定了旅游规划的战略方向。学习旅游规划目标体系中定性目标和定量目标的方法和内容；理解资源导向模式、市场导向模式、产品导向模式、形象导向模式和体验导向模式等不同导向模式的产生背景、适用条件和规划思路等。

第一节 旅游规划的目标体系

一、定性目标

旅游发展规划的编制，作用在于用它来指导、规范今后相当长一段时间内，政府、旅游区对旅游事业发展的宏观管理和科学决策，以实现规划期内的具体目标。这一目标的确定，将决定旅游业的产业地位和发展速度，是整个规划都要围绕它展开的核心，是旅游发展的纲领性指标体系。

（一）确定在旅游大格局中的地位

在世界、国内或区域旅游大格局中，规划对象经过发展能成为什么样的旅游目的地，占有什么样的地位。确定一个旅游目的地发展目标时要包括三个方面的内容：一是地域范围，如“世界……”“中国西南……”“华东……”；二是旅游特色，如“……滨海旅游……”“……都市旅游……”“……冰雪旅游……”；三是旅游地的性质和功能，如“……国际会议中心”“……休闲度假胜地”“……生态探险胜地”等。例如，海南省的旅游定位是建设世界一流的海岛休闲度假旅游目的地。

决定一个地区旅游业在国内外的地位，取决于三个因素：一是资源品位。考量标志性的旅游资源在国内外、本区域同类资源中的地位，分析优点和不足，确定旅游市场辐射范围。二是开发层次。在旅游产品的硬开发和软开发上，从基础设施到服务设施，从服务的程式化到个性化，从形象塑造到品牌经营，这些后天开发行为直接影响旅游目的地在区域旅游中的地位。三是经营规模。旅游目的地接待国内外游客的规模和收入水平等因素决定了其在国内外的影响力，是重要的量化指标。

（二）旅游业在本地区国民经济中的产业地位

1998 年 12 月，中央经济工作会议把房地产、信息和旅游业确定为国民经济新的增长点。2009 年，印发《国务院关于加快发展旅游业的意见》，首次明确了旅游业“国民经济的战略性支柱产业和人民群众更加满意的现代服务业”的定位。2013 年发布《国民旅游休闲纲要（2013—2020 年）》，提出到 2020 年，职工带薪年休假制度基本得到落实，城乡居民旅游休闲消费水平大幅增长的发展目标，并提出了大力发展旅游业、扩大旅游消费的几大措施。2016 年，李克强总理在夏季达沃斯论坛致辞中明确指出：旅游、文化、体育、健康、养老“五大幸福产业”快速发展，既拉动了消费增长，也促进了消费升级。

旅游业在国民经济中的地位，概括起来有以下几种界定：

（1）新的经济增长点：是指适应我国社会经济发展的客观要求和城乡居民消费结构变化的新趋势，是市场需求量大、产业关联度高、科技含量高、经济效益好、辐射功能强的产业。

（2）支柱产业：一般指一个地区的国民经济的重要基础的一组行业群，其产值在该地的 GDP 应达到 8% 以上。如北京、广州、杭州、海南等地的旅游业，云南的支柱产业为烟草、旅游、生物、矿产四大产业。

（3）先导产业：一般指能适度超前发展，对整个国民经济具有很强的关联带动、辐射牵引功能的产业，其产值在 GDP 的比例并无量化标准，但其增长速度高于 GDP 的增长速度。旅游业最常被列为第三产业的先导产业。

（4）主导产业：指整个国民经济中起支撑性、关键性或决定性作用的产业，其产值在 GDP 中占有非常大的比重，其税收在总税额中占很大比重，成为当地财政收入的主要来源，并成为该地居民的主要就业岗位，通常一地只有一两个，一般而言在工业、农业、商业十分发达的地区，旅游业难成为主导产业，但在旅游资源极为丰富和独特、工农贸不发达的地区，旅游业可能发展成为主导产业。如，三亚市、桂林市、张家界市。

（5）新兴产业：随着人们生活水平提高而兴起的产业。

（6）文明产业：旅游是物质文明、精神文明和生态文明相结合的社会活动和生活方式。

（7）龙头产业：带动力强、关联性广、辐射面宽的产业。

（8）扶贫产业、富民产业：投资少、见效好、返贫率较低、“造血型”扶贫模式。

（9）特色产业：突出个性、贵在特色。

（10）可持续发展产业：保护好，旅游资源可永续利用。

（11）形象产业：一个国家或地区景观、文化的缩影，其标志性建筑成为地区的形象标志，管理、服务代表一个地区在来访者心中的印象。

二、定量目标

旅游发展的定量指标体系包括：接待海外旅游入境人数和年增长速度；接待国内游客人数及年增长速度；国际游客人均消费、外汇收入及年增长率；国内游客人均消费、收入及年增长率；国际国内总收入；旅游收入相当于 GDP 的比重；旅游就业人员总数及所占比例等。

在确定旅游规划定量目标时，要考虑以下因素：主要客源地社会经济和居民收入与消费的增长趋势；当地 GDP 增长速率；全国、全省旅游业增长速度；邻近地区相似旅游地的旅游业增长速度；本地若干年的旅游业相关指标的情况；本地旅游业所处的阶段与旅游业直接相关的条件的变化。

第二节　旅游规划的导向模式

一、资源导向模式

在旅游规划起始阶段资源导向模式占据了主导地位，其最主要的特征是“资源决定生产，有什么资源就开发什么产品”。这种模式的产生与旅游发展规律及其阶段性特征相契合，旅游产业率先起步的地区一般都拥有较高水平的旅游资源，以资源为导向进行开发能够最快地将其推向市场，形成旅游产品，从而高效地将旅游资源转化成经济效益，旅游产业也就发迹于此。许多传统旅游目的地起初的规划基本都是资源导向模式，如北京、西安主要是围绕其历史古迹资源进行的规划和开发，而桂林、黄山则主要围绕的是其自然山水资源。

理论研究上，资源导向规划模式的思想集中体现在旅游资源的定义、分类、调查和评价等方面，以陈传康、郭来喜为代表的第一代旅游地理学者提出许多旅游资源学的基本观点及理论。以旅游资源评价为例，最初以定性方法为主，代表性的观点包括黄辉实提出的“美、古、名、特、奇、用”六字要诀，卢云亭提出的“三大价值、三大效益、六大开发条件”三三六方案等。资源导向规划模式将旅游开发聚焦于资源，能够充分挖掘资源本身的价值，依靠资源优势打造难以复制的核心竞争力。然而，资源本底难以改变，仅仅拘泥于资源进行规划和开发，思路单一，并且对市场、服务、配套设施等方面考虑相对较少，加之资源优势带来的发展惰性，极易导致旅游发展的衰退，许多传统旅游目的地难以再现当初的辉煌，这就是资源导向规划模式弊病的典型例证。

二、市场导向模式

进入 20 世纪 90 年代之后，随着旅游业的发展，全国各个地方都意识到发展旅游业的必要性，特别是一些地方政府开始感到发展旅游业与增强地方的开放性和投资吸引力有着十分密切的关系。于是，在一些旅游资源特色并不突出的地区，地方官员们也非常乐于提倡发展旅游业。从理论上来讲，发展旅游业必须以一定的旅游资源特色为基础进行综合开发才能获得成功。然而事实上，一些地区尽管本身没有什么具有特别吸引力的旅游资源，但他们就是凭借其拥有的区位优势和广阔的客源市场，通过创造性地开发，也获得了较大的成功，市场导向模式应运而生。

顾名思义，市场导向模式所关注的内容就在于旅游市场，并且整个旅游规划与开发都要以市场为研究的核心，一切规划都要以市场的需求分析为前提。实际上，关注市场分析的基础仍然是注意本地的旅游资源赋存状况和特色，其规划与开发是将旅游市场的需求与当地的旅游资源相结合，针对市场上各种需求类型，开发出相应的旅游产品以满足不同旅游消费者需要，以获取最大的经济效益、社会效益和生态效益。

以市场导向模式为指导的旅游规划与开发的思路不是有什么资源便开发什么,而是市场需要什么便开发什么。于是,“客源市场分析”作为一项重要的内容出现在旅游规划的报告中。但是,要真正理解市场导向的含义,则必须在实际的旅游规划与开发工作中以市场需求为中心。然而,并非所有的旅游规划都能做到以市场为导向。目前,有些规划往往是以市场导向为标签,在对旅游资源进行评估、分析时,仍然就资源论资源,缺乏对旅游资源的市场价值的评估和调查,而游离于市场需求的边缘,甚至是资源开发与市场分析形成两张皮,旅游规划与开发市场导向名不副实。而且,大多数的旅游规划与开发对旅游市场的分析过于概念化和简单化,缺乏对本地旅游市场的细分,更缺乏对旅游市场定位。所谓的市场导向模式主要体现在通过市场分析为旅游地提供开发方向,让旅游资源的开发与市场需求进行有效的对接。旅游地的规划与开发有了市场需求的引导则可最大限度地发挥区域规划的综合优势,通过满足旅游消费者的需要而获得最大的经济效益和实现区域旅游的可持续发展。

三、产品导向模式

随着旅游进入大众化发展时期,产品导向规划模式开始萌芽。这个时期的旅游产品已经不再是观光旅游一家独大,休闲度假、商务会展、节日事件、专项主题等类型的旅游产品开始蓬勃发展。产品导向模式最大特征在于产品体系的构建,通过开发不同性质和类别的旅游资源,打造多样化的产品类型,辅以相关设施建设和服务功能配备,从而为旅游者提供可供选择的不同旅游产品。以海南旅游发展为例,进入新世纪以来,正是通过规划开发了一系列休闲度假旅游景点、饭店,结合快捷舒适的交通网络布局、丰富精彩的娱乐活动,完成了观光旅游向休闲度假旅游的成功转型,成为我国度假旅游特别是冬季度假旅游热点目的地。

产品导向规划模式同样根植于市场学理论,研究内容包括产品结构、产品体系、产品设计与开发等。最具代表性的研究成果包括巴特勒(Butler)提出的旅游地产品周期演变模型,吴必虎提出的昂普(RMP)分析法。产品导向规划模式能够为旅游者提供完备的旅游消费体验,但同样受到市场需求快速变化的影响,加之旅游产品体系布局工程庞大,对市场的响应很难维持高效与持久,产品转型代价可能很高。

四、形象导向模式

形象导向模式是从系统开发的角度,对旅游目的地进行整体的形象策划和旅游业发展规划,它通过对目的地旅游形象的塑造与提升,来达到区域内旅游资源的有效整合和可持续开发利用的目的。该模式中关注的焦点问题包括:旅游地的综合开发以及旅游地的整体形象塑造与提升。

在旅游地深入开发研究中,系统开发理论和综合开发理论成为指导旅游规划与开发的重要理念。它要求规划工作者从整体的角度对旅游地进行深入的思考,即将旅游地的资源评价、主题选择、形象塑造、市场定位、营销策划等作为一个有机的系统来进行,使上述部分围绕着一个共同目标而发挥作用。这样的一种旅游规划与开发的理念,必然会使旅游地形成一个完整统一的旅游形象并通过适当的渠道在旅游市场中传播。而鲜明的旅游形象将更能获得人们的关注。这样的旅游地也就能在激烈的市场竞争中占据有利的竞争地位,迅速摆脱低速发展的态势，进入新一轮高速增长的时期。因此，形象导向模式下的旅游规划与开发思路是以旅游地的综合形象来满足市场需求，走的是“资源—形象—市场”的发展思路。

形象导向模式深受市场营销学，特别是市场形象理论的影响，公共关系学、美学、语言学、传播学等理论也均有所涉及。陈传康较早将形象策划研究引入旅游规划当中，其学生李蕾蕾的博士论文专著《旅游目的地形象策划：理论与实务》是我国第一本系统研究旅游地形象设计的高水平著作，提出的 TDIS 理论对形象规划具有很高的指导价值。

五、体验导向模式

随着体验经济的异军突起，旅游产业也逐渐由观光旅游、休闲旅游向体验旅游阶段发展，旅游产品供给方更关注的是旅游者通过旅游活动，在身体、心理上获得了什么样的体验，以及体验的满足程度如何。因此，体验导向规划模式以旅游者的体验为中心，围绕旅游活动特别是参与性活动，通过旅游策划设计以及声、光、电等各种技术手段，从视觉、听觉、触觉、嗅觉、味觉等各个层面实现与旅游者的情感互动交流和心灵感悟。迪士尼乐园的成功很大程度上就取决于其体验式经营，各种童话式体验活动与员工的人性化服务为游客提供了一个现实中的童话世界，“让园内的所有人都能感到幸福”正是迪士尼乐园以顾客体验为导向进行规划开发的基本理念。又如，红色旅游规划中广泛应用了体验导向规划方法，“穿草鞋、唱红歌、吃小米饭、重走长征路”等活动，能够让和平年代的游客最直接地体验到战争时代的艰辛以及幸福生活的来之不易。

体验导向规划模式产生于体验经济时代，以体验消费论为理论基础。在旅游体验方面，谢彦君出版的《基础旅游学》《旅游体验研究：一种现象学的视角》，对旅游体验理论有较为系统的探讨，他认为“旅游在根本上是一种主要以获得心理快感为目的的审美过程和自娱过程；这样一个过程，即旅游个体通过与外部世界取得暂时性的联系从而改变其心理水平并调整其心理结构的过程，就是旅游体验。”体验导向规划模式从旅游者最重要的需求出发，能够最大程度地实现旅游者的满足感，让其留下难以遗忘的旅游经历；但体验程度的高低不仅取决于旅游规划水平和生产水平，还受游客个人特征及其参与意愿的影响，因此难度也较大。

案例　基于体验经济的工业旅游开发模式

随着体验经济时代的到来，旅游者对工业旅游提出了新要求，他们不再满足于得到什么，而更在意如何得到这些，体验需求的满足显得越来越重要。因此，未来工业旅游的发展，必须打破“工业”与“旅游”的简单融合，创意性地把工业文明植入到旅游诸要素中，从而营造全新情景体验。

一、确定体验主题

确定明确的主题是经营体验的第一步，也是决定成败的关键一步。体验主题是向顾客提供体验时的中心线索和核心价值，它把诸多体验要素和细节有机串联起来，使之层次清楚、相互配合，从而在某一方面留给顾客深刻的印象和强烈的记忆。工业旅游的体验主题的确定，必须实现两个契合：一是企业内部环境和外部环境的契合，二是工业和旅游业的契合。具体说来，是以社会发展现状为背景，以旅游者的内在需求为中心，以差异化、特色化为原则，从工业企业的商业性质、经营宗旨和产品属性等内部因素来挖掘体验主题，把企业的核心价值充分彰显。只有这样，才能实现工业旅游的有效开发，形成工业旅游的核心竞争力。

体验主题一般用旅游形象口号来表达，这分为两个层次：一是区域工业旅游的主题形象，二是某个工业企业的主题形象。比如重庆，作为我国的老工业基地，摩托车行业的生产规模和市场份额连续多年排名第一，因此其区域主题形象可定位为“摩托车之都”；再如辽宁鞍山，是新中国最早建设的钢铁生产基地，为中国钢铁工业的发展和经济建设做出了巨大的贡献，是中华人民共和国名副其实的“钢铁之都”。对具体的工业企业而言，可根据自身优势，结合市场需求，提炼有特色和市场感召力的形象口号。如中国一汽可整合汽车展览厅、冲压线、焊接线和总装线等，以“汽车文化”为体验主题，向人们展示“汽车是怎么造出来的”；周君记可以以产业链为线索，构建一个崭新平台向人们展示重庆地道的“火锅文化”；而哈药集团可以根据自身的产品特性和社会追求健康的心理，以“养生文化”为主题引领工业旅游的发展。

二、添加正面线索

主题只是体验的基础，它还需要塑造令人难忘的印象，才能呈现体验主题。创造印象，就必须制造强调体验的正面线索。线索构成印象，在消费者心中创造体验，而且每个线索都必须支持主题、与主题一致。工业旅游正面线索的添加，实际上是体验主题在旅游产业链上的延伸，即体验主题以时间和空间为维度，以景物、建筑、设施设备、服务、旅游商品等为创意设计的载体，向旅游产业的食、住、行、游、购、娱六要素渗透，使旅游业打上工业文明的烙印，从而实现工业和旅游业的有机契合，丰富游客体验。例如，张裕集团在园区内设置具有葡萄酒文化内涵的特种交通、青岛啤酒集团开发酒吧一条街、长安集团出售汽车模型、太极集团举办养生讲座等便是体验主题分别向旅游交通、购物和娱乐渗透的产物。在游览过程中，每一个小细节或小动作，都可以成为线索，都可以帮助创造独特的体验。当诗仙太白酒厂的导游人员说“我将为您讲解”，就不是特别的线索；但是，如果导游人员说“让我们开始品赏醇香的美酒”，就成了开启特别体验的线索。综上所述，正面线索的塑造表象是体验项目的创意开发，实质上是产业链的延伸。这种延伸不仅从内涵上丰富了游客的体验，更重要的是改变了工业旅游的传统盈利模式，回归到了工业旅游的本质。

三、减除负面线索

要塑造完美的体验，在设计一层一层正面线索的同时，还必须减除负面线索，避免无关项目或细节对主题空间的破坏。具体说来，对于工业旅游的开发，应紧紧围绕一个主题，不能为了一味迎合顾客需求而开发与体验主题无关的项目，从而使主题遭到分散、削弱甚至抵制，同时开发过程中要避免过度商业化和舞台化对主题氛围的破坏，力求工业旅游真实性与吸引力的有机结合。例如，绿化景观与工厂建筑不协调、在工业博物馆内播放的背景音乐与主题无关或者声音过大、孩子在车间参观时嬉戏打闹等，都是负面线索，降低了游客的体验价值。在一些生产车间门口可能贴有“谢绝参观”“游客禁止入内”的字样，显得有点生硬，如果改成“感谢您的到来,为了您的安全请不要入内参观”就把负面线索变成了正面线索。在车间参观时,接待人员的服饰、讲解内容等应与体验主题尽可能契合,以减除负面线索。在参观结束时,不要强拉游客购物,要维护工业旅游的正面形象,把旅游商品当成体验回忆的载体。

四、整合感官刺激

体验型工业旅游的开发,除了要在空间上塑造正面线索外,还要在时间上安排这些线索出场的先后顺序,是选用倒叙法还是遵循“发生—发展—高潮—结束”的规律,需要根据主题和各个线索的特征进行系统安排。同时,在游客实际体验过程中,应整合多种感官刺激,设计互动体验场景,让游客在“心灵震撼”中感受工业旅游的魅力。体验的感官刺激越多,就越容易留下深刻的印象。例如,进入贵州茅台酒厂,游客先闻到一股酒香,然后参观白酒的生产流程,感受复杂的工艺和劳动的艰辛,最后再细细品尝白酒的甘洌,定能沁人心脾。总之,在游客实地体验过程中,工业企业应从影响消费行为的内部因素出发,通过视觉、听觉、味觉、嗅觉、触觉等多种方式传达产品信息,给游客创造难忘的体验。

五、锁住美好回忆

体验是外在场景和事物作用于人的身心所产生的一种感觉。无论是好的感觉,还是坏的感觉,都会随时间的流逝而削弱或隐藏于大脑深处。为了留住这种美好的感觉,工业企业应根据体验主题倾情打造旅游纪念品,变美好的体验为真实的载体。每当游客在不经意间看到纪念品时,就会触景生情,想起当时的场景,勾起美好的回忆,品味企业的精神,从而使工业旅游在记忆中不断升值。同时,游客也愿意将这份美好的回忆与他人分享,从而形成口碑效应,积累潜在顾客。因此,工业旅游纪念品作为体验主题向旅游购物延伸的产物,是企业核心价值与游客体验经历的完美结合。对于工业旅游纪念品的开发,提出两点建议:一是把本企业的产品转化为旅游商品,在原有产品的基础上,对外包装、数量和服务方面进行改进,如周君记和涪陵榨菜提供的便携式包装和精美的礼品包装盒,对游客来说都很有吸引力;二是把纪念品转化为企业宣传品,在一般的纪念品上附加本企业的标识,汽车、摩托车企业可以将自己企业生产的车型做成纪念品,钢铁企业可以将锻铸钢打造成小小的纪念品,为客人刻上姓名或者其他具有意义的字样。

本章思考题

1. 如何确定旅游目的地在区域旅游大格局的定位?
2. 旅游定量目标的制定需要考虑哪些因素?
3. 旅游规划的导向模式有哪些?请分析各种模式的优缺点。
4. 如何处理旅游规划资源导向模式和市场导向模式的关系?
5. 旅游规划体验导向模式的核心思想是什么?

第五章 旅游规划的空间结构与功能分区

教学目标与内容

旅游空间结构和功能分区在旅游规划中地位重要，是旅游规划的战略性内容。本章从宏观和微观两个角度学习旅游空间规划，宏观上要求掌握旅游空间结构的影响因素、形态演化和典型模式，以及功能分区的概念、原则和方法等；微观上了解不同旅游区空间结构形态对建筑区位选择的影响。

第一节 旅游空间结构

旅游空间结构与功能分区是旅游规划、开发与管理的一项重要工作，它对今后旅游的开发、建设和管理起着指导作用。旅游的空间结构受诸多因素影响，其中旅游资源的特征、旅游客源市场的消费行为和偏好、旅游企业的区位成本、旅游区工业及旅游相关产业的布局、旅游城镇体系建设均为影响旅游空间结构的重要因素。按功能对旅游空间进行划分，不仅有利于协调旅游区的功能，提升旅游区的综合功能，而且更有利于旅游区的开发建设与经营管理。

一、旅游空间结构的影响要素

旅游空间结构要受多种因素的影响和制约，这些因素主要包括资源因素、区位条件、市场因素、社会经济因素和政策因素等。

（一）资源因素

任何一个经济产业的布局都必须以可靠的资源作保证，否则就会使规划落空。旅游资源，也称作旅游吸引物，是指对旅游者具有吸引力的自然存在和历史遗存、文化环境，以及直接用于旅游娱乐目的的人工创造物。一般说来，资源因素对旅游开发处于起始阶段的地区影响较大，随着旅游开发程度的加深，资源因素对旅游地开发的影响逐渐减弱。

旅游资源质量直接影响旅游空间结构，高质量的旅游地往往被优先开发，成为区域旅游业的中心，即区域旅游网络的重要节点；低质量的旅游地在区域旅游开发初期一般不开发或开发程度很低，且因其资源价值不高只有当地居民光顾。

旅游资源分布状况也影响旅游的空间结构。集中分布的资源便于开发，也有利于节省游客的时间成本、距离成本和精力成本,使游客以较低的付出获得较大的收益,所以资源集中的区域无疑会成为区域旅游优先开发的区域。如长江三峡重庆段,过去一般表现为"三点一线"格局,"三点"就是丰都鬼城、石宝寨和白帝城,"一线"指的是长江一线,旅游发展的空间结构受旅游资源分布的影响而主要体现在"三点"上,这也是旅游技术经济在空间上的必然体现。因此在旅游规划和建设中,应根据旅游资源的分布状况布局和优化旅游空间结构,认识旅游资源分布状况对旅游空间结构的影响,使旅游空间结构同资源分布相协调。

(二)区位条件

旅游客流的强度与方向决定着旅游地空间结构,而在影响旅游客源强度与方向的常规因素中,除旅游资源因素以外,另一个就是旅游地的区位条件。一般认为,资源因素是影响旅游空间结构的首要因素,但牛亚菲认为:旅游地的区位条件比旅游资源因素更能影响旅游地空间结构。理论研究和发展实践表明,旅游地区位条件资源禀赋是影响空间结构的关键性因素。

区位条件影响旅游空间结构可以表现为三个角度:

(1)交通条件,旅游产业具有区域性和不可移动的特点,旅游者必须发生空间位移到旅游地才能使用旅游产品,所以旅游地的可进入性往往成为旅游发展的瓶颈。在旅游资源等级相同的条件下,交通区位好的旅游点是区域旅游业首先青睐的对象。区域旅游产业布局与交通线路存在密切的联系。

(2)市场条件,指的是旅游地距离主要客源市场的远近。旅游业是为旅游者服务的行业,旅游者是旅游业存在和发展的基石,所以那些距离客源市场近的旅游地相对来说发展机遇就比较好,旅游业首先会布局到那里。楚义芳把旅游地分为了市场型、资源型和混合型,即使资源条件不好的旅游地,如果市场区位较好,也能取得良好发展。

(3)旅游区位,指的是旅游资源的组合和分布状态,一个资源等级不高的旅游点如果其周围的旅游资源类型丰富,组合形态好,那么其整体吸引力就强,旅游业就比较发达。

从旅游空间组织的角度来看,旅游地的区位条件包括以下内容:旅游地与外部客源地间的区位关系、旅游地内部的区位关系、旅游地与旅游地间的空间关系。

(三)市场因素

先前谈到的旅游资源因素和区位因素属于旅游地供给方面,现就旅游需求层面探讨对旅游空间结构的影响。旅游经济活动是旅游活动采用商品交换形式所形成的旅游需求与旅游供给的矛盾运动,以及由此引起的各种经济现象和经济关系的运动、变化和发展的总和。单是旅游供给不会产生旅游经济活动,旅游供给是以其需求为先导的。因此,在旅游空间结构规划时,要充分考虑旅游市场需求,根据旅游市场的特征和变化来进行和调整旅游业的布局。市场因素影响旅游空间结构可以表现在两个方面:旅游者的需求特征、旅游者在旅游地的空间行为规律。

旅游者的需求特征是由一系列复杂的属性组成的。包括旅游者的分类:国际旅游和国内旅游构成;国内旅游地域组成;客源市场特征,包括经济发展水平、文化差异性、消费习惯、旅游产品特别偏好等;旅游者在旅游地消费特征,如消费水平、消费组成、停留时间、消费选择等。这一系列的因素是旅游者在决策和消费旅游产品时从静态和动态上表现出来的特征,它们从根本上影响了区域旅游产品的开发、旅游产业内部结构、旅游业的规模和档次、旅游业的空间组合和分布。只有以旅游者需求特征为基础的旅游业空间布局才能实现旅游经济正常运行，区域旅游才能得到可持续发展。

旅游者在旅游地的空间行为规律主要表现为旅游者在区域内的空间流动，即旅游者在旅游地的流量和流向特征，它是旅游者需求特征在游览地的总体体现。在区域内，旅游资源的地域分布和经济发展水平是不平衡的，有的地方旅游资源丰富且等级高，有的地方旅游资源则较为逊色，这种资源分布的不平衡性必然造成旅游需求在空间上的不平衡性，这是市场对旅游供给选择的结果。各旅游地接待人数的不同是旅游者在区域内流动的结果，接待旅游者多的旅游地可能会成为增长极，旅游产业集中布局在那里；接待人数少的旅游地则成为边缘区，旅游业较不发达。另外，我们不但要重视旅游者空间流动的结果，还要分析这种结果形成的过程，这样我们就可以分清：

(1)区域内的进出口和路线；

(2)终极旅游目的地和过境旅游地；

(3)旅游地间在游客流动上的空间关系，即旅游地间的相关性；

(4)旅游线路上的游客流量。

弄清了这些问题后，区域旅游业布局就能做到有的放矢。

(四)社会经济因素

1. 经济因素分析

经济因素影响旅游业空间结构的方面比较多，在此就两个方面展开分析：客源国(或客源地)经济发展水平和旅游目的地经济发展水平。

客源国(或客源地)经济发展水平与出游能力和旅游消费水平相关。国际经验表明：人均国民生产总值(GNP)达到1000美元时会普遍产生出游动机，我国大部分经济发达地区的人均GNP值已达到或超过这个水平，潜在的客源市场强大。强大的客源地经济实力产生出来的旅游需求有力地推动了区域旅游业的发展，促进开发范围的不断扩大，区域旅游业的空间布局形态也因此由点发展为轴线再发展到成熟网络，甚至可能发展为类似于城市连绵区的旅游板块。

发达的旅游目的地经济能力为旅游业的发展提供了必需的基础设施、交通条件、财务能力和服务管理水平。旅游业是一个依赖性比较强的产业，它的发展必须依赖国民经济和其他相关产业的发展。一般说来，国民经济发展得比较好的地区，旅游业也较发达；而在贫困地区，无论旅游资源是否丰富，经济发展水平的有限性使旅游业的开发受到很大的限制。

2. 社会因素分析

影响区域旅游业空间结构的社会因素很多，这里只对国家休假制度对区域旅游业空间结构的影响作论述。21世纪以来，世界各国法定工作时间普遍缩短，公共假日不断增加，人们用于游憩休闲的时间越来越多。带薪假期制度的确定，双休日的实行，国民休闲纲要的问世，都有力地推动了区域旅游业的发展。以我国为例，城市居民已开始将短途旅游作为双休日休闲活动的主要选择，因而城市(镇)周围旅游地得到开发，扩展了区域旅游网络。

（五）政策因素及其他

在现阶段，我国旅游业是以政府为主导的产业，政府的投资行为和政策因素将对旅游业空间结构产生重大影响。

旅游业的发展必须以其他产业的发展为基础，如交通、通信、水电等。旅游要发展，交通要先行，旅游开发首先应解决可进入性问题，由于交通等基础设施投资较大，开始时收益不明显且回收期较长，所以一般由政府投资。政府财政收入的有限性决定了在进行交通等基础设施的投入时必须要先有选择，一般那些资源等级高、区位条件好的旅游地基础设施瓶颈问题先得到解决，良好的硬环境吸引了大批投资者前来开发投资，从而促进了旅游业的发展。通过这个现象可以看出，政府的投资行为对企业的投资有很强的引导作用。

为了吸引旅游开发商前来投资，一些地方政府制定了很多优惠政策，如税收减免、土地低价转让、简化手续程序等。一般说来，政策条件好的旅游地，旅游投资商比较踊跃，旅游产业得到较好发展。

二、旅游空间结构形态的演化

（一）旅游空间结构形态的演化阶段

区域旅游空间结构从时间纵轴的角度来看，基本上经历由极点形态向点轴形态、点轴圈形态以及网状形态演变的过程。

1. 极点形态

极点形态的空间结构大多出现于旅游地发展的初期，此时，旅游吸引物较为单一，旅游资源的主体地位十分明显。旅游者在空间流动上也表现出以该极点为核心的中心辐射状分布。此时区域空间中旅游吸引力较大的1～2个旅游发展极点之间也较少存在紧密联系，以独立发展为主。

2. 点轴形态

随着旅游极点的发展，极点的涓滴效应会日渐显著，因而极点与极点间交通线路沿线会出现一系列新兴的旅游发展节点，这些旅游发展节点与原先的极点和线路一道共同形成了区域旅游空间结构的点轴形态。区域旅游空间结构的点轴形态是区域旅游在极点带动下有所发展的结果，它使得区域旅游中点与点之间具有了一定的联系，其联系的基础就是以旅游交通线路为主的人流、信息流等。

3. 点轴圈形态

在区域旅游空间结构的点轴形态下，各个节点之间的发展态势会受到其内部和外部因素的影响，从而呈现出较大的差异性。发展条件较好的节点，其周边会出现一些新的旅游景区景点，这些新兴景区景点均以区域旅游发展节点为依托进行发展。在空间布局上，新兴景区景点表现为紧密环绕旅游发展极点的一个圈，于是，区域旅游的空间结构就进入了第三个发展阶段，即点轴圈形态阶段。

4. 网状形态

区域旅游空间结构演化的一个更高阶段就是网状形态阶段，该阶段中由于新旅游点的不断涌现和旧有旅游点的不断扩张发展，点与点之间存在着复杂的相关联系。这些旅游点在空间上表现为以点、线、面为主的网状结构。通常这种网状结构的旅游区有一定的阶层性，即存在高级空间网络和次级空间网络之分。一般而言，区域旅游越发达则网状结构的层次数量越多。

（二）旅游空间结构演化的动力机制分析

1. 区位指向性

所谓的区位指向性，是指旅游经济活动在选择空间区位时尽可能靠近某些区位因素。影响旅游经济活动区位选择的因素有很多，如资源条件的指向性、市场的指向性、经济发展水平的指向性、政策指向性、融资指向性等，其中对旅游经济活动的区位选择起关键作用的因素叫主导因素。根据当前旅游经济的发展水平，资源条件和市场区位是旅游产业空间布局区位指向性的主导因素，即旅游经济活动是否频繁取决于旅游资源的质量、组合状态或离主要客源市场的远近。同一种经济活动，随着时代的变迁，各种环境因素在变化，影响经济活动区位选择的因素也会变化，而且可能表现出多种指向性。旅游活动是一项复杂的经济活动，它的核心产品是以旅游资源为基础的旅游吸引物，其他部分则围绕旅游吸引物进行功能配套，所以那些旅游资源丰富的地区旅游经济活动便比较频繁。当旅游业发展成熟后，资源条件的指向性地位会减弱，市场指向性地位在不断上升，资源条件不太好的地区利用其接近客源市场的优势，旅游业一样可以发展得很好。区位指向性是区域旅游业空间布局形成的基础，旅游产业首先是根据区位指向性布局，然后按照一定经济规律在区域空间内延伸。

2. 集聚机制

当旅游产业以区位指向性在一定地区首先布局后，区域旅游将如何发展呢？这时候集聚机制和扩散机制将发生作用，但集聚效应大于扩散效应，所以表现为旅游生产力的极化。所谓集聚机制，是指资源、要素和经济活动在区域空间内的集中趋向与过程。

集聚作用之所以产生，从经济学角度分析，主要有三个方面的原因：

（1）经济活动的指向性，一般而言，区位指向性相同的经济活动趋向于向指向性因素所在地集中，并逐步形成一定的集聚规模。

（2）各项经济活动之间存在着技术、经济方面的联系，其中一些联系密切的活动往往向某一合适的地方集中。旅游业是一项综合的产业，常见的说法由“六大要素”组成，它必须满足旅游者在旅游地游览过程中的全部需求，这就意味着旅游要素在地域组合上的集聚，以给旅游者提供满意的服务。

（3）经济活动对集聚经济的要求，经济活动集聚能够产生经济性。因此，集聚过程一旦开始，极易形成循环因果正反馈关系，加速集聚过程。

现以九寨沟的发展情况来说明集聚机制是如何作用于旅游产业布局的。九寨沟在四川阿坝州处于优先开发区地位，在20世纪80年代就开始发展，不过当时游客并不多；在90年代，随着九寨沟进入"世界自然遗产"名录和"21 世纪人与生物保护圈"，来访游客越来越多，旅游发展上了一个新的台阶。旅游业是一项综合性产业，由"食、住、行、游、购、娱"组成，"游"是目的，其他是为"游"服务的，旅游活动要实现，必须由各类旅游企业来共同完成，这种产业的相关性要求旅游生产力在一定空间范围的集聚；另一方面，旅游经济是空间经济，它的实现必须以空间运动为基础，旅游生产力要根据游客的空间行为规律在区域内合理分布，这也是旅游产业空间集聚的动力。在这种动力机制的作用下，旅游产业不断向九寨沟附近和九环线沿线集聚，规模经济性加剧了集聚速度。离九寨沟口 6 公里的漳扎镇，开始时并不起眼，集聚效应使之规模越来越大，现各种大大小小宾馆、招待所已达 100 余家，娱乐、购物设施也在不断完善。九黄机场通航后，集聚效应在一定时间内仍会显现，不过应从数量型转变为集约型。

总的说来，集聚机制使旅游产业在"优先开发区"内和旅游线路沿线集聚，并进一步影响区域旅游格局。

3. 扩散机制

扩散效应和集聚效应是同时存在的，只是存在谁主谁辅的差异。所谓扩散机制，是和集聚机制相对的，指资源、要素和经济活动在区域空间内的分散趋向与过程。它是区域旅游平衡发展的核心机制。

扩散机制的动力来源于三个方面：

(1) 集聚不经济，即当集聚规模超过一定限度，就会出现集聚不经济，企业为避免集聚不经济而从集聚地迁移出去。在九寨沟县的漳扎镇，现有宾馆、招待所达 100 多家，已经超过了规模经济的限度，低价的恶性竞争最终导致两败俱伤局面的出现。为了维持市场秩序，政府出台了"标准价"，但这不是解决问题的根本，根本出路在于控制规模，向集约化发展，并向外扩散。

(2) 为寻求新的发展机会，一些企业从集聚地迁移出去。

(3) 政府政策的导向作用，即为了解决集聚地区经济密度过大、人口过于膨胀而引发的种种社会问题，促进区域协调发展，缩小区域经济差异，政府通过一系列政策，诱导和鼓励企业从集聚地区向外扩散。大九寨国际旅游区概念的提出就表现出一种政策导向。大九寨国际旅游区旅游资源相当丰富，除九寨沟和黄龙外，其他一些高品质旅游资源尚处于低层次开发或未开发状态，为了缩小区域旅游经济差异，促进区域旅游协调发展，政府提出了开发大九寨国际旅游区，深入开发甘海子、神仙池、牟尼沟、黄河九曲第一湾等旅游资源。

对于旅游业，扩散机制主要以以下两种方式发生作用：

(1) 以核心区带动边缘区的方式，即"优先开发区"带动"落后地区"旅游业的发展。如在大九寨国际旅游区内，相对而言，九寨沟、黄龙为核心区，若尔盖、红原为边缘区，由于扩散机制的作用，旅游者、资金和政策以一定的速度由核心区域流向边缘区域，从而带动了边缘区域的旅游发展。

(2) 以"点轴"方式带动区域旅游发展，由于旅游活动是以旅游线路的形式实现的，所以重要旅游景点必将带动沿线旅游景点的开发。比如，对于九环线而言，九寨沟和黄龙是"点"，也就是增长极，九环西线和九环东线就是"轴"。根据旅游产业的"点轴布局模式"，九寨沟和黄龙首先发展了起来，成为区域旅游的中心，然后再带动轴线旅游景点的开发。牟尼沟、叠溪海子、松坪沟、九顶山和报恩寺就是在“点”的带动下发展起来的。

从发展阶段看,在旅游空间结构的形成初期,集聚机制的作用往往占据主导地位;在空间结构发展时期,集聚机制的作用会逐渐减弱,扩散机制的作用会逐步增强;在空间结构进入成熟期,集聚机制与扩散机制的作用往往处于一种均衡状态,也有扩散作用超过集聚作用的,那将意味着该区域旅游空间结构的衰落和新结构的诞生。

4. 政府行为

我国正处于由计划经济体制向市场经济体制转型阶段,市场将在资源的配置中起决定性作用,这就意味着区域旅游产业空间布局以“区位指向性、集聚机制和扩散机制”为主导,按经济规律办事。但是,市场经济也有缺陷,如扩散机制发生效用有时会滞后,造成大量投资的浪费,计划经济可以弥补这些缺陷。而且,我国旅游业在现阶段还是政府主导型行业,政府行为会对区域旅游产业空间布局产生重大影响。

政府可以通过两种方式影响区域旅游业空间结构:一是政府投资,旅游开发需要良好的基础设施环境。基础设施投资大、回收期长的特点决定了政府在其投资中将扮演重要作用,政府投资的选择性直接影响投资商的旅游投资。二是政策导向,为了吸引旅游开发商前来投资,一些地方政府制定了很多优惠政策,如税收减免、土地低价转让、简化手续程序等。一般说来,政策条件好的旅游地,旅游投资商比较踊跃,旅游产业得到较好发展。

第二节　旅游功能分区

一、功能分区的概念

功能分区是旅游规划与开发过程中的一项重要工作,它是把规划区域按照功能划分为不同单元的过程。当今旅游规划,大到一个国家和省级的规划,小到一个风景区、主题公园的规划,都是按照功能对空间进行划分的。功能分区决定了旅游地今后发展的方向,对于区域旅游特色的形成和区域旅游形象的塑造以及区域旅游空间结构的优化等具有重要的意义。

功能分区和空间结构布局是不同的,功能分区是把规划空间划分为一个一个的单元,体现出一种资源优化配置的思想;而空间结构布局强调资源在整体空间上的优化配置,并不要求把空间分为若干个单元,强调的是整体结构。

二、功能分区的原则

(一)突出主题形象

这是旅游空间规划的中心原则,在开发规划中必须通过各种产品与服务来突出旅游区主题形象的独特之处,通过自然景观、建筑风格、园林设计、服务方式、节庆事件等来塑造与强化旅游区的形象。当地居民的文化方式及居民对游客的态度,亦对旅游区主题形象的塑造起重要作用。

（二）集中功能单元

对不同类型的设施如住宿、娱乐、商业设施等功能分区采取相对集中布局。游客光顾次数最多、密度最大的商业娱乐设施区域，宜布局在中心与交通便利的区位，如大饭店、主要风景点附近，并在他们之间设置方便的路径，力求使各类服务综合体在空间上形成聚集效应。

（1）在开发方面，集中功能单元的布局能使基础设施成本低且效益高，而且随着旅游开发的深入与市场规模的扩大，新的旅游后勤服务部门更易生存。经验表明，当饭店与社会餐馆相邻布局时更容易形成综合的市场竞争优势。

（2）在经济方面，集中布局带来的景观类型多样性还可以吸引游客滞留更长时间，从而增加地方经济中旅游服务部门的收入，从而带动社区经济的发展。

（3）在社会方面，集中布局有利于游客与当地居民的交流与沟通，利于社会风俗的优化，进而可将其开发成一种新的旅游吸引物。同时，许多旅游设施还可以兼为当地社区居民使用。

（4）在环境方面，集中布局有利于环境保护与控制，对污染物的处理亦更为有效，敏感区能得到有效保护。深度开发区实施合理的设计标准，可采用连续的控制管理。

集中布局可以防止布局散乱，亦可防止对主要自然景观的视觉污染；另外，集中布局也有利于主题形象的形成，规模集聚效应对举办各种促销活动可以产生一定的整体规模优势。

（三）协调功能分区

协调表现在处理好旅游区与周围环境的关系、功能分区与管理中心的关系、功能分区之间的关系、主要景观结构（核心建筑、主体景观）与功能分区的关系。

在规划设计时，有些功能分区具有特殊生态价值而应划为生态保护区，而旅游娱乐区则可承受较大的外界干扰，规划设计中通过适当的合理划分，引入适当的设施使其达到最佳的使用状态。另外，协调功能分区还应对各种旅游活动进行相关分析，以确定各类活动之间的互补、相依或相斥关系，从而有效地划分功能分区，据此为各功能分区内各种设施、各类活动安排适当的位置，如野餐区必须具备良好的排水条件、良好的遮阴效能、稳定的土壤表层和良好的植被覆盖现象及方便的停车场。

（四）合理规划交通线

旅游区内交通线的规划应充分考虑游客旅游过程中的心理特性，以实现符合人体工程学的有效的动线规划，设计必须依照顺序推进，以建立理想的空间结构关系。

旅游区内部交通网络应高效且布局优化，路径与园林景观有效配置，并建立旅游交通系统，采用步行或无污染的交通方式，限制高速行车，使行走与休息均成为一种享受。在相距较远的景点之间配备公共汽车，临近景点间设置人行道、缆车或畜力交通方式，可使内部实现低污染的交通优化。

空间结构还应体现出层次美感，在旅游区内布置有效的眺望点系统和视线走廊，如在一些制高点、开阔地带或主要景观地区设置一系列的眺望亭与休息区，让游客能在区内最佳视点充分享受到完美展示的自然景观。

(五)保护旅游环境

环境保护的目的是保障旅游区的可持续发展,它包括两个方面:

(1)保护旅游区内特殊的环境特色,如主要的吸引物景观。

(2)使旅游区的游客接待量控制在环境承载力之内,以维持生态环境的协调演进,保证旅游区的土地合理利用。

另外,实施环境保护时,还要充分体现以人为本的原则,即旅游区最终是为人类旅游活动而设计,实现人与环境的协调,也就是规划应同时满足旅游功能及美学上的需求,为游客创造充满美感的经历体验,实现经济价值观与人类价值观的平衡,同时满足低成本开发及营运技术上的要求,为后期旅游管理提供方便。

三、常见功能分区

对一个较大的独立的旅游区和较大的景区进行规划时,应按照旅游产业发展的要求,划分若干个功能区。

(1)游览区:游览区是旅游区的核心部位,是旅游景物集中分布区,主要供游人游览、休憩。游览区环境、景物、文物古迹都要严加保护,只可建观赏、休息的建筑物,而不允许建大型生活性建筑。

(2)休、疗养区:休、疗养区在游览区边缘,一般为环境质量高的林地、湖畔、河边、海滨、温泉等交通方便地区,规划时要利用地形地物或绿化带把休、疗养区同居民区、接待区隔开。

(3)旅游接待区:旅游接待区一般分布在旅游区进口处,行使接待功能,是酒店、餐馆、购物等集中分布区。

(4)旅游加工工业区:旅游加工工业区是旅游区食品、副食品、土特产、工艺品、纪念品、宣传品等加工区。

(5)居民区:居民区是旅游区管理机构和服务设施(金融、保险、卫生、邮电、公安等单位)的集中分布区。

第三节　旅游空间结构规划的典型模式

旅游空间规划是指规划要素的空间组合分布。空间结构规划是对集合区域内的各种资源和产业要素的优化配置,使之在空间上形成一个有机协调的旅游发展系统。常见的旅游空间结构规划有以下几种典型模式。

一、社区—旅游吸引物综合体布局

1965 年甘恩提出了“社区—旅游吸引物综合体布局模式”,如图 5-1 所示。这种布局方式是在旅游区中心布局一个社区服务中心,外围分散形成一批旅游吸引物综合体,在服务中心与吸引物综合体之间有交通连接。

二、三区结构布局

1973 年弗斯特提出旅游区空间开发的“三区结构布局模式”，如图 5-2 所示。这种布局的核心区是受到严密保护的自然区，限制乃至禁止游客进入。围绕它的是娱乐区，规划配置了野营、划船、越野、观景点等服务设施。最外层是服务区，为游客提供各种服务，有饭店、餐厅、商店或高密度的娱乐设施等。

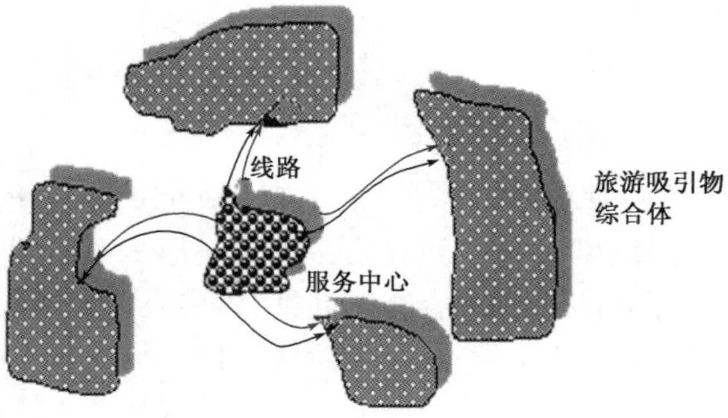

图 5-1　社区—旅游吸引物综合体布局模式

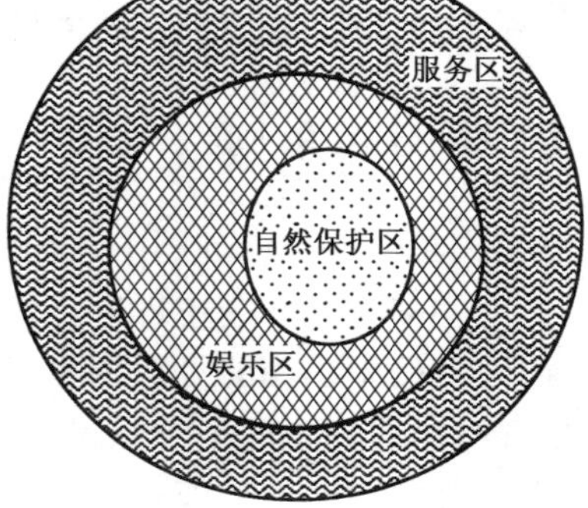

图 5-2　三区结构布局模式

三、双核布局

1974 年特拉维斯提出了“双核布局模式”，如图 5-3 所示。这种布局方法为游客需求与自然保护区之间提供了一种商业纽带，通过精心的设计，将服务功能集中在一个辅助型社区内，处于保护区的边缘。

四、环自然风景点或娱乐中心布局

在自然风景魅力突出的旅游区，通过此布局模式可进一步提高自然风景区景点的吸引力，布局重点是娱乐，其次是住宿，如图 5-4 所示。

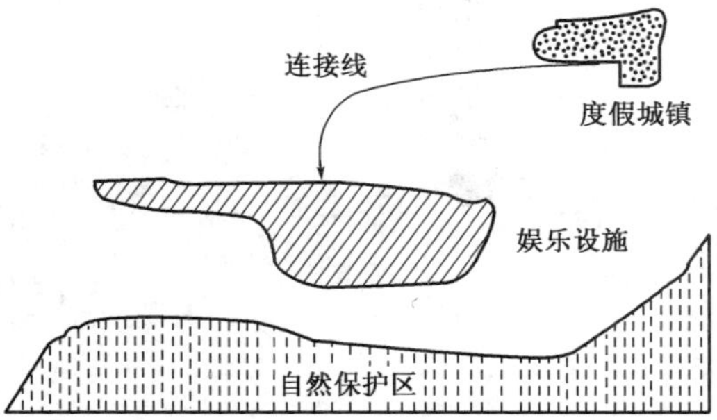

图 5-3　双核布局模式

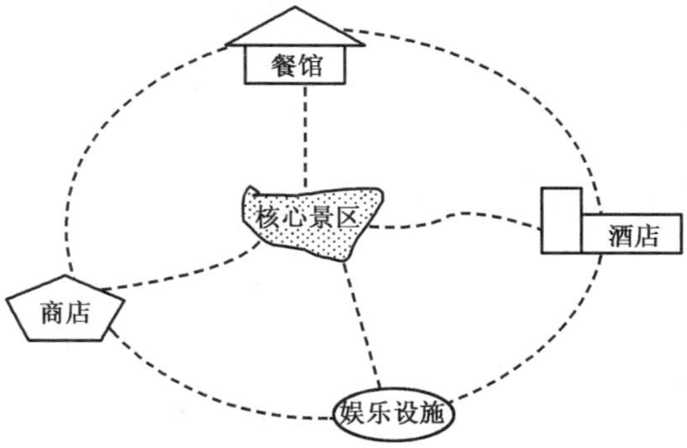

图 5-4　环风景区布局模式

五、环旅馆布局

缺乏明显的核心自然景点的旅游区，通过此布局模式使豪华（或特色）旅馆成为核心。布局的重点是旅馆的建筑风格和综合服务设施体系，如图 5-5 所示。

六、野营地式布局

适用于景点分散，当地条件又不宜建大型设施的旅游区。这种模式以对整个旅游区恰当的亚区划分为基础，兼顾亚区之间的功能互补性，重点对亚区的旅游服务设施进行布局。

七、组团式布局

组团式布局是城市规划中常用的一种形式。这种布局主要是在有限的空间内将功能加以分散，使得空间功能和结构得以优化。其主要标志是旅游区用地由集中布局逐步发展到分散布局，旅游区的中心功能分散到多个中心去，共同形成一个"合力"，起到"大中心"的作用。旅游区呈现组团式发展的主要原因是旅游区规模的不断扩大，特别是旅游区进入加速发展阶段后，原有的旅游空间结构模式很难适应新的发展形势的要求。同时现代旅游者和旅游地当地居民更加注重旅游环境的保护和生活环境质量的提高，而现代交通和通信技术的迅猛发展又为旅游区分散布局提供了强有力的保障。所以，现代旅游区空间结构开始呈现出从向心结构向离心结构、由单心结构向多心结构发展的态势。

八、多组团布局

旅游区空间结构规划的多组团模式实际上是组团布局模式的一种复合形式，如图 5-6 所示。从图中可以看出，一个多组团的空间结构是由多个组团构成的。多组团的空间结构模式是旅游地发展到较高阶段的产物，一般多见于旅游城市中。

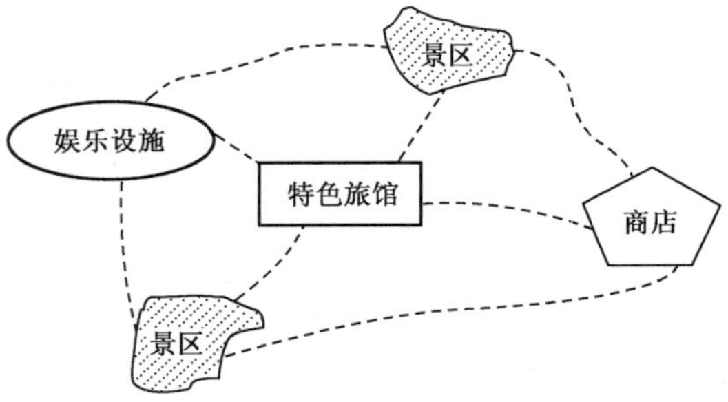

图 5-5　环旅馆布局模式

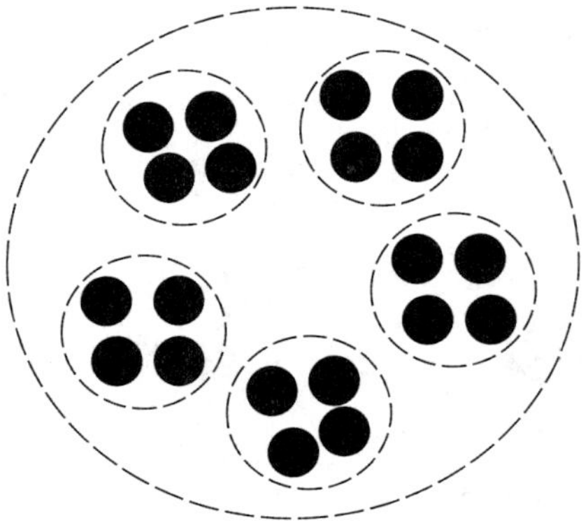

图 5-6　组团布局模式

第四节 旅游区结构与建筑设施区位选择

旅游区建筑区位选择属于微观空间结构规划的内容,主要指旅游区各景点、各类设施的用地规划和路线设计等。旅游区空间结构与旅游建筑区位选择关系密切,前者对后者有制约作用,而后者则应根据前者的情况因地制宜。

一、影响建筑设施空间结构的自然因素

影响旅游地建筑设施空间结构的自然因素主要有地理位置、地形地貌、气候条件和水体水质等。

(一)地理位置

中国建筑规划历史悠久,战国时代的《管子·度地篇》中就明确提出,建筑布局在地理位置的选择上要做到"高勿近阜而水用足,低勿近水而沟防省"。在旅游区建筑规划布局中,应重点考虑安全问题,避免滑坡、泥石流、空气污染等。

(二)地形地貌

根据地形地貌特征进行选址时,需重点考虑以下因素:

(1)山地型旅游区,其建筑设施特别是宾馆、饭店的选址,应该靠近水源,以便于生活与旅游活动用水。

(2)湖泊型旅游区,设施布局应选择地势比较高的地段,利于排水防洪。

(3)河流型旅游区,一般沿河择岸选向阳背风处,既避风寒又利采光。

(4)海滩型旅游区,应该适当远离海岸进行设施的布局与规划,既要避开炎炎烈日,又要避开大风巨浪。

(三)气候条件

区域气候虽然不可变更,却可以进行合理利用。重庆金佛山地区冬季气候寒冷,可以规划滑雪场地。作为滑雪项目所考虑的相关气候因素主要是雪期、雪质、雪量和光照等。

空气与山坡的坡位关系很大。坡位分为下、中、上三个层次,不同坡位的光照量、空气流通与温度变化有直接关系。一般说来,坡顶和坡底都不适合建重要的旅游设施。中坡地带介于上述两者之间,气流通畅,风力小,温差小,是布局旅游景点和旅游设施的最佳选择。

另外还应考虑到光照等因素的影响。

(四)水体水质

区域旅游建筑布局除考虑地理位置、地形地貌和气候条件外,还必须要考虑的因素是水体。水体可作观赏,可成为水上娱乐设施开展的载体,同时在一定情况下还具有生活供给的功能。近几年,甘肃敦煌景区的地下水位急剧下降,严重威胁了当地旅游业的可持续发展,当地

政府已采取了相关措施进行地下水的补充。这样一来，由于生态的极度脆弱，在景区内布局建筑时就应仔细考虑，很显然，这里不该有大量建筑。

二、旅游区形态结构与旅游建筑区位选择

（一）点状结构旅游区建筑空间布局规划

一般指小型山岳地带、小型湖泊地或小型山林地等。以山岳地带为例，山岳地带建筑布局要特别注意自然生态系统各因子对山地建设与发展的影响，主要包括的方面有地形、地貌、地质、土壤、水文、气候、生物等，要综合考虑这些因素，通过对以上各个自然生态因素的单因子分类、分级分析后，再进行叠加与综合，从而得出综合的结论，以此作为山地规划与建设的依据。

（二）线状结构旅游区建筑空间布局规划

线状结构旅游区多为河流或峡谷类旅游区。这种狭长型的景区，在建筑布局上一般会在景区出入口的宽阔地带或者景区内地形低缓且较开阔的地带，或者由于考虑景区的狭长，游客在游览过程中会感到疲倦，从而进行局部人工建筑的"添景"。这种布局，比较典型的是四川九寨沟的布局，以及重庆黑山谷景区的建筑布局。

（三）面状（或网状）结构旅游区建筑空间布局规划

面状结构旅游区一般指大面积、大范围的旅游风景地，其总面积一般大于100平方公里。

面状结构旅游区由若干风景点构成，在建筑布局上除了进行总体规划外，一般还要考虑以各风景点为单元进行建筑物的规划与布局。如重庆南川金佛山景区，分为西坡、北坡以及东坡和南坡，另外，在金佛山的大背景下，还分布着龙岩古城遗迹等景点，这样在建筑布局上就体现了较为突出的面状色彩。

案例一　四川省"十三五"旅游业战略布局

紧扣国家主体功能区规划，围绕国家"一带一路"、长江经济带等战略部署，深入实施全省多点多极支撑发展战略，从产业和空间两个维度，构建全省"511"旅游发展新格局。

一、五大区域

(1)持续打造成都平原核心旅游区（成都、德阳、绵阳、遂宁、乐山、雅安、眉山、资阳）。以建设中国西部最重要入境旅游目的地为目标，抓住成都市建设国家中心城市契机，提升大熊猫、古蜀文明、三国历史文化、都市休闲、时尚购物的国际影响力，推动成都市率先建成世界重要旅游目的地和西部最大的旅游集散中心，构建环成都都市旅游圈和两山两湖及沱江丘区国际休闲度假旅游产业带，辐射带动全省。以成都、乐山、资阳、峨眉山、简阳国家级旅游业改革创新为示范，加快建设全省旅游业改革创新先导区。

(2)巩固突破川西北旅游区（阿坝、甘孜）。以建设世界级生态旅游和文化旅游目的地，民族地区全域旅游示范区为目标，重点瞄准欧美日韩等入境旅游市场，加快大九寨、大贡嘎、大亚

丁品牌旅游目的地提质增效，培育民族、民俗文化等旅游品牌，全面启动国道 318/317 川藏世界旅游目的地建设。加快资源优势转化为经济优势，打造一批高端的特种山地旅游、特色乡村旅游和民族生态文化旅游精品。积极发展大众自助自驾旅游，推进航空线路与落地自驾游线路无缝对接。促进川滇藏大香格里拉区域合作，加强旅游城镇以及沿线旅游厕所、旅游医疗应急救援等公共服务设施和交通等基础设施建设。

(3)全力拓展川东北旅游区(广元、南充、广安、达州、巴中)。以建设秦巴山地生态旅游、红色旅游和山水休闲度假旅游目的地为目标，以国内客源市场为重点，加快建设中国南方(秦岭南麓)滑雪场项目群和嘉陵江流域文化体验休闲旅游项目群，抓住秦巴山区脱贫攻坚机遇，提升乡村旅游发展，积极创建大巴山国家旅游产业扶贫试验区。推进蜀道申遗和三国历史文化、民宿旅游品牌培育，大力发展“川陕苏区、伟人故里”红色旅游。

(4)加速开发攀西旅游区(攀枝花、凉山)。以建设国际阳光康养旅游度假目的地为目标，积极推动旅游业与阳光康养、生态农业、体育运动、文化创意、影视演艺等融合发展。做好养老、康养市场，重点建设以 G5 京昆高速攀西段为轴线的攀西阳光康养旅游带，以向家坝、溪洛渡等为主体的金沙江、雅砻江上世界高坝峡谷旅游项目群，以汉源、越西、西昌、德昌、米易、会理、会东、攀枝花为代表的阳光度假城市，以泸沽湖摩梭文化、昭觉为龙头的彝族文化旅游精品产品，将四川凉山彝族国际火把节培育成世界性旅游节庆活动。

(5)加快推进川南旅游区(自贡、泸州、内江、宜宾)。以建设南向国际旅游经济走廊为目标，深入推进川南城市群旅游一体化发展，重点服务本地和重庆、云南、贵州游客。结合长江上游生态屏障建设和乌蒙山区扶贫攻坚，推进金沙江流域高坝、峡谷资源综合利用，全面推动生态旅游、乡村旅游、文化旅游发展。围绕长江黄金水道和四川“四江六港”水运体系开发水上旅游产品，大力培育泸州、宜宾为对外旅游开放口岸。

二、十大旅游目的地

五大旅游区以突破入川游客规模、优化游客和旅游收入结构为重点，打造十大旅游目的地，构建适应现代旅游发展要求的旅游目的地新体系。

这十大旅游目的地包括大成都国际都市休闲旅游目的地、大峨眉国际度假旅游目的地、大九寨世界遗产旅游目的地、国道 318/317 川藏世界旅游目的地、大香格里拉—环贡嘎世界高山生态和文化旅游目的地、大香格里拉—环亚丁世界山地旅游目的地、秦巴山地度假旅游目的地、嘉陵江流域文化体验休闲旅游目的地、攀西阳光度假旅游目的地、川南长江流域度假旅游目的地。

三、十大精品旅游线路

按照国际一流标准，构建大熊猫国际生态旅游线、九环世界遗产线、成乐文化生态度假环线、国道 318/317 川藏最美景观旅游线、香格里拉文化与生态旅游线、蜀道三国文化旅游线、嘉陵江山水人文旅游线、秦巴南国冰雪游线、攀西阳光康养旅游线、长征丰碑红色旅游线十大精品旅游线路，以及沿精品线形成的系列支线、次线和小环线网络体系，串联五大区域、十大旅游目的地。

案例二　重庆市永川区卫星湖旅游总体布局与功能分区

一、基本情况

卫星湖旅游景区是国家AAA级旅游景区，位于重庆永川双竹镇，距重庆主城区60余公里，距永川城区约10公里，与国家森林公园茶山竹海、国家级AAAA级景区重庆野生动物世界、松溉古镇处于同一黄金旅游线上，是渝西主要旅游景区和重庆——川南、滇东北、黔西北交通要道上的重要景区。

以著名的卫星湖为中心以及周边景观区域组成卫星湖旅游景区，幅员12平方公里。卫星湖全长8公里，水面1500亩，湖湾交错，有自然形成的多个半岛和全岛。湖西北岸为全国农业旅游示范区、省级森林公园黄瓜山和著名的比子沟景区，湖东南岸为金三维生态花卉园区。风景秀丽的重庆文理学院位于卫星湖畔。

卫星湖旅游景区目前已开发了水上世界、开明水上游乐场和度假村游船综合码头，有环境优美的省级园林式高等院校重庆文理学院、卫星湖国际旅游度假村、桃花山庄、比子沟，有具有宗教、民俗文化特色的石龟寺、康乐宫，闻名渝西的特色美食"星湖鱼"、山椒乌鱼、各类麻辣鱼和旅游新镇风貌。

二、总体布局

根据卫星湖旅游景区的资源分布规律、地形地貌和游客的空间游憩规律，卫星湖旅游区的总体布局以卫星湖水体资源为依托，并以此为中心，湖区东南部以花卉苗木种植为主，设置部分旅游接待设施及运动休闲设施如日月山庄、产权别墅和傣族园，湖西北部为学府观光区，体现自然观光和文化交流的功能，周围边缘区域为生态保育区，分为竹林地、果林地和传统农业种植地等。本次规划的特色在于深度挖掘卫星湖旅游景区的游客参与性项目，可分为五个部分：以水上世界为依托的水上娱乐项目；以比子沟为依托的林地探险区；以趣味性和极限运动项目为特色的运动休闲区；生态保育区内的农业体验项目；接待住宿区内的民俗风情体验项目等。

总的说来，卫星湖旅游景区总体布局体现为"112"格局，即一个接待中心，一条水体景观保护带和两个陆地片区。南部体现生态度假、体育运动、宗教朝拜等功能；北部体现学府观光、林地探险和农业体验等功能。

在整个旅游景区的结构上，旅游区主大门在永川到双竹镇方向，次大门在从黄瓜山镇到双竹镇方向。游客中心、管理处和停车场位于双竹镇场镇，修建环湖公路，通过修建跨湖吊桥连接湖的南北方向。

三、功能分区

结合卫星湖旅游景区的总体布局、资源分布、地理区位和游客空间流动规律，根据其"重庆现代水上后花园"的形象定位，可以考虑以下方式进行功能分区。功能区功能的实现具体体现在后面的产品项目的设计上。

（1）中心接待区：为双竹镇场镇，主要体现形象展示、信息服务、餐饮、购物、休闲等功能。区内规划有卫星湖国际旅游度假村、日月山庄、游客中心等接待服务设施。

（2）生态度假区：位于卫星湖东南岸。该区域以花卉苗木生产为基础，注重生态保护和培育，同时开展度假旅游。在该分区内，建成规划建设产权别墅、傣族园，整治和规范农家乐。

（3）水库保护区：根据《永川区城市总体规划》（2005—2020），卫星湖既是永川区饮用水源，也是发展旅游的资源基础，必须加强保护，卫星湖湖体不开发水上娱乐活动项目，湖岸30米范围内及水库汇水面作为水库保护区区域，除环湖道路及绿化之外不允许设置任何旅游接待设施。与此同时，为了丰富水上娱乐活动，保留并深入开发水上世界。

（4）学府观光区：以重庆文理学院为依托，游览桃花岛、撷英园和生物园，建设“桃苑”主题园。

（5）宗教朝拜区：当务之急是加强寺庙基础设施建设，丰富日常佛事活动，活跃寺庙经济，增加寺庙收入来源。

（6）生态运动区：项目参与性强，项目设计包括趣味运动区、坡地运动区、儿童乐园、网球和门球运动区。项目设计坚持了如下原则：投资小，可操作性强；给儿童、中青年、老人分别设计了对应的项目；大众化和特殊项目相结合的原则。

（7）林地探险区：为野外极限运动和拓展训练场所，游客的参与性强。开发的项目包括野外训练俱乐部、空中滑翔、峡谷探幽、丛林野外穿越、定向越野和冰川遗址考察等。

（8）生态保育区：体现生态保护功能，包括竹林地、果林地和传统农业种植地等，可开发农业体验型旅游项目。

本章思考题

1. 旅游空间结构的影响要素主要有哪些？
2. 试论述旅游空间结构的形成机制。
3. 旅游功能分区应坚持怎样的原则？
4. 试介绍旅游规划史上几种较经典的空间结构模式。
5. 试论述旅游区结构与建筑设施区位选择的关系。

第六章 旅游形象创意设计与传播

教学目标与内容

旅游形象是激发潜在旅游者旅游动机的决定性因素之一。在学习旅游形象含义和特点的基础上,理解影响旅游形象定位的要素,包括地脉和文脉、旅游者的感知和认知、旅游地的空间竞争和旅游市场定位等,掌握旅游形象策划的过程,即前期的基础性研究和后期的显示性研究,理解并能运用旅游形象策划的方法,了解旅游形象传播的途径和手段。

第一节 旅游形象的含义、特点及分类

21 世纪是形象时代(Age of Image),“形象力”的竞争将成为市场竞争的主导形式之一。因此,在旅游资源的开发规划过程中,旅游形象(TIS,又叫旅游地形象)的塑造具有举足轻重的作用。如果一个旅游地的形象模糊混乱,则很难对潜在的旅游客源群体造成吸引效应,同时还会使现实的旅游者经历平淡,降低其重游率。而个性鲜明、亲切感人的旅游地形象是形成庞大旅游市场的源泉,并可以在旅游市场上形成较长时间的垄断地位。

一、旅游形象的含义

旅游形象在国外又称为旅游地形象,是旅游地区域内外公众对其总体的、抽象的、概括的认识和评价,它是旅游地的历史、现实与未来的一种理性再现。旅游地形象需要通过一系列技术方法设计完成,这种设计也称为旅游地形象战略(Destination Image Strategy,简称DIS),是企业 CI 理论在旅游规划中的引申应用。它是在旅游市场和旅游资源分析的基础上,结合对规划地方性的研究和受众特征的调查分析,提出明确的区域旅游形象的核心理念和外在界面。通过系统化的设计、公众参与、各种活动与传播媒介的力量,以强化旅游地的精神理念,累积其形象价值并增强目的地的凝聚力和吸引力,改善目的地发展的内外环境。

二、旅游形象的特点

(一)旅游形象内容的综合性

1. 内容的多层次性

区域旅游形象可分为物质表征和社会表征。外观设计、环境氛围、服务质量、园林绿化、地理位置等构成物质表征的主要内容;社会表征包括人才储备、技术力量、工作效率、福利待遇、公共关系、管理水平和方针政策等。在社会表征中,旅游区与公众的关系是一个重要因素,协调二者关系是塑造良好形象的有效途径。

2. 心理感受的多面性

每个游客受到其文化背景、旅游信息的获取方式与充分程度、旅游经历与旅游偏好等众多因素的影响,会对同一旅游目的地产生不同的感知认识,形成自己的心中形象。但是,对旅游规划和旅游地来说,大量的个体形象形成的类型化的公共或公众形象才是有意义的,因此怎样抓住人们对旅游区认识的共性,使人们对旅游区有一个趋同的看法是值得重视的。

(二)旅游形象的稳定性

旅游区形象一旦形成,便会在旅游者心目中产生印象,一般来说这种印象所积累成的形象具有相对的稳定性。其实质是旅游地的独特性文化内涵受到某类市场上共同稳定的认可,使"旅游目的地成为该类市场的身份区"。

(三)旅游形象的可塑性

甘恩认为,除了亲身的旅游经历外,还可通过长期的人的社会化过程形成关于某地的"原生形象",通过旅游地的促销、广告、公关活动等有助于旅游者形成该地的"诱导形象"。事实上旅游的预先销售性质决定了通过旅游地信息的筛选传递能对旅游者实施诱导,对新兴旅游目的地更是如此。旅游地形象的可塑性表明,必须高度重视和科学塑造旅游地形象,重视正面和积极形象的树立,同时对旧有的、过时的形象以及负面的坏形象必须重新塑造。

三、旅游形象的分类

(一)功能形象、象征形象

在 Echtner 和 Ritchie 对旅游地形象概念框架的基础上,为了便于测量旅游地形象,他们进一步将旅游地形象分为功能形象和象征形象。旅游地功能形象指旅游地的物理设施和有形成分;旅游地象征形象指旅游地的无形成分,比如氛围、地方情感、旅游地刻板个性等。从内涵和本质上理解,旅游地功能形象似乎与认知形象更相关,而象征形象与情感形象密切相关。

（二）原生形象、引致形象、复合形象

Gunn 指出，形象可以在原生层面和引致层面分别形成。原生层面的形象即原生形象，是报纸报道、杂志文章、电视报道和其他非旅游专门信息资源的结果；引致层面的形象即引致形象，是旅游地营销和促销努力的结果。旅游地营销人员可以通过旅游促销而产生旅游地引致形象，然而这种旅游地促销很难对旅游地原生形象产生影响，因为原生形象主要基于旅游地的资源属性，这些资源属性难以改变。在 Gunn 观点的基础上，Phelps 进一步认为，旅游地形象形成包括两个层面，即初级层面和中级层面：初级层面的形象对应于引致形象，其形成是旅游者实际访问旅游地的结果；而中级层面的形象对应于原生形象，其形成是从其他资源获得任何信息的结果。

（三）认知形象、情感形象、意动形象

Gartner 认为："旅游地形象由三个不同但层次相关的部分组成：认知、情感和意动，这些内部相关的成分最终决定易感性探视。"根据他的观点，认知成分来自于事实和作为对象的信念和态度的综合。情感成分在含义上与动机相关，它是在个人价值观的基础上对对象的认知。在个人旅游动机的内部推力和旅游地属性的外部拉力作用下，旅游者做出旅游决策和旅游地选择。例如，一个旅游者做出滨海旅游决策，是内部推力和外部拉力两大方面共同作用的结果：个人旅游动机的内部推力，即他可以在滨海完全放松；滨海旅游吸引力的外部拉力，即他认为滨海是漂亮的。一般而言，旅游者在综合评估内部推力和外部拉力之后，就会做出是否到该地旅游的决定，而这实际上是一个意动成分。因为意动是行为成分，所以 Gartner 认为，形象的意动成分类似于行为。认知、情感和意动这三个形象成分一起组成旅游决策过程。Baloglu 和 McCleary 与 Gartner 的观点相似，也将旅游地形象划分为认知、情感和总体成分三个组成部分；在此基础上，他们进一步认为，认知、情感和总体这三个形象成分之间存在先后顺序关系，因此他们构建了这三个成分先后顺序的因果关系模型，提出认知形象影响情感形象，且这两者一起影响总体形象。在此基础上，Ko 和 Park（2000）进一步指出，"旅游地形象的结构（一个、两个或三个维度）变得明晰，每个维度的细分因子和这些维度之间的关系（即认知、情感和意动）需要探测。"总体形象来自于一个阶段序列，在这个序列中，一些元素和因子相互影响并相互关联。旅游者持有的认知和情感形象，都会影响他们的旅游决策和购买选择。然而，关于认知和情感成分是否都影响旅游者形象感知、在游客决策过程中形象成分如何交互作用等问题上，现有文献的认识还不够清晰。

第二节　旅游形象策划的影响因素

一、地脉和文脉

地脉、文脉的概念最早是由陈传康先生提出的。陈传康在旅游营销中提出了文脉理念，他认为文脉是指旅游点所在地域的地理背景，包括地质、地貌、气候、土壤、水文等自然环境特征，也包括当地的历史、社会、经济、文化等人文地理特征，因而是一种综合性的、地域性的自然地理基础、历史文化传统和社会心理积淀的四维时空组合。吴必虎则认为地脉与文脉即当地的地域独特性，合称地格。他认为区域旅游形象规划的前期基础是对区域地方性即地格的研究，包括自然地理特征、历史文化特征和民族民俗文化三个部分。范业正和张鸿雁在继承陈传康先生文脉理念的基础上，将其细分为文脉（社会人文背景）和地脉（自然地理背景）两个子系统，并把对区域文脉、地脉的研究称为人文识别（HI）和地缘识别（GI），从而将地脉的概念从文脉阐述中划分出来。牟红等人更是将其细分为文脉、史脉、地脉。章尚正等人则从地脉、文脉、商脉三方面对安徽屯溪老街进行了旅游开发分析。对于地脉、文脉概念的研究至今还未有统一的结论，分析目前国内对文脉方面内容的研究文献，对"地脉、文脉"涵义的阐述则主要有三种观点：一元的文脉观，二元的地脉、文脉观以及多元观。一元的文脉观认为历史文化特征是形成于地理环境基础上的，两者相互作用和影响形成了地域的整体地方性特征。二元的地脉、文脉观则认为地域独特性体现在人文与自然两大方面，这一观点对进行区域地方性分析具有方便直观性。多元观的区域独特性分析则更为具体，对依据区域独特性进行旅游开发更具针对性。为之后能直观有效地对旅游资源特色进行分析整理，本书使用二元的地脉、文脉观。

所谓地脉，是指在自然地理背景方面和其他地方截然不同的特征，是气候气象、地形地貌、动植物等自然旅游资源本我特色的反映。如上海奇创旅游景观设计有限公司在为三亚做区域旅游规划时，根据三亚的地脉，提出了"热带中国·大美三亚"的主题形象定位，反映出三亚"人之美、情之美、道之美、德之美、海之美、城之美、景之美、韵之美等天地之大美"。"大美"体现着三亚旅游的最高审美境界，"大美三亚"是三亚旅游的本底形象。

所谓文脉，是指历史遗迹、历史人物、历史事件和古代文化背景等，也包括现代的人文环境和人文生活。文脉是旅游地的历史文化传承和现代人文精神，是旅游发展的灵魂，它能有效提高旅游产品的文化含量，增加旅游地的厚重度。历史文化在旅游地形象定位中的关键作用在于其决定了旅游地产品开发的方向和它吸引的旅游者的类型。如，武汉市的旅游形象定位"白云黄鹤·知音江城"中的"白云黄鹤"和"知音"便是文脉的反映，"白云黄鹤"来自崔颢的著名诗句"黄鹤一去不复返，白云千载空悠悠"，"知音"一词来自著名典故俞伯牙和钟子期的故事。

二、旅游者的感知和认知

旅游者的感知是旅游者对旅游地的资源所释放出来的本我特质的印象。旅游者感知形象的形成经历了从"想象的形象"到"真实的印象"两个阶段。"想象的形象"是旅游者在以往的生活、学习中，通过各种载体的描述（文本、影像、口碑等）对旅游地的"神游"印象。而"真实的印象"是旅游者到达某一旅游地后对旅游地产生的真实感受。需要说明的是，"想象的形象"和"真实的印象"可能是一致的，也可能出现不一致的情况。如，九寨沟的旅游形象为"神奇九寨·美丽天堂"，无论你想象中的水有多美，也赶不上现实给你带来的震撼，"想象的形象"和"真实的印象"是一致的，甚至超出预期。不一致的情况如黄果树瀑布景区，以前给人的印象是气势恢宏的，有诗云"白水如棉不用弓弹花自散，虹霞似锦何须梭织天生成"，现在由于瀑布所在河流的上游植被和环境被破坏，蓄水量比原来小了不少，已经没有了原来的气势。旅游者的感知具有一定的稳定性，众多旅游者对旅游地形成"共性感知"，这种"共性感知"是旅游地资源特质和品位的表达，它经过提炼，可以成为旅游地的形象，如“青城天下幽、峨眉天下秀、华山天下险、泰山天下雄、黄山天下奇”便是“共性感知”形成的旅游形象。

相对于感知，认知属于更高一级的认识形态，它强调深入思考和理性认识。感知停留在感受、知觉的层面上，认知层次更深，强调理性认识。感知多是旅游者对旅游地的认识和印象，但可能切中要害；认知多是规划者对旅游地形象的提炼，如福建省的“福天福地福建游”、大连的“浪漫之都”、云南的“彩云之南 · 绿色之宗”、河南的“中华之源 · 锦绣河南”等，便是规划师认真研究、理性认知的结果。

三、旅游地的空间竞争

所谓旅游地的空间竞争，是指在一定的地域空间范围内，分布着若干的风景区、旅游区，旅游者的行为规律决定了不可能将这一区域内的所有风景区、旅游区作为自己的旅游目的地，因而客观上这些风景区、旅游区之间存在着市场竞争，这首先表现为风景区、旅游区之间的形象竞争，其次是产品竞争。旅游区之间除了竞争关系外，还有合作关系，它们形成一个有机整体共同吸引旅游者。如，在长江三峡旅游线路上，山城重庆、丰都鬼城、张飞庙、石宝寨、白帝城和长江三峡等景点资源特色各异，它们互为补充，在产品和形象上是一种合作关系；而葛洲坝与三峡水利枢纽工程资源相近、产品相同，是一种竞争关系。不同旅游区之间的形象竞争和合作关系，可以用杨振之教授的“形象叠加”和“形象遮蔽”理论来说明。

（一）形象叠加

所谓形象叠加，是指在同一区域内不同的旅游地差异化形象定位，它使每一个旅游地的形象影响力大增，进而形成一种叠加的合力，产生爆发性的影响力。形象叠加为“1 + 1 > 2”的协同效应，就好像十根筷子，你可以一根一根把它折断，然而如果你把十根筷子放在一起，你无法把它折断，这便是叠加效应。形象叠加较为典型的例子是九环线，在这条国内旅游热线上，有五处世界遗产：道教圣地青城山、国宝大熊猫繁殖研究基地卧龙自然保护区、中国古代著名水利工程都江堰、童话世界九寨沟、钙化彩池黄龙等；除此以外，还有许多其他知名景区，如东方的阿尔卑斯山四姑娘山、大禹故里汶川、李白故里江油、古蜀文明三星堆等，这些旅游资源特色各异，旅游形象迥异，形成了极强的叠加效应。

（二）形象遮蔽

所谓形象遮蔽，是指在同一区域内分布着若干旅游区，旅游资源级别高的、特色突出的、品牌效应强的，会对资源等级低的、特色不明显的、品牌效应弱的旅游区产生形象替代作用，从而使后者形象不明显，前者对后者形成形象遮蔽。形象遮蔽可分以下三种情况。

第一种情况是形象雷同，即两者或更多的旅游地因旅游资源特色相似可用同一形象，这时看谁率先树立起形象，抢先树立起形象者就会对其他旅游地形成形象遮蔽。以香格里拉之争来说明第一种情况。关于香格里拉，有一本书叫作《消失的地平线》，书中描述的是在第二次世界大战时期，一架飞机在穿越喜马拉雅山脉时发生了故障，飞机被迫降在了一个山谷里。飞机上一共四个人，当他们翻过一座山，来到一片开阔地时，眼前的景色让他们惊呆了：头顶是蓝天、白云，远处是冰川和雪山，雪山下是森林，森林下是一片草地，草地的旁边有湖泊，前面有一个村庄,村庄前面有一个教堂,教堂里传出悠扬的歌声,人们在这里安详、宁静和幸福地生活着,真可谓是世外桃源。他们在这里生活了一段日子,然而却思念美国的亲人,于是他们想办法回到了美国。可是,他们回去后却常常想起在喜马拉雅山脉里的那个村庄中生活的日子,那是一种何等悠闲和平静的生活呀,于是他们相约回去寻找那个地方,然而他们怎么也找不到,他们只记得那个地方叫香格里拉,也许香格里拉在每个人的心里。

这本书出版后极为畅销,西方人通过这本书知道在遥远的东方,在喜马拉雅山脉里面,有一个地方叫作香格里拉,那是一片乐土,任何人都向往那里。于是西方人纷纷去寻找这个地方。在1957年,印度发现了这个商机,向外界宣布,香格里拉在这里,于是大量的旅游者慕名而来,为印度创造了7亿美元的收入。在中国,包括云南、四川和西藏都认为书中描绘的香格里拉的场景在他们那里。最先行动起来的是云南,1997年,云南省向外发布消息,香格里拉在迪庆州的中甸县,同时把中甸县改为了香格里拉县。现在,由于有先发优势和有力的市场宣传,人们都认为香格里拉在云南,在云南的迪庆。到了1999年,四川省才想起这个事情,他们认为甘孜州的稻城亚丁的资源和环境,不比云南迪庆差,甚至更像《消失的地平线》中描绘的场景。可又怎么办呢? 云南省已经树立了香格里拉的形象。在不放弃香格里拉品牌的情况下,又避免云南迪庆州对稻城亚丁形成形象遮蔽,稻城亚丁最后树立了“最后的香格里拉”这个形象。

第二种情况是,同一区域内,旅游资源具有相似性,级别、品质高的旅游资源所在景区对其他景区形成形象遮蔽。在都江堰水利工程的旁边,有一个景区叫作灵岩山,这个山有几个特点:一是区位条件好,位于都江堰市的边缘,都江堰水利工程的旁边;二是山上生态环境好,有成片的原始森林;三是这个地方佛教道教合一,山上的寺庙和道观保存完好。于是在20世纪,四川省文化厅下属的一个公司投资5000万元开发灵岩山,把它打造成一个宗教名山。可是其结果却得不到市场的认同,前期的投资血本无归。究其原因,在于附近的青城山对它形成了形象遮蔽,旅游者会选择级别高的景区进行游览。

第三种情况是,同一区域内,尽管旅游资源各有特色,并不具有相似性,但品牌效应大、旅游资源级别高、特色明显的景区对其他景区也会形成形象遮蔽。现在国内比较热门的以公路为载体的九寨黄龙四日游,要安排游览都江堰水利工程,可是安排游览的时间较短,一般为30~60分钟,多数团队游客仅仅是安排在安澜索桥上眺望一下都江堰。安排游览青城山的时间也只有2个小时,然后就匆匆赶往九寨沟和黄龙。旅行社之所以这样安排,是因为九寨沟、黄龙对都江堰和青城山形成了形象遮蔽,这样的行程安排符合旅行社自身效益最大化的原则。

四、旅游市场定位

旅游市场定位就是对风景区、旅游区客源市场进行细分,确定目标市场群,以便进行针对性营销,并开发出适应目标市场需求的旅游产品。旅游市场定位对旅游地形象定位的影响,表现为应迎合目标市场进行旅游地形象定位,因为形象定位的目的是吸引目标市场的旅游者前来旅游。如前面所举灵岩山的例子,就应该根据旅游市场定位来确定其主题形象。考虑到灵岩山离成都主城区仅半小时车程,而且位于都江堰市的边缘,根据目标市场的旅游需求,灵岩山应定位为“公共休闲产品”。

第三节　旅游形象策划的过程与方法

一、旅游形象策划的过程

在区域旅游形象的建立过程中，区域旅游形象是由开发者和旅游者共同决定的，即取决于地方性和受众。围绕这样一个区域旅游形象来设计产品、规范操作，才能在买方市场的前提下，将旅游区作为一个整体推向客源市场。吴必虎先生在《区域旅游规划原理》中，建立了一个区域旅游形象的建立程序。他认为，建立旅游形象的基本程序，一般包括前期的基础性研究和后期的显示性研究。前者包括地方性研究、受众调查和分析、形象替代性分析等；而显示性研究主要讨论、创建旅游形象的具体表达，如理念、传播口号、视觉符号等，如图 6-1 所示。

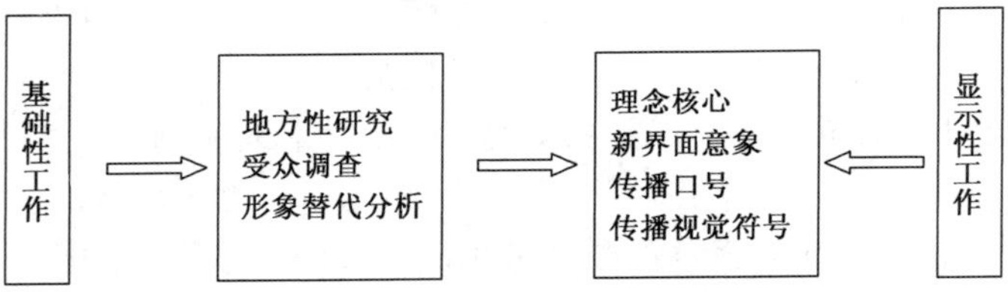

图 6-1　建立旅游形象的基本程序

（一）基础性研究

1. 地方性研究

地方性研究是区域旅游形象设计的基础工作之一。其主要任务就是通过对规划区域的文脉的把握，对地方历史文化的“阅读”和提炼，精炼地总结该地的基本风格，也即地格的提炼，包括文化特质和自然特性，为未来的旅游开发和规划提供本土特征基础。地格往往能够反映一个区域或一个城市的总体吸引物特征，如广州的地格就是商业文化与现代化开放气息，而北京则以历史文化与首都风貌与众多城市相区别。地方性研究包括自然地理特征、历史文化特征和现代民族民俗文化的研究。

（1）自然地理特征

一个地方是否在地理特性方面具有与其他地区截然不同的特征或者占有特殊地位，都有可能被强化开发为地方性，成为吸引旅游者的事物。如西藏是世界上海拔最高的世界屋脊、黄河是世界上含沙量最大的河流等。如果本地没有世界性的地理特征，可以考察是否具有全国性的地理优势或自然特色，如黑龙江漠河县境内乌苏里附近的黑龙江江心是中国边界最北端之所在；新疆吐鲁番盆地艾丁湖湖底（湖底海拔 －155 米，湖面高程 －154 米）是中国陆地最低点，吐鲁番还是中国炎热日数最多和极端最高气温最高的地点，素有“火炉”之称；四川省雅安市是年降水日数最多的城市之一，被称为“雨城”；青海湖是我国最大的湖泊（面积 4583 平方公里）等。

在地方旅游开发中，抓住这些地理特征，有时对潜在旅游者是一个很有引力的号召，即使是区域内的地理之最，也可以作为宣传营销的切入点，如华东第一高峰安徽的黄山（海拔1873米）、华南第一高峰广西桂林的猫儿山（海拔2142米）等。一些地理特征本身并无“之最”的属性，但因为本身在地理上具有唯一性，同样也可以用来作为地方性特征加以挖掘“炒作”，如北回归线所经地点建立的纪念碑、新疆的亚欧大陆几何中心点纪念碑等，都被开发为具有独特地方特性的旅游吸引物。

（2）历史过程分析

地方性研究的第二个角度是对地方的历史过程进行考察分析，寻找具有一定知名度和影响力的历史遗迹、历史人物、历史事件和古代文化背景，作为地方性的显要因素。利用当地的历史文化影响进行地格定位的不乏其例。河南旅游的整体形象“根”就是一种地域历史文化分析的结果。历史文化名城洛阳，曾是夏商周、汉魏、隋唐等十三朝古都，由于时代久远和天灾人祸的破坏，地面上已经很少保留过去辉煌的都城景观，但是其地下遗迹却是足迹所至无处不在。至今人们仍然可以明确指出当时的城墙范围、古建筑基址、人物故居或活动场所，令人沉浸在历史的回忆中。其中汉魏洛阳故城部分城墙遗址和东汉及西晋太学（中央政府直属大学）、灵台（天文台）、永宁寺遗址；北邙山大规模古墓葬群；为纪念周武王之弟周公姬旦的文治武功而建的周公庙；中国最早的佛教寺庙白马寺；北魏至北宋四百年间修建的龙门石窟；唐代大诗人白居易终老之所龙门东山；三国名将关羽首级葬所关林；夏代首都遗址二里头……这些深厚的历史渊源和浓郁的文化背景，使洛阳的旅游产品必然紧密结合在历史文化的体验中。

通过自然地理特征和历史文化信息的研究，基本上可以对一个地区的地方性加以总体把握，并提出初步的旅游形象理念。如通过对苏州市地方性的自然和文化透视，发现苏州市原有的“古城水乡旅游”未能充分体现其地格精神，且与其他地区的形象易有替代性。古城方面，苏州比不过西安、北京；水乡不能将苏州同苏北里下河地区和湖北洪湖地区区别开来。而唯有江南园林和苏州水城，在中国是独一无二且深刻体现其地格的。因此将其旅游形象理念确定为“东方园林 · 江南水城”是恰当的。

（3）民俗考察

在历史记载和考古发现并不充分的地区，同样可以通过对当地现代民族文化和民俗文化的考察分析，提炼出富有地方特色的景观特性。特别是在一些少数民族集中的西部地区，民族文化往往构成富有旅游号召力的精彩内容，为旅游形象的设计和旅游目的地的营销，打下了坚实的基础。

云南以少数民族文化为特色，大打“民族文化旅游”的王牌，取得了相当大的成功。长期以来，这里的各族人民在与自然的相处中形成了各具特色的灿烂文化和民俗风情，对外界游客形成强烈吸引。聚居在西双版纳、德宏、耿马、新平、元江等地的傣族是一个充满诗意的民族，又分为水傣、旱傣、花腰傣等支系。傣族的植物文化和泼水节令人难忘。居住在滇西北玉龙雪山脚下的纳西族和他们那古雅淳朴的民风令人盛赞不已。大理白族的聚落文明和较高的文化素养，与他们居住地区的苍山洱海的美景相互辉映，让人流连忘返。其他居住在云南各地的苗族、彝族、傈僳族、哈尼族、独龙族、瑶族、景颇族、藏族等少数民族同样使有机会与他们接触的旅游者难以忘怀。

2. 受众调查

从旅游形象的设计和传播来说，区域旅游形象传播的对象即受众。受众调查和市场定位是确定目的地总体印象、选择促销口号的科学基础和技术前提。旅游形象构建的主要目的是为了向潜在旅游者推销旅游目的地，帮助旅游者更清晰、更方便地了解地方的特点和特异之处，促使其产生旅游动机，由潜在游客变为现在游客。因此有必要深入了解旅游者对规划地区的意境地图的认知，这种感知研究是树立形象的第二个基础。因此，对旅游形象设计和传播的对象(受众)进行调查和分析，就是十分必要的了。

受众调查的基本目的之一是了解人们对旅游地的形象的感知。李蕾蕾认为，旅游者对旅游地形象的感知，除了包括对旅游地所在地理环境实体如风景实体的感知外，还包括对当地人文社会的抽象感知，后者的感知是通过游客满意程度(TS，Tourist Satisfaction)来实现的。有三种行为因素决定 TS 的大小：即旅游从业人员通过提供给旅游者的服务来影响 TS；当地居民的态度与行为在与旅游者的接触中影响 TS；其他旅游者的行为通过影响旅游地的社会环境容量影响 TS。

旅游地的知名度和美誉度是旅游者关于目的地的印象的定量评价指标。所谓知名度是指真实和潜在的旅游者对旅游目的地识别、记忆的状况，知名度本身无好坏之分，但好、坏两方面都会提高知名度；美誉度是指真实和潜在旅游者对目的地的褒奖、赞誉、喜爱情况。

李蕾蕾提出其计算公式为：

$$\text{知名度} = (\text{知晓旅游地的人数}/\text{总人数}) \times 100\%$$

$$\text{美誉度} = (\text{称赞旅游地的人数}/\text{知晓旅游地的人数}) \times 100\%$$

3. 形象替代分析

我们认为，在区域或城市的旅游形象的研究中，应该着重分析地方性和受众的感知两个问题。这是因为在众多的目的地体系中，任何一个区域都面临着市场竞争压力。面对这种竞争，在旅游形象定位中就必须通过实施差别化战略，亦即产品的差异性的确定，将未来的目标市场和产品作对应分析，确定本地产品在产品谱(Product Continuum)上的位置，以及与其他产品相比，有何显著差异，即产品差异性(Product Differentiation)分析，或产品独特性(Product Uniqueness)分析，突出一地的独特点，只有独特的东西才能被旅游者从众多相似的信息中注意和感知。

形象设计是制定旅游战略的重要基础，要制定任何战略必须将竞争分析置于重要位置。Luck 和 Ferrell 指出，在许多情况下，竞争问题是影响战略的最重要的环境因素。Porter 认为有四种因素影响区域旅游的竞争，即来自新近进入旅游业的投资商的威胁、新的替代产品的威胁、旅游者对价格的压力以及旅游供给中某些商品的价格竞争的威胁。

对一些旅游目的地来说，旅游形象的塑造过程会遇到地方性及市场比较类似的其他目的地的竞争，或者较能反映本地特色的形象已经被周边地区先声夺人地抢先注册了，这时就会面临着一种直接的形象挑战。根据差别定位、独特性定位、比附定位等不同形象战略，需要对旅游形象重新审慎抉择。

Mill 和 Morrison 提出了较系统的旅游竞争分析时需要考虑的内容，即对下列因素进行比较评价：自然旅游资源，如气候与地形；文化和历史资源，如历史纪念地、博物馆、传统节事；基础设施，如道路网络、水的供应、通信设施等；进入的方式及旅游区内的交通设施；吸引物与旅游设施，如体育设施、宾馆、餐馆等。

(二)后期显示性研究:TIS 系统

1. CIS 与 TIS

CIS(Corporate Identity System)即为企业识别系统,最早诞生于20世纪50—60年代的美国,其含义是指将经营理念与精神文化,运用整体传达系统(特别是视觉传达设计)传递给企业周围的关系者或团体(包括企业内部和大众),使其对企业产生一致的认同感与价值观。也就是结合现代设计观念与企业经营管理理论的整体性运作,刻画企业的个性,突出企业的精神,使消费者产生深刻的认同感,从而达到促销目的的设计系统。CIS 的构成包括三大部分:理念基础(Mind Identity,简称 MI)、行为形象(Behavior Identity,简称 BI)、视觉形象(Visual Identity,简称 VI)。三者相互作用、相互联系,带动企业的经营管理,塑造企业的独特形象。

TIS(Tourism Image System)即为旅游形象系统,是 CIS 在旅游形象设计中的具体表现,它除了包含 CIS 的 MI、BI、VI 三部分之外,还包含 HI(Hear Identity,听觉形象,简称 HI)和 FI(Folk Identity,风情识别,简称 FI)。世界上最早关于旅游形象设计的研究,以1971年美国科罗拉多州立大学 J. D. Hunt 撰写的一篇题为《形象——旅游发展的一个因素》的博士论文为标志。在我国,对旅游形象设计的研究与实践大约诞生于20世纪90年代中后期,由北京大学已故的陈传康教授引导和发展,目前还处在初级探索阶段,许多理论和方法还有待进一步地充实和完善。

在一个形象传播的商业时代,乡村旅游地同其他旅游地一样,具有品牌化、企业化、商品化的发展趋势。因此,乡村旅游地需要进行形象设计,使其内部形成一个"共同体",外部成为既追求"利润"又具有良好社会形象的旅游点。这就要求有明确的理念基础和行为准则,再通过相应的视觉形象、听觉形象和风情识别设计,形成面向社会的宣传系统,以形象导向促进"行销",成为众所周知并愿意与之"交易"的信得过的旅游目的地。

2. TIS 的构成

MI,即理念识别,是一个旅游地(企业)的价值取向、整体精神或地域(企业)文化的本质,它是旅游地形象的核心所在。所以旅游地形象定位必须上升到理念层面,要抓住地域文化、精神的本质,并且通过用一句理念式话语来表达。如,深圳的欢乐之都,武汉的白云黄鹤、知音江城,杭州的爱情之都,重庆的壮丽三峡、激情重庆等。

BI,即行为识别,它包括一个旅游地(企业)的内部系统和外部系统对 MI 的具体实现。内部系统包括旅游地环境、员工教育、员工行为规范。旅游地环境指旅游地生态、文化环境,环境治理状况,旅游地的管理能力、管理风格等。员工教育是对从业人员进行理论、政策、法规、管理、服务意识、经营理念、规章制度等方面的教育培训,它可以从整体上提高旅游地管理人员和服务人员的素质、服务意识和对政策、决策的领会能力,避免或减少因对政策、决策的误解或领会不当、理解不深而在经营过程中造成的损失。员工行为规范是对员工的职业道德、标准化服务、个性化服务等方面进行系统化培训。BI 的内部系统部分目前国内在饭店业做得较好,但在风景区却做得较差。

VI,即视觉识别,是将旅游目的地或企业的一切可视事物进行统一的视觉识别表现和标准化、专有化。VI 包括两大主要方面:一是基础系统,包括旅游地名称、品牌标志、标准字体、印刷字体、标准图形、标准色彩、宣传口号、经营报告书和产品说明书等要素;二是应用系统,如旅游地环境、旅游景观形象、旅游纪念品、旅游地企业及人的视觉形象、指示标识和路牌等。VI能形象、直观地产生视觉冲击力,以区别其他旅游地的视觉形象。

HI,即听觉识别,一般包括旅游地的语言、民歌、地方戏曲、背景音乐、旅游主题曲和宗教音乐等。一般来讲,旅游者对当地语言和独具特色的歌曲最感兴趣,而乡村旅游地自然景观独特、民族风情浓郁、文化底蕴深厚,具有很多值得挖掘的听觉形象素材。游客的旅游效果直接影响到旅游地的形象,口碑宣传是其重要宣传渠道,一定要引起重视。它主要通过系列服务来实现,其中听觉形象设计就是一种有效方法。例如,根据青海省的旅游资源状况,“青海花儿”是一个很好的听觉形象,由于该地区是少数民族集聚的地方,很多人能歌善舞,“只要会说话就会唱歌”是他们的真实写照。在劳作中、闲暇里,人们采用唱歌的方式来传递喜讯、表达情感,并且多为即兴演唱,这种歌曲逐渐演变为“青海花儿”。每年的农历六月初六还要举行“花儿会”来进行演唱比赛。“青海花儿”与高原的自然环境和人文风情融为一体,可作为听觉形象设计的主要内容。在景区,可作为背景音乐;在交通车辆上,可作为消遣时间的方式和娱乐活动内容;在餐饮过程中,可作为敬酒歌,提升餐饮文化;在迎送中,可作为场景音乐,烘托气氛。

FI,即风情识别,一般是指旅游地中唯一具有并且能够成为该地区形象代表的节目或者活动。如青海省有两个全国唯一的少数民族自治县——互助土族自治县和循化撒拉族自治县。在长期的历史发展过程中,各自形成了自己独特的文化传统、风俗习惯和生活方式,形成了各具特色的民俗风情。该地区风情识别系统设计主要为:土族风情(如轮子秋、安召舞、宴席曲、七彩的服饰、醇香的青稞酒以及独特的节日安召纳顿节等)和撒拉风情(如中亚游牧民族的服饰、撒拉歌舞、撒拉饮食)。

二、旅游形象策划的方法

(一)领先定位

领先定位适用于独一无二或无法替代的旅游资源,如“天下第一瀑”“五岳归来不看山,黄山归来不看岳”等。其他案例还包括埃及的金字塔、中国的长城等,它们都具有世界范围内不可替代的地位。

(二)比附定位

比附定位并不去占据原有形象阶梯的最高阶。实践证明,与原有处于领导地位的第一品牌进行正面竞争往往非常困难,而且失败居多,因此,比附定位避开第一位,但抢占第二位。例如,牙买加的定位形象表述为“加勒比海中的夏威夷”,从而使牙买加从加勒比海地区众多海滨旅游地中脱颖而出。

(三)逆向定位

逆向定位强调并宣传定位对象是消费者心中第一位形象的对立面和相反面,同时开辟了一个新的易于接受的心理形象阶梯。深圳野生动物园的形象定位就属逆向定位。它将人们心目中的动物园分为两类，一类是早已为人类所熟识的普通笼式动物园，在中国这类动物园以北京动物园最为著名，动物品种最丰富；另一类是开放式动物园，游客与动物的活动方式对调，人在笼（车）中，动物在笼外。深圳野生动物园采用开放式动物园定位，从而成为国内第一个城市野生动物园，产生较大的轰动效应。

（四）空隙定位

比附定位和逆向定位都要与游客心中原有的旅游形象阶梯相关联，而空隙定位则不同，旅游点的形象定位更适合空隙定位。尽管旅游点的数量在不断增加，但相对来说，仍然存在大量的形象空隙，旅游者仍然期待着个性鲜明、形象独特的新景点的出现。空隙定位的核心是树立一个与众不同、从未有过的主题形象。

（五）重新定位

严格意义上来说，重新定位不能算是一种定位方法，而只是原旅游景点应当采取的再定位策略。对处于衰落中的景点的整治，采取重新定位的方法可以促使新形象替换旧形象，从而占据一个有利的心灵位置。如深圳的旅游形象定位，原来是“世纪之城·中华之窗”，但随着旅游业的发展，它已经不能特色鲜明地体现深圳的旅游形象。结合目前深圳旅游地的创建主题“中国最佳娱乐旅游城市”，经充分酝酿和思考，深圳市旅游局推出了全新定位“精彩深圳·欢乐之都”。

（六）多头定位

我们可以从不同的角度透视同区域旅游形象，同时存在好几个旅游形象的定位是可行的。多头定位主要是由城市功能和区域角色决定的。如西安市的旅游形象定位就可以从国际和国内两个角度考虑，从国内来讲，是西北地区政治、商务、文化等各项交流活动的中心；而从国外来看，西安是一座历史悠久的皇城，国外知名度很高。

第四节　旅游形象的传播

旅游形象的传播是旅游目的地营销的关键环节，只有把旅游目的地形象最终传递给游客和潜在游客，营销的经济目的才能得到实现，而营销战略的成功与否、营销效果的好坏也同传播的方式、质量密切相关。为传播、树立旅游目的地良好的旅游形象，激发旅游者的旅游动机，可采取广告宣传、公共策划、节庆活动、优惠策略、网络传播等传播手段。

一、广告宣传

广告是一种高度大众化的信息传递方式，传播面积广、效率高、速度快。因此，通过广播、电视、报纸、书刊等方式进行宣传，是目前旅游区树立和强化旅游形象的首要途径。要利用好报纸电视的专题报道、专题片的宣传效应，充分利用画册、明信片、挂历、邮票、宣传材料的传播效应，通过组织报纸电视采访、影视剧的拍摄、有关书籍的出版、户外广告的展示和利用互联网进行网上宣传促进旅游形象的有效传播。

二、公共策划

公共策划是一种促进旅游区与公众建立良好关系的方式,其影响面广、影响力大,有利于迅速塑造并传播良好的旅游形象。因此,要积极参加、组织各种与旅游相关的展览会、交流会、研讨会、演出会、招商引资会、新闻发布会等形式的公共活动,邀请专家学者、旅游企业的管理人员、著名作家、有广泛影响的新闻媒介的记者来旅游目的地旅游参观,以扩大旅游目的地的知名度。

三、节庆活动

节庆活动在塑造旅游形象方面有两个重要的作用:第一,节庆活动常常以明确主题的方式塑造或强化某一旅游形象,使人们对某类旅游活动产生固定联想,如提到国内的风筝活动人们首先想到山东的潍坊,提到灯会联想到自贡,提及荷花印入脑际的是河南洛阳和山东菏泽。第二,节庆活动常常是重大的公关活动,也是各种媒体关注的焦点、热点,会形成巨大的宣传效应。

国际上关于旅游目的地的形象的实践早在40年前就已经起步,多个国家或地区的成功经验表明了旅游目的地开展形象规划建设的必要性,也为以上分析提供了生动的案例。如“花园国家”新加坡在20世纪60年代旅游业发展初期,推出了“无限惊喜新加坡”这一形象主题。香港——“东方之珠”,每过几年就推出一个主题,成功地吸引了大量西方国家的旅游者。2001年到2003年,香港的旅游主题是“动感之都:就是香港”,树立了一个充满机会和活力,东西方文化汇聚的都市形象。国际上一些著名的城市都有自己独特且不可替代的形象,如威尼斯是水城,慕尼黑是啤酒城,巴黎是“艺术之都”,曼谷被称为“天使之都”,纽约是“联合国之都”,维也纳是“音乐之都”,巴格达是“一千零一夜”的故乡,美国爱达荷州的波卡特洛市把自己定位为“微笑之都”,并且每年举办一次微笑节,这些城市既在世界人民面前树立了自己的旅游形象,又张扬了城市个性,起到了画龙点睛的效果。

四、优惠策略

这里的优惠策略并不是通常意义上的促销行为,而是为了塑造旅游目的地形象的一种投资战略。旅游企业在赢利的基础上应拿出一定的比例贡献社会,通过向社会的特殊群体如军人、学生、老年人和残疾人给予适当的优惠,从而树立良好的社会形象,为旅游目的地形象增加社会关爱、社会责任的内涵,采用销售激励手段,向旅游者赠送旅游吉祥物或发放优惠券,传播旅游目的地文化,让无形的旅游目的地形象依托有形实体随游客一同被传递到更远的地方,传播给更多潜在的游客。

五、网络传播

网络传播是目前传播信息和交流文化最有效、最便捷的手段之一,网络能把旅游目的地形象信息丰富、声画并茂地传播开来,因此,越来越多的旅游目的地和旅游企业已开始使用电脑,建立和传播自己的旅游形象和旅游服务信息。网络是旅游形象传播不容忽视的手段。网络是一个互动的平台，相比传统信息传播媒介，它能够更加迅速便捷地实现旅游目的地与游客的连接，这使得游客、社会公众、企业、政府共同塑造、完善旅游目的地形象成为可能。

案例 格尔木旅游形象策划纲要

一、旅游形象策划的基本内涵

旅游形象策划(Tourism Identity System，缩写为 TIS)是在受企业 CIS 的启发、广告业的影响带动、国内旅游业的迅猛发展和强大的市场竞争等综合因素的作用下，在对旅游地和旅游景点的传统意义的认识基础上形成的一种全新的形象识别和营销系统，它标志着“旅游产品”与企业产品具有相统一的市场供求关系和类似的运作规律。旅游形象是旅游资源的本体素质及其媒体条件(服务环节)在旅游者心目中的综合认知印象。实施 TIS，塑造良好且特色鲜明的旅游区形象，有利于扩大旅游区吸引力，拓展客源市场，激发员工和当地居民的归属感和自豪感，增强向心力和凝聚力，继而获得一系列由形象效应所带来的巨大社会效益与经济效益。

旅游形象直接影响到旅游区的知名度，而知名度是一种无形的旅游生产力。格尔木至今仍缺乏独特鲜明的旅游总体形象，宣传乏力，缺乏激发大众来格尔木市旅游的理念和着力点，游客选择旅游目的地时很难将其纳入计划。但其一些旅游目的地与沿海及内陆地区具有较强的互补性，亟须有一个具有强烈召唤力的旅游形象推介给大众，以在西部乃至全国形成独立的旅游目的地。

基于整体经济欠发达、旅游业相对落后的现状，格尔木市 21 世纪旅游业实现跨越式发展的一个重要策略就是走不同于其他地区旅游发展的模式——即实施旅游业发展的形象驱动模式，以大宣传来促进旅游大发展，实现“软起飞硬着陆”。

TIS 由 MIS(理念基础识别系统)、BIS(行为形象识别系统)、VIS(视觉形象识别系统)、HIS(听觉形象识别系统)、FIS(风情识别系统)五个部分组成，其中 MIS 是旅游 CIS 的基础、核心和灵魂；BIS 是旅游 CIS 的动态行为过程；VIS 则是具体化、视觉化的传递形式；HIS 是听觉的强化；FIS 是体验的强化过程。

二、格尔木旅游地脉及文脉分析

区域旅游形象的定位取决于该区域的旅游资源构成、“地脉”“文脉”特色和客源市场意向。

(一)地脉

(1)位置：“世界屋脊”青藏高原的重要组成部分；西部中心；

(2)地形：雪山、高原、盆地、草原相间；

(3)气候：夏季气候冷凉、有六月雪奇观、空气清新洁净；

(4)水文：长江源头；

(5)生物:青藏高原赋存多样性生物种群,高原野生“动物王国”。

(二)文脉

(1)文明史:历史悠久,华夏文明发祥地之一;
(2)文化:昆仑文化积淀深厚,是汉文化、藏文化等多民族文化的有机交融区,王母娘娘乃传说中的华夏之母;
(3)民俗文化:民族传统文化遗存丰富,民俗风情浓郁。

(三)主脉络

- 万山之宗 • 长江之源 • 昆仑文化 • 动物乐园

三、旅游形象策划

(一)理念基础识别系统(MIS)策划

1. 理念基础

(1)一级理念:巍巍昆仑长江源,世界屋脊真自然
(2)二级理念:万山之宗,长江之源,母仪天下,情系屋脊

2. 整体形象

昆仑圣境　中华水塔　生态本根　鸟兽乐土

3. 宣传口号

基于上述理念和整体形象,设计并推出系列宣传促销口号,以塑造和强化格尔木旅游形象。以下口号可适时推出(不同媒体,不同目标市场,不同阶段应推出不同口号):
(1)国内宣传口号
主打口号:
①东方的奥林匹斯——昆仑神山
②不上昆仑非好汉
③人间仙境——王母瑶池
④天外有天,昆仑神仙
⑤无限惊奇格尔木
⑥华夏第一避暑天堂
⑦三神之境,长江之源
⑧走进长江源,回归真自然
⑨清凉世界在昆仑,探险登山观鸟兽
⑩探索者的天堂,探险者的圣土
⑪拥抱长江源,坦荡观世界

旅游产品系列口号：

①登世界屋脊，观王母瑶池

②长江源头，世界净土

③昆仑情丝千万缕，长江水流源远长

④去格尔木避暑消夏

⑤神秘的王母娘娘，神奇的屋脊风光

⑥阳光高原，健体天堂

⑦屋脊绿色珍品，为君健身健美

⑧牦牛之乡，鸟之天堂，奇兽乐园

（2）市内宣传口号

①情系格尔木，感念昆仑山

②发展旅游，振兴格尔木

（3）海外宣传口号

①浩瀚、神奇、淳朴的格尔木

②神奇、神秘、神圣之境

③中国格尔木：神奇的青藏高原

④可可西里——野生动物乐园

⑤探昆仑文化源，解西王母之谜

⑥格尔木——屋脊明珠

⑦长江源，真自然

（二）视觉形象识别系统（VIS）设计

与争创国家旅游优秀城市相结合，建议格尔木各主要旅游景区在办公环境、办公用品、设备、招牌、交通工具、橱窗广告、陈列室、文件、门票、宣传材料等标注统一标志和标准色、标准字。格尔木旅游景区的工作人员（包括管理人员、服务人员、营业主）按分工和工作环境设计不同的服装，形成一定体系的服装视觉形象。旅游区内的工作人员服装以民族服装和现代服装相结合，接待服务场所人员的服装以典雅、淡色调为主，娱乐场所工作服应体现明快、鲜艳的风格。

格尔木旅游大门景VI设计：在青藏公路、铁路进入格尔木市路口处竖立“格尔木市欢迎您”“欢迎您到格尔木市来旅游”和“期盼您再度光临格尔木”的蓝底白字迎送招牌，并在上述交通道路地段内设立介绍旅游点的路牌广告。

加快格尔木中心旅游枢纽城市的绿化、美化、亮化工程进程。主要街道设置花坛和绿荫道，增建公共绿地、广场绿地和花园。采取措施进行道路绿化、公园优化、规划广告牌、街灯设置等，让城市越变越美，改善市容市貌和交通卫生状况，为培育国际旅游，与世界接轨，路标及景点介绍采用中英文双语标识。

名冠神州的昆仑文化、长江源、察尔汗盐湖、青藏高原风光、浓郁的藏族民俗风情交融一体的优势旅游资源，为格尔木市多层次、全方位地开展特色旅游活动奠定了基础，配合旅游项目的开发和旅游线路的组织，由此可开展“神奇格尔木六大精品游”，即：

(1)昆仑文化寻根游;

(2)长江源头寻踪游;

(3)高原休闲度假游;

(4)昆仑道教朝觐游;

(5)高原登山探险游;

(6)丝绸之路访古游。

(三)行为形象识别系统(BIS)设计

行为形象,又称行为准则,是反映理念基础及其主题营销口号,在对内员工的管理行为、面对旅游者的服务行为和对外的社会公益行为等三方面的行为规范及规章、制度,是实施 MIS 的重要途径。

1. 生态保护原则

旅游组织者的目的和动机是让人们认识大自然,感念昆仑山,进而激发他们保护生态、热爱格尔木的情怀;旅游区员工的生态教育必须得到正规培训,各景点说明应有专业生态保护内容,使其生态教育水平得以提高。员工必须在生态保护方面以身作则,并教育个别不轨游客;旅游者的生态意识应当通过对格尔木的旅游得以强化。

2. 诚信待人的原则

随着旅游业的开发,应首先提出"诚信待人"的行为准则,要求服务者和当地居民做到在"仁义"信念基础上的热情、礼貌、朴实待客,所有员工挂牌持照上岗,微笑服务,并做到童叟无欺,价格公道,宽厚待客。充分体现青藏高原"民风淳朴,豪爽好客"的人文理念。

3. 自觉服务的原则

自觉服务体现了一个旅游区员工及居民的参与意识和业务素质。格尔木旅游要发挥后发优势,更应强调自觉服务,让游客充分体会旅游区服务员工的文化素养。

自觉服务表现在诸多方面,例如员工发自内心地、热情地解决客人的困难和合理要求,对不合理要求要进行耐心和委婉的解释;自觉营造良好的卫生环境,整顿环境卫生,清除垃圾,形成良好的卫生习惯;在旅游季节,每天除夜间清扫道路卫生外,白天也应设专人清扫和捡拾垃圾;清洁人员和当地居民为给游客留足"面子",可采取"跟踪式清扫",用自觉行为感染游客,使之成为文明旅游者。

4. 高效管理的原则

强调管理部门的工作人员必须有较强的敬业精神和较高的业务素质,以"微笑的服务、好客的格尔木"作为总的质量形象,强调质量意识,抓好管理监督,实现服务达标,增加竞争能力。在市场调查、产品推广、公共关系、促销活动、公益文化活动、内部管理等方面有所作为。当今旅游区,尤其强调管理的作用:树立管理即服务的理念,不但服务于游客,而且服务于员工和当地居民;处理问题快而迅速,公正而有技巧;特别强调克服交通纷乱的不利情形,合理组织交通,防止各种恶性事故的发生,保证游客的人身和财物安全等。

（四）听觉形象识别系统（HIS）设计——昆仑的传说（屋脊明珠）

听觉形象，亦反映理念基础及其主题营销口号，对内激发人民热爱格尔木、热情为游客服务的感情，对外树立格尔木旅游形象，以音乐和歌曲为载体的 HI，是实施 MIS 的重要途径。应有格尔木地方特色，达到明快简洁，悦耳动听，绕梁三日，入耳入心的效果。可以在蒙古长调的基础上加以改进，歌词力求明快简洁，曲调理应悦耳动听，以达到入耳入心、特色鲜明、印象深刻的效果。可以邀请著名作词作曲家谱写格尔木旅游之歌，世界屋脊之歌，巍巍昆仑之歌，并且争取由腾格尔或斯琴格日乐等著名歌星演唱，并参加全国旅游歌曲大赛。

（五）风情识别系统（FIS）设计

格尔木是多民族聚居的地方，蒙古风情与藏族民俗及其他民族风情互为补充，营造出更为豪放的格尔木风情。

格尔木风情要与巍巍昆仑、涓涓长江融为一体，这样才更有特色。蒙古包里有酒一样的深情，有乳一样的欢歌，在传统的礼仪中，旅游者可以领略现代的节奏和古朴的民风，感受牧人热情好客的胸怀，坦荡豪放的性格。在昆仑山下，在长江源头，烤全羊、奶食品、醇浓美酒、飘香茶雾，为旅游者营造一个盛情而温馨的环境。月光下的昆仑，天上明亮的星星，琴声悠悠，舞姿翩翩，篝火熊熊，都会带给旅游者一个意外的惊喜，使其感觉狂欢的陶醉。

本章思考题

1. 什么是旅游形象？举例说明它对旅游目的地的重要性。
2. 旅游形象定位需要考虑哪些因素？
3. 什么是“形象遮蔽”和“形象叠加”？试举例说明。
4. 旅游形象定位有哪些方法？试举例说明。
5. CIS 与 TIS 的区别和联系是什么？
6. 论述旅游目的地形象策划的过程。
7. 旅游形象的传播有哪些途径？

第七章 旅游产品创意开发

教学目标与内容

旅游产品是区域旅游发展的基础,也是旅游规划与开发的核心内容。要求学习旅游产品的概念及分类;了解旅游产品策划的原则;掌握影响旅游产品策划的因素,即发现、挖掘旅游资源的独特性,要善于对各类旅游资源要素进行巧妙整合,把握资源要素与产品要素间的逻辑联系以及把握科学因素与非科学因素;掌握旅游产品策划的方法,包括双筛法、RMP分析法及组合法等。

第一节 旅游产品的概念与分类

一、旅游产品的概念

所谓旅游产品,从供给者角度来说是指旅游经营者凭借一定的旅游资源和旅游设施,向旅游者提供的满足其在旅游过程中综合需要的服务。通过旅游产品的主产与销售,旅游经营者达到赢利的目的。这里旅游产品最终表现为活劳动的消耗即旅游服务的提供,而旅游服务是与具有一定使用价值的有形物结合在一起的服务,只有借助一定的资源、设施、设备,旅游服务才能得以完成。而从需求者的角度来看,旅游产品是指旅游者支付一定的金钱、时间和精力所获得的满足其旅游欲望的经历。旅游者通过对旅游产品的购买与消费,获得心理上和精神上的满足。

旅游产品有整体旅游产品和单项旅游产品之分。整体旅游产品是指满足旅游者在旅游活动中所需要的产品和服务的总和,如旅行社推出的一条旅游线路、一个专项旅游项目。而单项旅游产品则是指旅游目的地的各旅游企业分别提供的住宿产品、饮食产品及交通、游览、娱乐等方面的产品和服务。旅游者眼中的旅游产品,不单单是其在旅游过程中所购买的一个旅店的床位、一个飞机或火车的座位,或是一个旅游景点的参观游览、一次接送和陪同服务等,而是对所有这些方面的总体感受,是一次经历。整体旅游产品是由单项旅游产品构成的。

以上关于旅游产品的概念,在实际操作中可能会遇到难以进行流程控制或量化统计上的困难。因此在旅游规划工作中,我们将其区分为广义、中义和狭义三种情况。广义的旅游产品是由景观(吸引物)、设施和服务三类要素构成。景观(吸引物)是指由自然实体和历史文化实体(包括文化氛围和传统习俗)所组成的中心吸引物,正是由于景观的吸引作用才使潜在的旅游者产生出游动机;设施是指旅游者得以满足基本生理需求、高层生理需求的交通等基础设施和食宿等旅游设施;服务是旅游者在体验景观和身处设施场所中接受到的物质和精神上的享受。中义的旅游产品是指景观(吸引物)和设施构成的集合体,它带有较强烈的物质产品特点。狭义的旅游产品往往仅指旅游景观(吸引物),它有时可以粗略地等同于通俗意义上的旅游景区(点),以及一部分非具象的人文景观。

二、旅游产品的分类

旅游产品是一个开放的系统,随着产品的竞争和市场需求的不断变化,满足市场需求的产品形式也在不断地增减改变,因此要提出一个较稳定的产品分类系统是困难的。迟景才将所有旅游产品分为传统型和新兴型两大类。甘恩将吸引物分为两种基本类型,即环路旅行吸引物(线型吸引物)和长时滞留吸引物(聚集型吸引物)。前者包括路旁风景区、醒目的自然地区、营地、水上游览区、亲友的家、特殊机构、圣殿和文化遗址、餐饮和娱乐场所、历史建筑物和旧址、民族地区、购物场所、手工艺品制作区等;后者包括度假区、狩猎及水上运动区、机构营地区、度假村、节日节庆场所、会议会展区、游戏中心、运动场馆、贸易市场、科技中心、主题公园等。

世界传统旅游产品包括观光旅游(自然风光观光、城市风光观光、名胜古迹观光等)及其升级产品;文化旅游(博物馆旅游、艺术欣赏旅游、民俗旅游、怀旧旅游、祭祖旅游、宗教旅游等);商务旅游(一般商务旅游、会议旅游、奖励旅游、大型商业性节事活动等);度假旅游(海滨旅游度假、乡村旅游、森林旅游、度假村、度假中心、度假区、野营旅游)和社会旅游五类。

新兴型旅游产品层出不穷。其一是满足旅游者健康需求的健康旅游产品,它是指能够使旅游者身体素质和体况得到不同程度改善的旅游活动,主要包括体育旅游(滑雪旅游、高尔夫旅游等)、保健旅游(医疗旅游、疗养旅游等)。其二是满足旅游者发展需求的业务旅游产品,如修学旅游、工业旅游、务农旅游、学艺旅游、科学旅游、考察旅游等。其三是满足旅游者享受需求的旅游产品,如豪华列车旅游、豪华游船旅游、美食旅游、超豪华旅游等。其四是刺激旅游产品,是指旅游者体验以前从未经历过的某种感官刺激的旅游产品,如探险旅游、冒险旅游、秘境旅游、海底旅游、沙漠旅游、斗兽旅游、观看古怪比赛旅游、狩猎旅游、体育观战旅游等。享受旅游和刺激旅游都可视为感官满足产品。其五是体现旅游者的环保意识的替代性旅游或持续旅游,亦称后大众旅游,包括生态旅游、自然旅游、社区旅游。另外,既可单独成为一种产品,又与其他产品紧密联系或融合一体的产品形式,就是活化旅游,可以视为第六类产品。

国家旅游局的文献表明,中国在国际、国内旅游市场上形成的旅游产品分为四种类型:一是观光旅游产品,以文物古迹、山水风光、民俗风情为特色的具有东方文明和神州风韵的观光产品,在世界上具有垄断地位;二是度假旅游产品,其中家庭度假、乡间度假、海滨度假、周末度假、节日度假呈现出日益广阔的市场;三是专项旅游产品,包括古代城市之旅、乡村旅游、长城之旅、黄河之旅、长江三峡之旅、奇山异水游、丝绸之路游、西南少数民族风情游、冰雪风光游、寻根朝拜游、青少年修学游、新婚蜜月旅行、保健旅游、烹饪王国游、江南水乡游、佛教四大名山朝圣游,以及探险、漂流、狩猎等专项、专线旅游;四是生态旅游产品。

无论是传统产品还是新兴产品,一个较为显著的流行趋势是旅游者对产品中的参与性活动的要求增加，如游泳（包括天然水域和泳池）、登山、散步、划船、保健活动、交谊舞、骑马、钓鱼、学习书画和家庭手工艺、乒乓球、网球、卡拉OK、射击、室内器械健身、足球、保龄球等，它们都具有参与性特征。

第二节　旅游产品策划的原则与影响因素

一、旅游产品策划的原则

（一）市场导向

旅游需求是旅游产品产生、发展和消亡的直接决定性因素。因此，旅游产品的设计与开发，必须与旅游市场相适应，以旅游者的需求为中心，以满足旅游产品市场竞争的需要和实现旅游产品的价值。要特别重视旅游市场的调查、细分、定位和预测，掌握旅游市场发展变化的趋势，以市场为起点和终点，确定旅游产品设计与开发的导向和规模。旅游需求是旅游产品设计与开发的基本导向或依据，而资源导向却常常可能造成失误。旅游产品设计与开发的市场导向确立后，必须深入调查、研究影响旅游需求的各种因素，进行市场细分和定位，运用适当的方法，预测一定时期内的旅游需求量和变化趋势，从而确定旅游产品开发的时序和规模，以获得最佳经济效益。

（二）符合美学要求的原则

旅游是现代人对美的高层次的追求，是综合性的审美实践。旅游产品的设计与开发就是要在旅游资源中发现美，并按照美学原理创造美，使分散的美集中起来，形成相互联系的有机整体，使复杂、粗糙、原始的美经过设计与开发而变得更纯粹、更精致、更典型化，符合旅游审美要求，使易逝性的美经过创造和保护而美颜永驻、跨越时空、流传久远。旅游产品的设计与开发不仅应体现自然、社会、艺术审美的要求，更应努力实现三者的协调与融合。美的最高境界是自然的意境美、艺术的传神美、社会的崇高美和悲壮美，这也是旅游产品开发中所追求的最高目标。旅游产品的美学特征越突出，知名度越高，旅游吸引力和市场竞争力就越大。

（三）注重特色、突出主题的原则

主题与特色是旅游产品的灵魂，是旅游吸引力的主要源泉和市场竞争的核心。主题是对旅游产品及其相关因素进行组合所形成的内在的、统一的基调。主题的设计与塑造要有特色，而特色要通过主题来体现。处于自然状态的旅游资源往往显得单调，主题不突出。旅游产品的设计与开发，就是要根据资源特色、市场需求、区位和环境条件的综合分析，经过概括、提炼、选择，去杂存真，去粗取精，确定、突出主题和特色，通过强化、充实、剪裁、协调、烘托和创新等手法来实现。

（四）塑造形象、引导消费的原则

影响旅游产品需求的因素繁杂多样，在实践中每个影响因素都处于变动状态。因此，旅游需求的基本特征是需求弹性大，这决定了形象塑造和信息传播对旅游产品营销的重要性。在当今激烈的旅游市场竞争中，旅游工作者和研究者在旅游地的一体化综合开发上，又导入了旅游地形象识别系统，更加重视旅游形象设计在旅游产品开发中的作用，强化旅游产品的行销功能，以增强其市场竞争力。目前国内外凡是旅游业发展良好并具有持续吸引力的旅游地，均具有其独特迷人的旅游形象。旅游地形象设计带有很强的市场营销成分，强调的是旅游地最能吸引旅游者的特征。它通过系统化的设计、公众参与、各种活动与传播媒介的力量，以强化旅游地的精神理念，累积其形象价值并增强旅游地的凝聚力和吸引力，改善旅游地发展的内外环境。旅游产品的不可移动性，决定了旅游产品的营销要靠形象传播。

（五）系统开发、协调发展原则

旅游产品具有显著的综合性特点，这是由旅游活动的性质和要求决定的。整体旅游产品可以满足旅游者旅游活动中的食、住、行、游、娱、购等各方面的需求，其生产过程相当复杂，涉及众多性质、功能不同的部门和行业。因此，旅游产品的设计与开发必须综合、系统规划，全面、协调发展，优化各旅游要素的合理配置，才能保证旅游活动的正常进行，从而获得最佳的、综合的经济效益，促进旅游业健康发展。

二、影响旅游产品策划的因素

（一）发现、挖掘旅游资源的独特性

旅游策划的过程就是不断发现新资源，挖掘有价值、有特色的旅游资源的过程，旅游策划的最高境界就是“化腐朽为神奇”。别人认为腐朽的东西，你却发现了神奇之处，你的策划就是神来之笔，就能传之后世。要做到有新发现，基本的素质是要非常了解、熟识旅游资源，对旅游资源能够进行科学的、恰当的评价，并能判断它们在同类旅游资源中的地位、特色和价值，更重要的是，要识别这些资源开发为旅游产品对市场的吸引强度。这对规划者的素质要求很高，也就是必须具有多学科知识的积淀，并能很快整合这些学科知识。比如，成都市龙泉驿区的洛带古镇，作为古镇，它算不了什么，无法与周庄、同里相比。在我们进场编制旅游规划时，街上的三大会馆也有点破烂不堪。但我们发现了客家文化，它使这个镇的一切破损的建筑有了客家文化背景（如语言、民俗、民居等）的依托，这就大大增加了它的可开发性。通过对客家文化的深入挖掘，将“火龙节”“水龙节”“客家菜”“客家婚俗”等变成旅游产品。随之而来的是三大会馆修葺一新，街道铺成了青石板路，古镇面貌正在得到恢复。经过两年多的规划、建设，行将败落的洛带镇已成为世界客家人群体中关注的一个焦点，成为客家文化内陆形态的代表。2005 年 10 月，世界客属恳亲大会也在洛带镇举办。通过旅游规划与策划，洛带镇成了世界客家人关注的一个古镇。但直到目前为止，各级政府部门对我们当时规划的 1000 户人的“客家人永久保留地”仍然未能有效理解其中的含义。

（二）要善于对各类旅游资源要素进行巧妙整合

整合各类旅游资源要素，使其形成一个全新的旅游产品，是旅游开发走向全面商品化的产物。这种整合具有较强的人工痕迹，但如果整合得好，充分地考虑到市场需求，也会取得很大

的成功。

整合各类旅游资源要素,可分为三种情形。其一,几乎没有原赋旅游资源作依托,全靠对市场需求的把握,将各种相关的旅游资源按一定的主题组合在一起,构建一个巨大的旅游产品平台,再进行商业化运作。这种情形以人造的主题公园为代表,如迪士尼乐园、深圳世界之窗、锦绣中华等。这类旅游资源的整合,实则是按主题对原赋旅游资源进行仿制,这种仿制本身并无多大价值,但关键在于它整合出了一个巨大的平台。这个平台提供了一个旅游产品生产、经营、销售的大舞台,通过表演、观光、参与娱乐活动和现代科技的包装,让游客身临其境,感受现代商品化的旅游产品,与原始野味的旅游产品是两种不同的感受。此外,这类场所往往在大都市近郊,这个平台带动了旅游房地产的开发和主题酒店、主题商业、主题文化产业的建设,形成一个产业集群和主题社区。换个说法,如果这种开发不能带来房地产业、商业、文化产业、酒店业的整体发展,不能以公司的现代企业管理方式进行经营管理,其生命周期就不会长,注定要失败。中国在20世纪八九十年代建设主题公园的追随者们,已为此尝尽了苦果。

其二,以半原赋旅游资源、自然环境资源为依托,整合其他资源,形成新的旅游产品。这种情形大多数未依托风景区,景观效果较差,生态环境也一般,实质上原赋资源所占比重并不大,因而有较大的风险。这其实是另外形式的主题公园,如近几年来在全国兴起的野生动物园和正在兴起的高科技观光农业产业园区。由于这些项目本身所依托的资源环境较差,在进行资源整合时对本底旅游资源(原赋资源)的依托较少,因而这种整合的风险大增。以2001年底开业的成都野生世界为例,其高水平的规划设计、庞大的投资和较强的融资能力,使其建设有较高的水准。然而,最关键的问题是,在方圆300~500公里范围内,已有了重庆和碧峰峡两家野生动物世界,在这一范围内,从市场规模看,只能容许一家野生世界生存下去。而碧峰峡相比之下又有资源环境优势和管理优势,作为后进者的成都野生世界在竞争上就较困难。同时,成都野生世界的选址是浅丘良田,绿化本底很差,几乎无任何野生世界的感受,绿化的投入大及绿化的培育期长都会为它的成功经营制造很大的障碍。至于高科技观光农业产业园区,应该是农业资源、高新技术与旅游业的整合,这一整合具有明显的独特的资源优势,运作得好,容易成功。但关键的问题是高科技观光农业产业园区一定要具备旅游功能,不具备旅游功能而搞旅游,就会导致失败。

其三,以原赋旅游资源为依托,根据市场需求,为了丰富产品结构,对其他类型的旅游资源进行有机整合。这类情形和前两类情形相比,其最大的区别是以原赋旅游资源为基础,它本身就有生态环境、景观或人文环境作为依托,只要整合的其他类型的资源能与依托的原赋旅游资源浑然一体,并且在产品定位上进行过科学论证,多半会取得成功。因而,这种整合实际上是原赋旅游资源与其他旅游资源叠加的模式。这一模式是否成功,关键看原赋旅游资源在其中所占的比重,以及整合进来的资源与原赋旅游资源组合后是否形成了新的有特色和吸引力的旅游产品。当然,这种整合主要运用于游乐类的自然风景区,而且要与其资源特色相吻合,并且通过这种整合使原赋旅游资源的特色得到较为充分的展现和发挥。四川雅安碧峰峡风景区的成功充分说明了这一点。碧峰峡作为省级风景名胜区的一部分,自从成都万贯集团1999年买断50年经营权进行独家经营后,在短短两年多的时间里,就收回投资1亿多元,并且稳步向前发展。从传统的观点看,碧峰峡的自然风光确实比不上很多景区。但是,我们需要对现代旅游进行全新的思考和认识:资源不等于风景,资源也需要整合,整合后的资源才能最大限度地体现整体效益。因此,碧峰峡对景区的资源进行了有效的整合,将景区核心的具有竞争优势的资源作为主体加以开发完善,并以核心资源为依托,逐步整合生态动物园(1999 年)、女娲文化(2000 年)、蒙山—碧峰峡—海螺沟的绿色生态走廊(2001 年)、碧峰峡世界熊猫公园(2002 年),丰富景区的休闲度假产品,使其向休闲度假型景区转化。

(三)把握资源要素与产品要素间的逻辑联系

旅游产品的策划必须以旅游资源为基础,旅游资源的整合也不能太过分,应把握适度的原则,策划的旅游产品应是旅游资源特色在逻辑上的必然延伸。也就是说,策划好了的旅游产品与旅游资源之间应有着内在的必然联系,这样的旅游产品才有生命力。比如说踩钢丝,湖南衡山推出了这一产品,四川天台山也跟着推出这一产品。其目的无非是通过对这一产品的宣传促销增加市场对景区的关注度,带来旅游收入的增长。而走钢丝,无非是突出惊险二字,当然山地景区大多数可用此办法,但该产品能够持续地走下去,却并非每个景区都能办到,因为它需要有这样的人力资源代代相传,而非只图一时的轰动效应。景区自身必须长期维持这一技术力量。反过来说,如果该产品不是自己景区的资源自然生发出来的,则人力资源储备就不够,就只能到外地请人表演,这就决定了该产品不能长久。不能持续销售的旅游产品反过来就会影响景区的形象。与衡山相反,四川省窦团山的走钢丝就是从旅游资源自身生发出的旅游产品,在呈"品"字形的壁立千仞的山峰上,有窦真殿、东岳殿、鲁班殿三道观,唐宋明清以来,山上道士进香,都以走钢绳的形式从一个殿到另一个殿,钢绳成了连接三殿的唯一通道。钢绳将险峻的自然景观和文化连为一体,具有丰富的文化内涵。走钢丝就成了历代道士的看家本领,使得这一技术代代相传。因而在 20 世纪 80 年代中后期推出"中华一绝"走钢丝时,这个旅游产品就有了很大的魅力。窦团山走钢丝,就能恰如其分地展现出旅游资源自身的特质。

既然旅游产品是对旅游资源特色的展现,那么在挖掘旅游资源时,对旅游资源价值的评价就显得非常重要。旅游资源的评价是一项科学的评估工作,因而既不能将其价值评价得过高,也不能评价得过低。如果过高,则可能使策划、开发出来的旅游产品缺乏生命力,导致孤芳自赏,难以获得市场认同;如果过低,则可能使策划、开发出来的旅游产品不能展示出旅游资源的魅力,或者使本可以开发的旅游资源的价值被忽视而打入冷宫。

(四)把握科学因素与非科学因素

科学需要严密的理论体系,重证据、重推理、重逻辑。非科学重感性、重感受、重直观、重印象,它不需要严密的理论体系来支撑。当然,非科学绝不等于伪科学,因为伪科学在本质上是反科学原理和科学精神的。

1. 旅游产品策划中的非科学因素

因为旅游是向旅游者出售旅游经历,因而旅游产品的生动性、趣味性对旅游经历来说就显得十分重要。既然旅游者购买的是旅游经历,旅游者就特别注意在旅游过程中的感受、体验、印象和得到的欢乐,以及旅游所唤起的情感体验。获得这一类的心理感受不需要太多的实证,哪怕是科普类旅游产品,也应寓教于乐。正是基于这样的认识,为旅游产品策划融入非科学的因素提供了广阔的空间。比如导游词的撰写和导游的讲解,就需要营造出特殊的气氛和场景,而这更是有赖于艺术加工。各类神话、传说、故事也可策划为旅游产品,这样的旅游产品策划是非科学的,但却有科学依据,并使产品更生动、更有趣,也更合乎人性。旅游产品的非科学因素是以科学为依据的,如果没有科学的因素作为凭据和背景,非科学因素可能会失去它的存在价值。即使不以科学为依据,或者说其依据的素材不能证实是科学的,也要以一定的区域文化背景为依凭,如历史传说、民间传说等。尽管这些素材无法提供科学的明证,但透过这些传说可能会发现某些历史的或文化的信息。这些素材的代代传承本身就意味着它们的合理性,有其文化生存的土壤。对于这些非科学的资源,当然也能开发为旅游产品。

2. 旅游产品策划中的科学因素

旅游产品策划要依据科学研究的成果,是不言而喻的。我们在进行旅游资源调查与评价时,实际上就是对旅游资源进行科学研究。这其中需要大量的统计材料,如珍稀植物、动物的种类、数量;有多少个漏斗,其中最大的漏斗深度有多深,直径有多大;有无地下森林、地下河流等奇观。然后在全世界、全国和本区域周边地区的同类资源中进行比较,以确定其价值。如果没有这些基础的工作,旅游形象定位、产品特色定位无从谈起,旅游产品策划也就无所凭借。总之,旅游产品策划要善于把握旅游资源中的科学因素与非科学因素,在科学与非科学之间游刃有余,才能有所突破,有所创新。在旅游产品策划中,常常要用非科学的方法去批判、颠覆科学的认知,使二者在旅游产品策划过程中自始至终进行正反两方面的博弈,这样旅游产品策划才有生命力。

第三节　旅游产品策划的过程与方法

一、旅游产品策划的过程

新产品策划是指企业从事新产品的研究、试制、投产,以更新或扩大产品品种的过程。一个完整的新产品策划和开发要经历八个阶段:创意产生、创意筛选、新产品概念的发展和测试、制订营销战略计划、商业分析、产品实体开发、新产品试销和商品化。

(一)创意产生

新产品开发过程的第一个阶段是寻找产品创意,即对新产品进行设想或创意的过程。一个好的新产品创意是新产品开发成功的关键,缺乏好的新产品构思已成为许多行业新产品开发的瓶颈。企业通常可从企业内部和企业外部寻找新产品构思的来源。公司内部人员包括研究开发人员、市场营销人员、高层管理者及其他部门人员。这些人员与产品的直接接触程度各不相同,但他们总的共同点是熟悉公司业务的某一或某几方面。企业可寻找的外部构思来源有:顾客、中间商、竞争对手、企业外的研究和发明人员、咨询公司、营销调研公司等。

(二)创意筛选

创意筛选是采用适当的评价系统及科学的评价方法对各种创意进行分析比较,从中把最有希望的创意挑选出来的一个过滤过程。在这个过程中,力争做到除去亏损最大和必定亏损的新产品创意,选出潜在盈利大的新产品创意。构思筛选的主要方法是建立一系列评价模型。评价模型一般包括:评价因素、评价等级、权重和评价人员。其中确定合理的评价因素和给每个因素确定适当的权重是评价模型是否科学的关键。

（三）新产品概念的发展和测试

新产品创意是企业希望提供给市场的一些可能新产品的设想,新产品设想只是为新产品开发指明了方向,必须把新产品创意转化为产品概念才能真正指导新产品的开发。产品概念是企业从消费者的角度对产品构思进行的详尽描述。即将新产品构思具体化,描述出产品的性能、具体用途、形状、优点、外形、价格、名称、提供给消费者的利益等,让消费者能一目了然地识别出新产品的特征。因为消费者不是购买新产品构思,而是购买新产品概念。新产品概念形成的过程亦即把粗略的产品创意转化为详细的产品概念,并通过产品概念测试筛选出可以进一步商业化的产品概念。

（四）制订营销战略计划

对已经形成的新产品概念制订营销战略计划是新产品开发过程的一个重要阶段。该计划将在以后的开发阶段中不断得到完善。营销战略计划包括三个部分:第一部分是描述目标市场的规模、结构和消费者行为,新产品在目标市场上的定位,市场占有率及前几年的销售额和利润目标等;第二部分是对新产品的价格策略、分销策略和第一年的营销预算进行规划;第三部分则描述预期的长期销售量和利润目标以及不同时期的营销组合。

（五）商业分析

这是预测一种产品概念在市场中的适应性及发展能力的阶段。所谓商业分析,就是要预测一种产品概念的销售量、成本、利润额及收益率,预测开发和投入新产品的资金风险和机会成本,预测环境及竞争形势的变化对产品发展潜力的影响,预测市场的规模,分析销售者的购买行为。例如建一座饭店,应当分析市场对何种等级饭店的需求已达到饱和状态,目标市场规模的大小,何时能收回投资,经营风险如何等等。在我国,由于饭店建设缺乏充分的商业分析,各地纷纷盲目建设高档饭店,致使其供求出现不平衡的状况。同样,开发旅游景点,也必须进行商业分析,以避免近距离的重复建设。

（六）产品实体开发

新产品实体开发主要解决产品构思能否转化为在技术上和商业上可行的产品这一问题。它是通过对新产品实体的设计、试制、测试和鉴定来完成的。根据美国科学基金会的调查,新产品开发过程中的产品实体开发阶段所需的投资和时间分别占总开发总费用的30%、总时间的40%,且技术要求很高,是最具挑战性的一个阶段。

（七）新产品试销

新产品试销的目的是通过将新产品投放到有代表性的小范围目标市场进行测试,帮助企业真正了解该新产品的市场前景。市场试销是对新产品的全面检验,可为新产品是否全面上市提供全面、系统的决策依据，也为新产品的改进和市场营销策略的完善提供启示。

进行新产品试销一般有五个步骤：

(1)决定是否试销。并非所有的新产品都要经过试销，可根据新产品的特点及试销对新产品的利弊分析来决定。

(2)试销市场的选择。所选择的试销市场在广告、分销、竞争和产品使用等方面要尽可能地接近新产品最终要进入的目标市场。

(3)试销技术的选择。常用的消费品试销技术有：销售波测试、模拟测试、控制性试销及试验市场试销。工业品常用的试销方法是产品使用测试，或通过商业展览会介绍新产品。

(4)试销过程的控制。对试销宣传效果、试销成本、试销计划的目标和试销时间的控制是试销人员必须把握的重点。

(5)试销信息资料的收集和分析。如：消费者的试用率与重购率，竞争者对新产品的反应，消费者对新产品性能、包装、价格、分销渠道、促销发生等的反应。

(八)商品化

完成了以上的七个步骤后，才是新产品的商品化阶段。新产品的商业化阶段的营销运作，企业应在以下几方面慎重决策：

(1)何时推出新产品。针对竞争者的产品而言，有三种时机选择，即首先进入、平行进入和后期进入。

(2)何地推出新产品。新产品是否推向单一的地区、一个区域、几个区域、全国市场或国际市场。

(3)如何推出新产品。企业必须制订详细的新产品上市的营销计划，包括营销组合策略、营销预算、营销活动的组织和控制等。

二、旅游产品策划的方法

(一)双筛法

1.双筛法的内涵与特点

作为一种具体的研究方法，“筛法”并不是一个全新的概念，在数论中，“筛法”用得十分普遍，其他不少学科在进行内容筛选的过程中，也经常用到“筛法”。可以说，“筛法”是一个比较成熟的方法，我们将其用在旅游规划研究中，属于研究方法的借用或移植。当然也不是简单的照抄其他学科的成熟方法，必须进行一定的“旅游科学化”改进。“双筛法”是一种“协调思想”的产物，它主要是致力于协调各种关系，特别是旅游规划研究过程中，旅游规划专家、旅游开发者、旅游客源市场(旅游消费者)和旅游开发地居民之间的关系，有效地解决其间的多种矛盾。“双筛法”的主要目的是有效地组织各种资源，既面向市场，又面向旅游开发者，也充分发挥旅游规划专家的主导作用，动员一切可以动员的力量，依靠一切可以依靠的力量，设计出合适的旅游产品，满足人们的旅游消费需要，实现旅游开发的经济效益。

“双筛法”的主要特点包括：第一，客观性。就是旅游产品设计过程中的一切“筛法”，都是用客观的方法采纳各方面对于旅游开发的意见，杜绝旅游规划专家的“主观想象决定论”现象的发生。第二，易接受性。“双筛法”所采用的都是简单实用的方法，便于在工作中推广。第三，针对性。“双筛法”的每一个工作步骤的对象清晰，工作目的明确，针对性突出。

2. 双筛法的步骤

旅游产品设计“双筛法”包括许多的工作步骤，如图 7-1 所示，主要有旅游资源普查和开发条件评价，旅游产品的专家创意，旅游开发者与旅游地居民对旅游产品创新的接受性调查，旅游产品的客源市场认可意向调查，最后确定旅游产品。

第一步，旅游资源普查及其市场评价和旅游开发条件的详细调查与市场评价。我们认为，在旅游规划的研究过程中，旅游资源的普查是至关重要的第一步，在旅游资源的调查中，最好是按中国科学院地理研究所和国家旅游局共同制定的《中国旅游资源普查规范》（第二次修订稿）进行。对旅游资源的评价，也最好均做出总量分析和均分值分析，以便在全国范围内进行比较。旅游规划工作中，旅游开发条件也必须与旅游资源的调查一同进行。

第二步，旅游产品的专家创意。我们这里所说的旅游产品的专家创意，是立足于专家对于旅游市场做了充分的调查之后的旅游产品的创意。对于旅游产品的专家创意，我们十分看重旅游资源、旅游市场、旅游开发条件的有机整合和系统协调的程度，特别强调在树立市场为导向、旅游资源为基础的开发条件上是否可行。

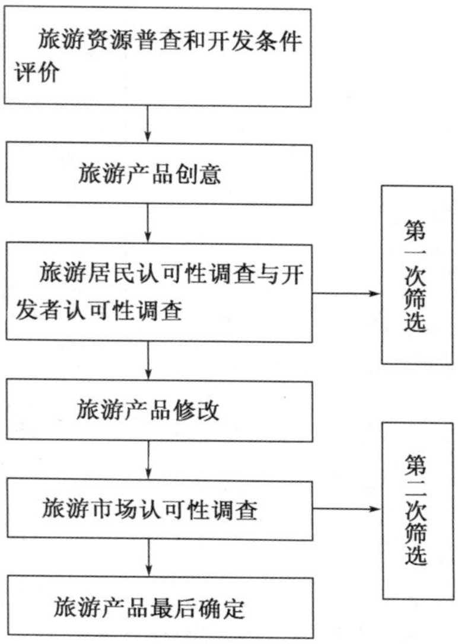

图 7-1　旅游产品策划“双筛法”技术路线

第三步，开发者与开发地区居民对于旅游产品创意的接受意向水平调查，这是第一次筛选。当专家创意的旅游产品出来之后，以座谈会和问卷调查的形式，充分收集开发者与旅游地居民的意见，进行一种交互式的对话，确定出一个有等级的旅游产品序列，同时对部分旅游产品进行修正与补充。

第四步，旅游市场的认可意向调查，这是第二次筛选。在第一次旅游产品筛选的基础之上，将旅游产品设计成客源市场调查表格，对客源市场的意见进行收集，然后，对问卷内容进行统计分析，得出结论。

第五步，旅游产品的最后确定。通过两轮的筛选，旅游产品的设计已经获得了各个方面的认可，可以进行最后的确认。

（二）RMP 方法

针对目前中国区域旅游开发所面临的旅游产品结构性过剩、有效需求不足的现象，产品开发由 20 世纪 80 年代 R-P 共生向 20 世纪 90 年代的 R-P 提升模式的转化，吴必虎（1999）提出了昂谱（RMP）分析的理论，即以旅游产品为中心，进行 R 性分析（Resources Analysis，资源分析）和 M 性分析（Market Analysis，市场分析），以此为基础进行 P 性分析（Product Analysis，产品分析），并最终提出以旅游产品为中心的规划框架，如图 7-2 所示。

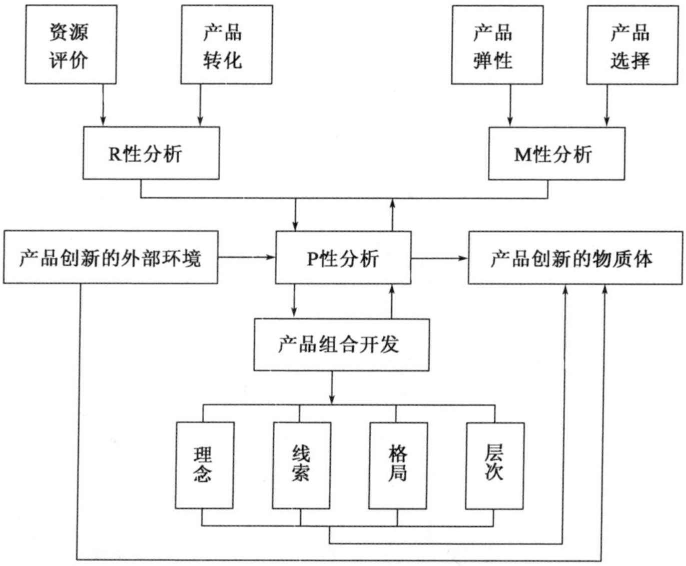

图 7-2　昂普(RMP)分析模式(资料来源:吴必虎,2001)

1. 资源(R性)分析:资源评价与产品转化

旅游产品和旅游资源是有很大差别的。关于旅游资源的研究,中国地理学家已经在近20年来进行了较深入的工作,关于旅游资源评价本身,也有若干学者进行过仔细的研究。分析20世纪80年代中国旅游开发的特点,发现80年代的中国旅游业,主要依靠国际旅游市场。当时的旅游市场是卖方市场,销售的大多是具有国际影响的顶尖级旅游产品,旅游资源本身就是旅游产品,不需要更多的新产品开发,如西安有古城、兵马俑,桂林有桂林山水,北京有长城、故宫。这些目的地的旅游资源本身品位非常高,景观独特,属于我们称为"资源产品共生型"的旅游资源,所以从资源转换到产品不需要很大的投资,是低投入、高产出的产业结构。所要做的是基础设施建设和旅游者直接使用的旅游接待设施的建设,而非产品或吸引物本身的建设。"低投入、高产出"是20世纪80年代旅游业的一个特点。

到了1990年,情况发生了根本改变。旅游产品的供给非常丰富。旅游市场也变为买方市场,游客选择的余地非常大。旅游替代产品的竞争非常激烈。原来那种旅游资源可以直接转换为产品,不需要投资的情况已经很少见了,变成了"资源产品提升型"结构,即把旅游资源转换成产品需要很大的投入。这一时期的旅游业已经发展成为"高投入、高风险、高产出"的产业结构了。这时的基础设施、旅游接待设施已不再是投资的重点,因为1990年后"要致富,先修路"的观念深入人心,高速公路飞速发展,几乎所有县乡都通了公路,民用航空港的建设也迅猛发展。旅游接待设施和基础设施已经不是制约旅游发展的关键,而产品本身是不是有品位,需要投入多少建设资金成为人们关注的重点。

2. 市场(M性)分析:旅游产品的弹性与旅游者的产品选择偏好

旅游产品本身是一种收入弹性很大的消费品,从人类的需求层次来讲,旅游产品的消费属于高层次消费,必须以较高的收入为前提。只有人均或家庭收入增加到一定水平,居民手中有了很多余钱才会进行消费。此外，即使居民有足够多的可支配收入，旅游者产生了出门旅游的动机以后，在不同的旅游产品之间，仍然存在着弹性方面的很大差别。对国内旅游来说，目前弹性较小的旅游产品一般多为中短途的观光旅游产品、城市周边近程度假旅游产品。也就是说，旅游者出游，大多数必将选择这两种旅游产品。作者估计，这两种产品占了国内旅游产品市场份额的70%以上。第三位产品是远途旅游，即居民到离惯常环境比较远的、自然环境和风景比较好的自然保护区或风景名胜区旅游，这是一种随着城市化和后现代主义思潮出现后形成的新的旅游产品消费走向，但尚未成为主流产品。第四位是文化旅游，它是上述旅游产品中弹性最大的。旅游者稍有不满意或因有其他因素影响就不会选择，如体验不够或文化水平不高等。众所周知，中国居民的整体素质在短期内很难达到对文化旅游全面感兴趣的程度。当前及今后相当长一段时期内，旅游者对旅游产品的选择仍将集中在前两种，即中短途观光和城市周边近程度假。

3. 产品（P性）分析：产品创新和空间布局

（1）产品创新的外部环境

旅游产品是一个复合概念，是吸引物、交通、住宿、娱乐等的组合；而在消费者看来，旅游产品是在其出游期间各种经历的总和，旅游者购买和消费的是收益束（a bundle of benefits）。与一般商品不同，旅游产品在大多数情况下，只有旅游者（消费者）本人亲临旅游地（产品的主要部分）才能实现购买行为，即旅游产品一般不能异地购买，具有明显的空间特性。对于区域旅游开发来讲，在确立地方风格之后，就需要对旅游产品进行选择和创新。它的构成不仅与旅游吸引物本身的开发、建设有关，也与区域经济结构、城市规划、文物博物馆和园林事业等密切相关。

从区域经济结构调整角度观察，旅游业是精神经济的产业，不同于人们以前较为熟悉的工业和农业。后者的资金投入、设备引进、厂房修建等，都是具体的，生产出来的产品也是实实在在的机器、加工业产品。而旅游业生产的是精神经济的产品，不管投入多少资金，最后生产和销售的商品一般是看不见的，是除一部分物质产品以外的无形的精神产品，出售的是游客通过在目的地的旅游活动所获得的一种体验。上文已经述及，旅游开发的投资模式已经发生重大改变，旅游业的振兴需要高额投资，而这种巨额投资生产的又是无形产品，这就需要我们的投资观念有大的转变。纵观全球经济发展历程，第二次世界大战以后投资商在钢铁、汽车、化工、能源工业上的投资非常大，但是到了20世纪80年代中后期，全球的投资热点逐步转向信息产业、高科技产业和旅游业。美国迪士尼投资数以亿计的美元，生产和销售的是精神产品，日本也有很多公司投资数亿日元，开发类似《三国志》等游戏产品，销售的同样是精神产品。现在大量的报纸、电视剧、娱乐业，也都需要大量投资。这些精神产品的生产影响到旅游产品的发展方向。

（2）产品开发控制性框架

旅游产品创新开发要求遵循一定的操作性框架，即所谓的有理念、有线索、有格局、有层次的“四有产品开发模式”，这一框架模式反映了规划师对目的地的形象、文化历史背景、空间结构、开发重点等的系统界定。具体应做到以下几个方面：

①构建旅游产品理念系统。理念系统是区域旅游发展规划和旅游产品开发的思想基础，它主要建立在前述的地方性研究和受众调查分析的基础之上。一个缺乏产品理念的旅游区，

其产品开发可能会出现混乱和冲突,不利于参与激烈的市场竞争。

②揭示深邃的历史文化背景。作为任何一种旅游产品,其产品设计和景观规划一方面需要体现一定顺序的历史关系,我们称其为景观系统的时间线索;另一方面需要揭示地方历史文化传统,充分体现与众不同的精神内涵。唯有做到这一点,才能使旅游产品的魅力保持较长的竞争力,产品生命周期才能保持持久不衰的趋势。

③组织优化旅游空间结构。根据资源特点、城市格局、市场需求、政府政策等若干要素,综合考虑旅游发展的空间格局问题。区域旅游空间结构,往往由若干不同层次的景观群落组成:最高层为当地最大的旅游活动中心;其次为主要的重点景区;最下层为散布全境的零星的"无围墙化"景点。这些"无围墙化"处理的景点,无形中延长了游客的滞留时间,旅游者的总体花费增加,实际上增加了当地的旅游收入。上述不同层次的景观群落通过有效的旅游线路和活动组织进行连接和整合,实现旅游者的出游体验。

④凸显重点旅游产品层次。考虑到投资能力限制和旅游地的空间层次结构,我们在构建一个地区的旅游系统时,应集中精力、突出重点,用主要力量去建设关键的主控系统。通过重点产品或项目的建设,来带动整个区域的旅游发展。

第四节 旅游产品组合

一般而言,旅游产品是指经营者为满足旅游者在旅游过程中的多种需求而提供的各种物质和服务的总和,具有综合性、整体性特征。为此,旅游产品组合就是建立在此基础上,以最大程度提供和满足旅游者需求为根本出发点,对一切关联的优势要素进行重组优化后推出的全新旅游产品。而在现实中受旅游者需求多样性和各区域资源条件差异性的影响,旅游产品组合必然会因其主题和目标市场定位的不同而在组合层面、组合方向、组合模式和组合内容上呈现出多样性特征。比如自然风情和历史文化的旅游产品组合显然不会一致。

但形式上的多样性从本质而言并不阻碍对旅游产品组合共性的描述,上海社科院认为,任何一个旅游产品组合都应由广度、深度和集聚度三方面构成,并以此提出旅游产品组合的三维拓展模型(图 7-3)。

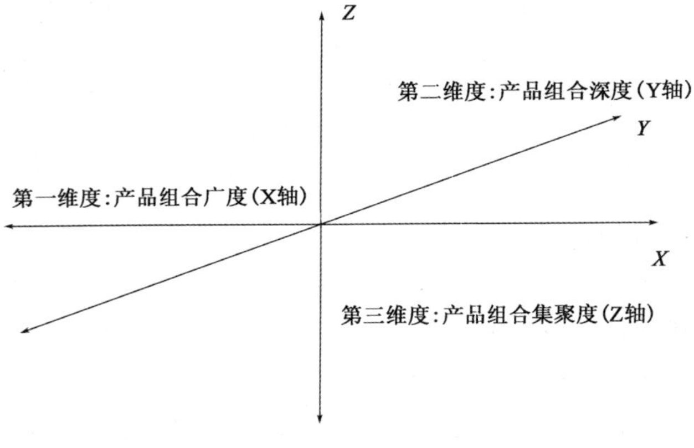

图 7-3 旅游产品组合的三维拓展模型

一、旅游产品组合广度

在图7-3中用X轴表示,具体是指一旅游产品组合本身所拥有和涵盖旅游产品及资源的量或范围。事实上,构成组合广度的元素就是传统意义上人们最熟悉的旅游景点。例如提到上海旅游,所呈现出的必然是东方明珠电视塔、新天地中共一大会址、南京路步行街、朱家角古镇等一个个海内知名的景点。广度范围越大,表明该地区旅游产品的资源禀赋条件越好,未来可整合的方式和种类也更多,是整个旅游产品组合模型的基石。为了表示旅游产品组合广度中各旅游产品类型的重要性,我们引入旅游产品组合结构图,此结构图把旅游产品分为品牌产品、重要产品和配套产品三个类型,下图7-4为重庆卫星湖旅游景区旅游产品结构图。

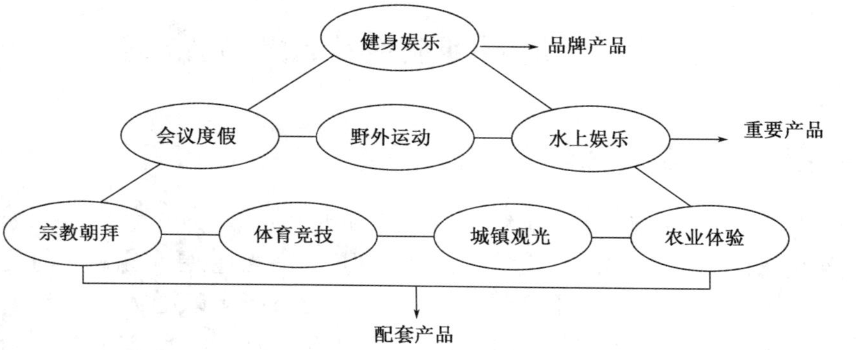

图7-4　重庆卫星湖旅游景区旅游产品结构图

二、旅游产品组合深度

对应于图7-3中的Y轴,是指组合中由上述广度所覆盖的不同产品所各自衍生出的景点、交通、住宿、餐饮、娱乐等一系列旅游项目集合在纵向方面的扩展。近些年来越来越多的景区打造"食、住、行、游、购、娱"一条龙服务旅游新理念的做法就可看成是其产品在拓展深度方面的有力尝试。例如,云南普洱市推出的"茶文化之旅"、浙江西塘的"古镇追源"等特色产品都是其中典型的案例。表7-1为重庆卫星湖旅游景区旅游产品组合深度表。

重庆卫星湖旅游景区旅游产品组合的深度表　　表7-1

	产品组合广度							
	健身娱乐	水上娱乐	会议度假	野外运动	宗教朝拜	体育竞技	城镇观光	农业体验
产品组合深度	水上娱乐 野外运动 体育竞技 农业体验 民俗活动	儿童游戏 高台跳水 滑水 冲浪 水上行走 水上滑板	卫星湖国际旅游度假村 日月山庄 桃花山庄 产权别墅 傣族园	野外训练俱乐部 峡谷探幽 丛林穿越 定向越野	庙会 寺庙观光 佛事活动	趣味运动 坡地运动 网球 儿童乐园 门球	星湖竹苑 购物街	竹苑 果园 传统农业

三、旅游产品组合集聚度

在图 7-3 中表现为 Z 轴,反映的是上述广度和深度两维度上各产品元素之间的关联和聚集程度。虽然是一个相对抽象的指标,但却是整个组合的立意和“灵魂”所在。就我国目前的旅游市场而言,各地景区多半依然停留在一维或者二维的旅游产品组合程度,景点之间及景点内部产品间的关联性很低,难以形成一个统一的系统,更别说第三维度的组合包装。而旅游品组合三维拓展模型的最大意义就在于以集聚度为基础核心,对相关要素进行横向(广度)和纵向(深度)的立体整合,为各种纷繁复杂的旅游产品组合开发提供了理论依据和基本框架。

案例　大足石刻旅游产品策划方案

一、大足区旅游发展现状

大足历史悠久、人杰地灵、山川毓秀,始建于唐朝乾元元年(公元 758 年),取“大丰大足”之意。晚唐至两宋时期近 400 年间,大足一直是昌州府治所在地,是川东地区的政治、经济、文化中心之一。全区土地面积 1436 平方公里,辖 6 个街道、21 个镇,总人口 105 万。宋人沈立《海棠记》中记载:“天下海棠无香,惟大足治中海棠独香。”故大足又称“海棠香国”。重庆唯一的世界文化遗产——大足石刻代表着公元 9 至 13 世纪世界石窟艺术的最高水平,是全国首批 5A 级景区;龙水湖国家水利风景名胜区、玉龙山国家森林公园等景区风光旖旎。大足先后荣获国家级生态示范区、国家卫生城市、国家园林城市、全国绿化模范城市等名片。

二、大足旅游存在的问题

大足旅游业的发展取得了显著的社会效益和经济效益,旅游经济正向良性方向迈进,呈现出加速发展的强劲势头。但从横向和纵向分析,一些制约因素和突出问题仍不容忽视,如何有效解决这些问题,成为大足旅游发展的关键。

(一)大足石刻深厚的文化内涵和大众旅游需求的矛盾

大足石刻是静态的文物,其背后蕴含着丰富的宗教文化,大众游客要想看懂大足石刻,必须具备一定的宗教文化知识,否则大足石刻就成了“一堆刻在崖上的精美石头”。这是大足旅游经济总量较小的根本原因。对于这个问题,我们应首先明确大足石刻的目标客源市场,是大众市场还是专项旅游市场,或者是两者兼顾并以大众市场为主。其次,从统计数据看,大足石刻主要目标市场是大众市场,因此如何解决石刻艺术深厚文化内涵和大众旅游需求之间的矛盾就成为一项重要任务。

(二)游客在大足石刻停留时间过短,经济效益上不去

“一张票、一顿饭、一日游”是大足旅游尴尬境况的形象描述。产生这种现象的表面原因

是重庆至大足交通条件的改善，旅行社为了节约时间和成本，在游览完石刻后，安排当日回重庆住宿，而不在大足停留。深层次的原因是，由于游客最大化经济行为和“形象遮蔽”效应，观光游客仅选择宝顶山石刻和北山石刻游览，有时北山也不去，更不用说其他石刻了；同时，也没有其他旅游产品让游客觉得有留下来的价值。因此，观光游客在大足停留时间短，消费水平低。

（三）原有旅游形象老化，新的旅游形象尚未统一

大足原有旅游形象是“石刻之乡”，由于新型旅游目的地的出现以及旅游市场的变化，原有旅游形象已经老化，不能保持对旅游者一贯的吸引力，因此必须根据内部与外部环境的变化，树立大足旅游新的形象。目前，关于新的旅游形象，已提出一些，但还没形成统一的、普遍认可的旅游形象。比如，“石刻王国、温泉之乡、影视基地、万国风情”这个形象曾经提过一段时间，现在又有“五彩大足”的说法。对于前者，其缺点是面面俱到，冲淡了大足石刻的地位。大足区应比较各种旅游形象，在充分研究资源、竞争者和市场的基础上，统一旅游形象，以达到在目标市场上树立特色鲜明、持久不变的印象的目的。

（四）旅游营销竞争力不强。

现代旅游经济发展，要“以资源为基础、以市场为先导”，仅研究资源，不研究市场，一个地方的旅游业是发展不起来的。大足旅游发展近年来速度放慢的一个重要原因就是对市场、旅游者的特征、旅游者的旅游行为研究不够，缺乏明确的客源目标，更缺乏有效的市场营销活动。

三、大足区旅游产品策划方案

（一）大足区旅游产品结构图

大足区旅游产品结构图如图7-5所示。大足区的品牌产品为文化旅游，如，石刻艺术文化、宗教文化、影视文化。重要产品包括度假旅游、生态旅游和工业旅游，度假、会议旅游产品以两座山和六大湖泊为依托，生态旅游有龙水湖国家级水利风景区、玉龙山国家级森林公园，工业旅游如龙水镇五金之都。辅助产品包括宗教旅游、农业旅游、特种旅游和科考科普，宗教旅游如广大寺、圣寿寺等，农业旅游有荷花山庄、枇杷山庄、西苑、石都村等，特种旅游依托玉龙山，开发探险旅游、野营旅游、山地自行车、拓展训练等，科学考察、科普教育包括宗教考察、石刻艺术考察、“植物活化石”桫椤考察、饶国梁故居青少年教育基地。

综合分析大足区的区位条件、旅游资源以及营销环境，未来的大足应重点发展度假、会议旅游产品，甚至可以把它放在和文化旅游同等的地位，以适应旅游市场的发展趋势。在发达国家，观光旅游只占整个旅游市场的30%，休闲度假旅游和户外运动占了70%以上的份额。随着我国居民收入水平的提高和休闲观念日益深入人心，将以提高生活质量为目的，把放松身心、健身、求知、娱乐等轻松、快乐而富有意义的休闲及度假旅游放在首位，不仅会使消遣娱乐性和健身性的需求有较大增长，而且大幅提高了智力性和发展性的休闲度假的需求。玩得高兴又有益身心的休闲度假旅游需求模式成为消费主流。因此，大足发展度假、会议旅游符合时

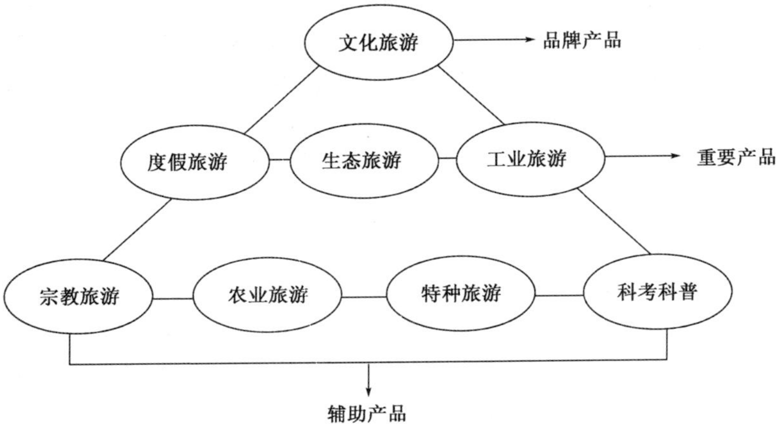

图 7-5　大足区旅游产品结构图

代潮流,是大足旅游未来发展趋势之一。根据大足区旅游资源条件,大足区发展度假、会议旅游的产品可以有如下几种类型。

(1)湖泊型度假(会议)旅游产品。大足区有丰富的湖泊旅游资源,包括跃进湖、上游湖、玉滩湖、响水湖、化龙湖和龙水湖,拥有开发湖泊度假旅游得天独厚的条件。特别是龙水湖,是国家级水利风景区,生态环境好,资源等级高,其岸边正建设西部最大的影视基地,将来定会成为重庆市度假、会议旅游的一颗明珠。

(2)温泉型度假(会议)旅游产品。重庆正在打造"温泉之都",大足温泉旅游资源等级高,故可开发温泉型度假(会议)旅游产品,如龙水湖温泉。

(3)山岳型度假(会议)旅游产品。可依托玉龙山和大凉山开展山岳型度假(会议)旅游产品,特别是玉龙山,是国家级森林公园,植被茂密,气候适应,适合休闲度假。

(4)乡村型度假(会议)旅游产品。重庆正在实施城乡统筹改革,乡村旅游是统筹城乡的方式之一,其发展前景广阔。

无论是何种类型的度假(会议)旅游产品,其产品设计都必须考虑目标市场的需求。当前,以家庭为单位的出游已成为一种趋势,因此我们在满足成年人旅游需求的同时,也必须满足儿童对刺激性、娱乐性、趣味性产品的要求。

(二)以大足石刻为中心,大足区旅游产品延伸开发策略

旅游产品延伸开发,是以某旅游产品的内涵为中心,通过多种方式展现这种内涵。它可以加深游客对某产品内涵的认识,提高体验质量。大足石刻旅游产品延伸开发,是指以大足石刻所承载的文化内涵为中心,通过其他多种方式立体展现其宗教内涵、艺术内涵等。大足石刻旅游产品的延伸开发,可以改变国内外观光游客在大足一日游的现状。

如图 7-6 所示,可以从以下从八个方面延伸开发大足石刻旅游产品:

(1)改造大足石刻艺术博物馆,由于观光游客的资金、时间和精力有限,不可能游览大足区所有的石刻,大足区众多石刻瑰宝仍在深闺中。大足石刻艺术博物馆,是把大足区众多的石刻艺术在有限的空间内以科技化、艺术化的方式集中向游客展示,让游客可以在短时间内对大

足石刻有全面而深入的了解。

(2)举办中国石刻艺术旅游节。旅游节庆是吸引游客、传播文化、树立形象的契机。大足石刻国际闻名,文化内涵深厚,可举办一年一度的国际性的旅游节。

(3)开发道、佛教养生餐饮。现代社会,人们越来越重视健康,道、佛教养生餐饮的开发,迎合这一需要,树立了大足旅游的特色。

(4)策划“千手观音”大型歌舞晚会,大手笔,定期演出,形成与“九寨沟藏羌民族歌舞晚会”“印象桂林”等同样的知名度。此项目的开发,可延长游客在大足的停留时间。

(5)建立石刻艺术旅游商品生产基地。旅游购物是大足区旅游产业结构的薄弱环节,此基地的建立,不但可以完善旅游产业结构,而且可以达到提高收益和传播文化的双赢效果。

(6)以“佛文化”包装影视基地。在龙水湖畔,正在建设影视基地,结合大足文化大县的地位,可以以“中国传统文化”和“佛文化”等包装景区,把深厚的文化内涵以动态的、参与性的方式表现出来,增强旅游活动的趣味性。比如把“一休”的家搬到影视基地;根据佛教的“前世、今生、来世”因果循环之说,可以制作一个游戏软件,教导人们今生行善积德。

(7)扩大观音香会的影响力。

(8)把大足区城建成中国知名的休闲文化县城。县城的建设应体现自然性、文化性和休闲性。

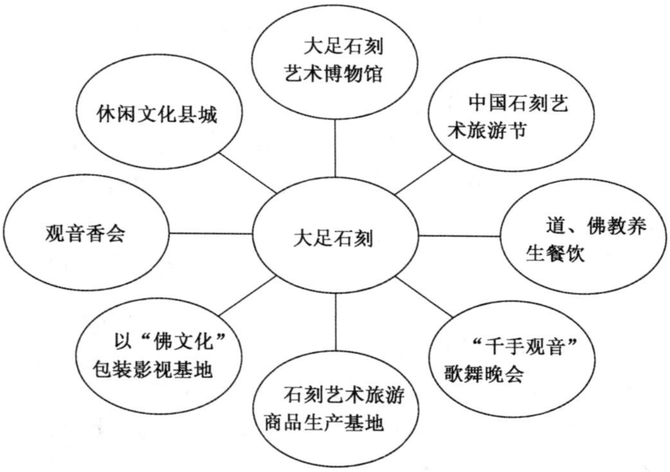

图7-6　大足石刻旅游产品延伸开发图

(三)大足区旅游产品空间整合开发策略

要延长游客在大足区的停留时间,除了进行旅游产品的延伸开发外,还可以进行旅游产品的空间整合开发。考虑到不同目标市场,其旅游者的行为规律是不一样的,对旅游产品的需求也是不一样的,因此,在谈旅游产品空间整合开发时,我们针对不同目标市场来谈,不同的目标市场其旅游产品的整合开发方式是不一样的。另外,我们从县内、重庆市内、成渝经济圈、国内四个层次讨论大足石刻旅游产品的整合开发。表7-2是大足石刻旅游产品县内整合开发计划。

大足石刻旅游产品县内整合开发计划表

表 7-2

旅游产品(线路)	目标市场
国际旅游线路:大足石刻(宝顶山、北山)—小五金之都(龙水镇)—西部影视基地(龙水湖、玉龙山)	国内、外观光旅游者
专项考察:宝顶山—北山—南山—石篆山—石门山—其他石刻	国内、外专项旅游者
度假、会议旅游:龙水湖和玉龙山(大足石刻作为配套支撑)	以市内度假、会议旅游者为主,国内为辅

建设一条国际知名的旅游线路:大足石刻(宝顶山、北山)—小五金之都(龙水镇)—西部影视基地(龙水湖、玉龙山)。这条线路的优势是:

(1)畅通的交通,区位优势强。

(2)高等级的旅游资源:大足石刻是世界文化遗产;重庆大足、浙江永康、广东阳江是"中国三大五金之乡",重庆大足龙水五金产业在20世纪90年代全国排名第一,现排名第五,五金产业历史悠久,发展工业旅游条件得天独厚;龙水湖是国家级水利风景区,玉龙山是国家级森林公园,西部影视基地在西部甚至在全国都有知名度。

(3)在这条线上打造"一个主中心,两个次中心",主中心是大足区城,两个次中心是宝顶镇和龙水镇。

(4)作为"轴线",带动大足区旅游发展。

因为"形象遮蔽"效应和游客最大化经济行为,国内、外观光游客仅选择宝顶山石刻和北山石刻游览,而放弃其他石刻。因此,对于大足区众多的石刻,包括被列为"世界文化遗产"的南山石刻、石篆山石刻、石门山石刻,我们从专项旅游的角度进行整合。

把龙水湖—玉龙山风景区建设成为重庆市著名的度假、会议旅游胜地。其优势为:

(1)资源等级高,环境质量好;

(2)旅游产品组合好,有温泉和影视基地;

(3)交通便利,离主城区近;

(4)可以借"大足石刻"品牌发展,同时大足石刻为其配套旅游产品。这在国内是有先例的,如九寨天堂国际会议度假中心借"九寨沟"而发展。

对于重庆市来说,传统的精品旅游线路是:大足石刻—重庆都市—长江三峡,现在要在全国打造另一条旅游线路:大足石刻—重庆都市—武隆喀斯特地貌。表7-3为大足石刻旅游产品重庆市内整合开发计划。

大足石刻旅游产品重庆市内整合开发计划表

表 7-3

旅游产品(线路)	目标市场
传统线路:大足石刻—重庆都市—长江三峡	国内、外观光旅游者
重庆世界遗产之旅:大足石刻—重庆都市—武隆喀斯特地貌	国内、外观光旅游者
周边区县整合:大足石刻—茶山竹海、卫星湖、黄瓜山;大足石刻—双桂堂	重庆市内旅游者

成都、重庆为全国统筹城乡综合配套改革试验区,优化配置城乡资源,形成合力,追求效益最大化,是试验区的任务之一。目前,一个以成都、重庆试验区为双核心,囊括德阳、绵阳、合川、江津、大足等37个区市县的"椭圆城市群"正在逐步形成。大足地处成渝之间,区位优势明显,旅游资源丰富,如何在川渝经济圈寻找新的发展机会成为了大足旅游发展的重要课题。规划中的成渝客运专线通车后,成都到重庆只需1个多小时,交通的便利使旅游市场一体化,同时也为重庆和四川旅游资源在国内、外市场进行整合提供了契机。表7-4为大足石刻旅游产品川渝经济圈整合开发计划。

大足石刻旅游产品川渝经济圈整合开发计划表 表7-4

旅游产品(线路)	目标市场
宗教旅游:大足石刻—重庆—成都—乐山大佛—峨眉山; 大足石刻—重庆—成都—川西藏传佛教	国内、外观光旅游者
世界遗产之旅:大足石刻—重庆—成都—黄龙—九寨沟	国内、外观光旅游者

中国北方有"四大石窟",即甘肃敦煌的莫高窟、山西大同的云冈石窟、河南洛阳的龙门石窟和甘肃天水的麦积山石窟。这些石窟开凿于3世纪,盛于5~8世纪,它们各有特点,如敦煌的壁画、麦积山的泥塑等。相比北方的"四大石窟",大足石刻形成较晚,时间是9~13世纪,是中国石窟艺术建设史上最后一座丰碑,有"北敦煌、南大足"之说。因此,可以将国内的石窟艺术景点整合起来,以时间为线索,向国内、外专项旅游者展示中国佛教艺术历史画卷。表7-5为大足石刻旅游产品国内整合开发计划。

大足石刻旅游产品国内整合开发计划表 表7-5

旅游产品(线路)	目标市场
石刻艺术追踪之旅:大足石刻—龙门石窟—云冈石窟—敦煌石窟—麦积山石窟	国内、外专项旅游者
宗教之旅:大足石刻—双桂堂—峨眉山;乐山大佛—梵净山	国内、外专项旅游者

湖泊旅游资源具有相似性,因此客观上存在相互竞争,他们之间的整合开发只能在考虑资源等级、资源组合及区位条件的基础上,定位不同的目标市场上,并且在产品上做到差异化开发。表7-6为大足区六大湖泊整合开发计划。

大足区六大湖泊整合开发计划表 表7-6

旅游产品(线路)	目标市场
龙水湖:①度假、会议旅游目的地; ②国际旅游线路:大足石刻(宝顶山、北山)—小五金之都(龙水镇)—西部影视基地(龙水湖、玉龙山)	①市内著名度假、会议胜地; ②国内、外知名旅游线路
化龙湖:配合宝顶山石刻,体现文化性、参与性	国内、外旅游者
跃进湖、上游湖、玉滩湖、响水湖:县内观光、度假、会议胜地	以县内旅游者为主,市内为辅

本章思考题

1. 旅游是旅游产品吗？旅游产品的构成要素是什么？
2. 旅游产品的策划应遵循哪些原则？
3. 举例说明旅游产品的策划应考虑哪些因素？
4. 试论述旅游产品策划的过程。
5. 试论述旅游产品组合的广度、深度与集聚度。
6. 什么是 RMP 分析法？试举例说明。
7. 什么是旅游产品策划的“双筛法”？试评论这种方法。

第八章 旅游规划的市场分析及营销创意

教学目标与内容

旅游营销规划是打开旅游客源市场的一把钥匙，属于旅游规划与开发的核心内容。了解并掌握旅游市场营销环境分析的宏观要素和微观要素，理解并实际操作旅游市场调研的步骤和方法，掌握旅游市场细分的原则、标准和选择目标市场的方法，利用市场营销组合理论指导区域旅游营销规划及工作。

在地方旅游发展规划中，旅游市场营销对旅游目的地开发的成败有着十分重要的影响，因为只有通过旅游市场营销，才能让潜在顾客了解到旅游目的地的相关情况，从而吸引并刺激他们前来参观游览。所以，在整体旅游发展规划中，旅游市场营销规划是其中非常重要的一个部分，而且它和旅游产品的开发具有密切的联系。世界旅游组织认为市场营销规划包括确定营销目标、构建营销战略、编制并实施促销计划、提供旅游信息服务四个方面的内容。实际上，旅游市场营销是一个系统工程，从对环境条件的分析，然后进行旅游市场细分，并在此基础上选择目标客源市场，到进行旅游市场定位，对即将开发的旅游产品和旅游项目进行决策，无一不渗透到旅游发展规划中。格里芬曾说过，旅游目的地营销就是一种旅游规划的理念和技术，强调旅游市场营销与旅游规划的统一。为了做好市场营销规划，就必须进行旅游市场细分，准确选择目标市场，准确进行旅游市场定位，并选择恰当的市场营销组合策略。

第一节 旅游市场分析及调研

一、旅游市场营销环境分析

旅游发展宏观环境代表着整个旅游市场的发展潜力。它包括国家和地方旅游发展政策；世界和本国旅游安全环境、世界及本国和旅游目的地区域旅游市场发展潜力。旅游市场发展潜力可以由权威机构如世界旅游组织、国家旅游组织、行业协会组织发布的市场发展总量规模、增长速率、旅游流量与流向、市场结构、消费趋势等内容构成。

旅游市场营销环境由宏观环境和微观环境构成，是影响其生存和发展的外部条件。宏观环境指影响微观环境的一系列巨大的社会力量，主要是人口、经济、政治法律、科学技术、社会文化及自然地理等因素。微观环境受宏观环境的影响，直接影响旅游企业营销能力的各种参与者，由旅游资源供应者、旅游中间商、旅游者、竞争对手以及社会公众构成。微观环境直接影响与制约旅游企业的营销活动，大多与企业具有或多或少的经济联系，也称直接营销环境。宏观环境因素与微观环境因素共同构成多层次、多因素、多变的旅游企业市场营销环境的综合体。因此分析市场环境可以帮助我们了解市场营销的机会和风险，进而适应市场环境，发掘市场机会，开拓新的市场。在旅游企业营销战略及营销计划的制定中，营销环境分析又是必不可少的一个环节。

（一）宏观环境分析

旅游市场营销宏观环境是影响旅游企业运作的外部大环境，它对企业营销活动的成败有着极大的影响。旅游从业人员必须根据宏观环境中的各种因素及其变化趋势来调整和制定自己的营销策略以达到市场营销的目的。宏观环境包括人口、地理、经济、政治法律、文化、社会及技术等因素，具体内容见表8-1。

旅游市场营销宏观环境分析表 表8-1

政治法律因素	政府对旅游发展的态度、制定的政策法律和政治氛围以及社会稳定状况
文化因素	教育水平、宗教信仰、审美观念、价值观念、道德规范、风俗习惯等
社会因素	相关群体、家庭、地位阶层等
经济因素	包括经济规模、经济发展阶段、货币汇率和外贸收支状况
人口因素	人口数量、人口结构、人口地理分布
地理因素	自然地理、经济地理、交通地理和旅游地理
技术因素	运用新技术可以提供竞争优势、技术对消费者的影响

（二）微观环境分析

旅游市场的微观环境主要包括旅游企业的供应商、中间商、消费者、竞争者和公众等因素。微观环境虽然与宏观环境一样都是企业外部因素的集合，但它与宏观环境是有区别的。一是微观环境比宏观环境对旅游企业的市场营销的影响更为直接。构成旅游企业微观环境的各种力量与企业形成了协作、竞争、服务、监督等关系，影响着企业为目标市场服务的能力。二是微观环境中的一些因素，企业经过努力可以程度不同地加以控制。

1.旅游供应商

供应商是指向旅游企业提供旅游产品生产上所需的资源的企业和个人，包括提供原材料、能源、设备、劳务、资金等。旅游供应商对企业市场营销活动产生直接的影响并制约着营销计划的制订和实施。其影响主要表现为：供货的稳定性与及时性；供货的价格变动性；供货的质量稳定性。为了保证资源的供应，进而保持和增强企业的市场竞争能力，旅游企业通常都会尽可能地与供应商建立稳定、良好的合作关系；为了避免过分依赖单一的供应商，导致生产和营销业务出现受制于人的被动局面，旅游企业也会尽可能地从多方面获得供应，以降低或避免供应风险；如果条件许可且有必要，旅游企业也有可能采取后向一体化的策略，自己生产原来需要外购的主要旅游产品，以增强对生产和营销业务的控制能力。

2. 旅游中间商

旅游中间商是在旅游生产者与旅游者之间，参与商品流通业务，促使买卖行为发生和实现的集体和个人，包括经销商、代理商、批发商、零售商、交通运输公司、营销服务机构和金融中间商等。这些旅游营销中间商一方面要把有关产品信息告知现实和潜在的旅游者；另一方面又使旅游者方便地克服空间障碍获得旅游产品。

旅游中间商购买旅游产品的目的主要是在转卖过程中获取利润。在旅游界，旅游中间商是一批旅游专门人才，他们的工作人员一般都受过旅游专业训练，懂业务，有经验，最了解市场，也能掌握顾客的心理。他们能够给顾客提供最有价值的信息，帮助顾客选择最理想的旅游产品。这些特点决定了中间商对旅游产品的挑剔性，但从某种意义上来说，中间商可以帮助旅游产品供给者提高产品的质量。旅游营销活动一定要审慎选择好中间商。要选中间商，首先要对自己有清楚的了解，市场需要什么，自己的营销目标是什么，需要哪些旅游商品，质量标准如何定位，数量多少，产品的市场重点在哪里，进入市场的策略是什么等。在了解自己的基础上，寻找自己需要的中间商，在选择过程中，要注意中间商的人员素质、劳务费用、履行职责效果和对中间商的可控程度。旅游企业要提高旅游产品的规格和质量必须得重视中间商的作用。旅游企业可以根据中间人的组团能力、企业规模、计划销售、计划预订人、汇款情况等因素，有区别地对待并实行优惠措施。

3. 旅游者

旅游者是旅游企业直接营销环境中最重要的因素，它是旅游企业产品的最终购买者或消费者。因此，必须把满足旅游者的需要作为企业经营的出发点和归宿。是否满足旅游者的需要决定了市场营销的成败。在旅游市场营销规划中，很重要的一个内容就是对旅游者进行调研，以收集一手资料，充分把握旅游者需求状况和规律，真正贯彻旅游规划以市场为导向的原则。对旅游者调研的具体内容包括人口规模及构成（包括客源地构成、性别构成、职业构成、学历构成、收入构成、年龄构成、家庭结构构成）、消费水平、消费构成、旅游目的、停留时间、出游率、旅游形式、交通方式、旅游决策信息渠道来源、对旅游接待地的满意程度等。

4. 竞争对手

旅游企业在市场上，只要不是独家经营，便有竞争对手，如果再考虑到替代产品，则企业也会存在广义上的竞争对手。旅游企业竞争对手的状况将直接影响该企业的营销活动，因此，旅游企业在制定营销决策前必须要搞清楚竞争企业的数目、竞争企业的规模和能力、竞争企业对竞争产品的依赖程度以及竞争企业的营销策略等问题。每个企业都面临四种类型的竞争者，这是从消费需求的角度划分的，即愿望竞争者、普通竞争者、产品形式竞争者和品牌竞争者。不同类型的竞争对手，与旅游企业形成了不同的竞争关系。这些不同的而且不断变化着的竞争关系，是企业开展营销活动必须考虑的重要制约力量。

在同行业竞争中，行业集中度、产品差异性、行业进入壁垒是三个需要重视的方面。行业集中度指一个行业中最大的几家企业占有的市场份额之和，反映了一个行业的垄断程度。如果行业集中度很高，则说明少数旅游企业占有了大量市场份额，因此新进入者会面临很大的挑战。产品差异性是指同一行业不同企业同类产品的差异程度。消费者所能察觉到的这种产品差异使其在同类产品中具有特色，相互区别，实际上体现为一种竞争关系。例如，推出同一线路，导游的素质以及成本价的高低，都会使不同旅行社有不同的竞争力。行业进入壁垒指某个新企业在试图进入某行业时所遇到的困难程度。不同的行业，进入的困难程度是不同的。一般来讲，在进入壁垒高的行业中，价值与利润往往较高，竞争相对较弱；而在进入壁垒低的行业中，价值与利润水平相对会低一些，竞争会较为激烈。进入旅游业相对容易，其投资不高，技术也不复杂，上马投产周期不长，但其获利程度比难进入性行业相对低一些。

5. 社会公众

公众，是指对一个组织实现其目标的能力有实际的或潜在的兴趣或影响的任何团体。由于旅游企业的营销活动必然会影响公众的利益，因而政府机构、融资机构、媒介机构、群众团体、地方居民等公众必然会关注、监督、影响、制约旅游企业的营销活动。旅游企业的公众按不同的组成可分为以下七种：金融公众，是指那些可能影响企业取得资金能力的任何集团，其中包括银行、投资公司、证券经纪行和股东等；媒介公众，是指那些有广泛影响的大众传播媒介，如报纸、杂志、电台和电视台等宣传机构或组织；政府公众，是指与企业一切经营管理活动有关的各级政府机构；市民行动公众，是指与企业营销活动有关的群众性团体或组织，如消费者协会、环境保护组织等；地方公众，是指企业附近的居民群众、地方行政官员等；一般群众，包括顾客和非顾客；企业内部公众，包括企业董事会、经理、职工等人员。

二、旅游市场调研

（一）旅游市场调研的内容与步骤

从经济学理论角度看，旅游市场是旅游产品供求双方交换关系的总和。概括地讲，它是指旅游供需关系的总和。旅游供需关系错综复杂，因此了解区域市场特征、消费者的市场需求及发展趋势，是旅游规划成功的前提。

旅游市场调研的内容广泛，调研方法也很多，在此仅从旅游规划角度进行一些基本的阐述。旅游市场调研主要是针对旅游供需两方面的调查，即旅游目的地供给调研和旅游市场需求调研。

旅游目的地供给调研包括以下主要内容：旅游资源的类型及特质；旅游资源的价值和功能；旅游资源地域组合及区位条件；旅游资源密度及容量等。通过调研找出旅游目的地资源的优势因素和劣势因素，从而找出旅游目的地的个性、差异和特色，由此构成产品设计的要素。规划的质量在于对劣势、不利因素和制约因素的剖析，结合实际情况，按实事求是和易于操作原则，探求扬长避短之策。

旅游市场需求调研的目的主要是了解实际和潜在的顾客需求、兴趣爱好及经济能力、闲暇时间、出游方式、消息接受渠道和景观偏好等，内容主要包括旅游者的旅游动机及目的，旅游者的消费行为及心理，旅游者对旅游目的地的印象、期望和消费后的评价等。

一般来说，旅游市场需求调查包括以下六个步骤：明确调研目的；设计调研的方案；设计数据收集的方式方法；样本设计和确定数据误差；数据整理和分析；整理调研报告。

(二)旅游市场调研的方法

目前,旅游规划编制单位常用的调研方法有:

1. 原始资料统计分析法

消费者在旅游目的地消费会留下一些凭证或资料。如旅行组团资料、酒店入住资料、点菜菜单等。将一定时期内的投诉、消费习惯、消费金额和连带性消费等资料进行统计分析,了解其消费、需求特征。

2. 官方统计资料收集

包括旅游接待系统和旅游行政部门的统计资料。这些统计数据具有权威性和综合性,便于规划者较为全面地了解旅游市场状况。

3. 意见反馈法

以面谈、信函或电话随机抽样等形式了解旅游者的感受、评价、批评或意见。意见反馈的对象不局限于旅游者还可以是各类旅游企业的工作人员,通过大范围综合收集资料以掌握市场情况,便于旅游产品的设计和改进。

4. 现场观察调查法

调研人员到景区、饭店、餐厅、旅游商店、娱乐场所、机场、码头等游客集散地进行目测,实地掌握旅游者的流向、流量、对旅游地的兴趣和逗留状况等。

5. 座谈会

旅游规划的市场调研往往以文献资料、公开发布的统计数据为主,辅之以费用较低的座谈讨论、电话随机访问和旅游景区的顾客意见征询。其中,中介商参加的座谈会成本低、信息量大。世界旅游组织推荐的海南旅游发展规划专家小组分别在北京、上海、广州召开旅行社负责人座谈会,基本掌握了消费者来海南的目的、消费额、逗留时间、出游方式以及对海南的评价和对今后产品开发的期望。

6. 问卷调研

根据调查目的,设计一系列的问题,让旅游者解答,以充分了解其经济社会特征和心理动态,经分析、归纳后,确立目标群体和确定产品深度开发、新产品试制和市场开拓机会。

第二节　旅游市场细分

一、旅游市场细分的含义

旅游市场细分,即按照旅游产品购买者的需要和欲望、购买态度、购买行为特征等不同因素,把整个旅游市场划分为若干个不同的旅游购买者群体。同一旅游细分市场中的旅游购买者有某种或某些共同的特点，他们之间的需求差别很小；而在不同的旅游细分市场之间，旅游消费者的需求则存在着比较明显的区别。

二、旅游市场细分的原则

为了能从市场细分中获得最大的利益，在进行市场细分时应当遵循以下原则：

1. 可衡量性原则

指通过市场细分后的各细分市场必须具有明显的差异性，并能估算出各个细分市场的潜在规模和购买力，为制定营销策略提供可靠的依据。

2. 可进入性原则

指细分后的市场是旅游区、旅游目的地和旅游企业通过有效的营销推广能够进入、占有的。比如，我国河北沿海旅游度假胜地成功地开发了俄罗斯市场，俄罗斯度假游客持续增长。

3. 可盈利性原则

指细分市场应有一定的规模和潜力，使旅游区、企业能够获得较理想的利润。比如，沿海度假区开拓日韩高尔夫爱好者市场可盈利，但如想细分并占有日本温泉客源市场就有困难，因为日本温泉很多，单为泡温泉不必跨海。

4. 稳定性原则

旅游市场细分是一项耗时耗钱耗力的复杂工作，因此要求细分后的市场应具有相对的稳定性。

三、旅游市场细分的标准

1. 地理变量

旅游企业根据旅游消费者所在的地理环境、地形气候、空间位置等变量细分市场。由于地理因素是消费者的生存环境，与消费者的需求有较大的相关性，因而消费者的需求因地理位置不同而有较大的差异。在旅游规划中，最常见的旅游市场细分方式是按区域把整体市场分为一级市场、二级市场和机会市场。一级市场为旅游目的地的主要市场，通常为2～3个市场区域，占旅游目的地总接待人数的40%～60%。二级市场占旅游目的地总接待人数的相当比例，可包括3～4个市场区域，潜在需求还未完全转化为现实需求。三级市场也称机会市场，指旅游目的地计划新开拓的市场，目前到旅游目的地旅游人数较少，但增长速度快。

2. 人口变量

人口细分是将市场按年龄、性别、职业、家庭规模、婚姻状况、收入、受教育程度、宗教信仰、种族、国别等为依据划分为不同的群体。由于人口变量较其他变量更容易衡量和区别，它与消费者的欲望、偏好、文化习惯及产品使用率等都密切联系，因此成为区分消费者群的常用依据。一般来说，根据人口变量细分旅游市场通常选取以下标准：

(1)年龄、性别与家庭生命周期。这三个变量因素不仅能从生命活动过程和生理上直接影响旅游需求,而且还能通过影响旅游者的收入和社会角色等因素间接影响旅游需求。

(2)收入、职业、受教育程度与社会阶层。由于家庭可自由支配收入是实现旅游活动最重要的限制性客观条件之一,而且收入水平的高低直接影响旅游消费水平和消费结构,以消费者收入水平细分旅游市场具有较为普遍的意义。

3. 心理变量

根据消费者的生活方式、性格特征、态度、兴趣和动机等心理特征细分市场。消费者实现旅游活动的主观条件,根本上还在旅游动机,而个人的心理特征在形成旅游动机上起着首要作用,因而能够更准确地区分细分市场的特征。即使是同一细分市场的消费者群体,由于心理特征的差异,对同类产品的偏好和态度也会存在不同。

4. 行为变量

按消费者不同的购买动机、偏好程度、使用频率及消费行为特征细分市场。由于消费者的行为将决定消费最终是否实现,因而成为细分市场至关重要的出发点。下表8-2为旅游市场细分一览表。

旅游市场细分一览表 表8-2

细分变量	细分市场	
地理变量	地理区域	欧洲旅游市场、美洲旅游市场、东亚太旅游市场、南亚旅游市场、中东旅游市场、非洲旅游市场、海外旅游市场、国内旅游市场 一级市场、二级市场、机会市场
	空间位置	远程旅游市场、中程旅游市场、近程旅游市场
人口变量	年龄	少儿旅游市场、青年旅游市场、中年旅游市场、老年旅游市场
	性别	男性旅游市场、女性旅游市场
	收入	高档旅游市场、中档旅游市场、低档旅游市场
心理变量	生活方式	传统型、新潮型、简朴型、奢侈型、潇洒型、高雅型
	性格	内向型、外向型
行为变量	购买动机	观光游览旅游市场、商务会议旅游市场、文化科技旅游市场、探亲访友旅游市场、休闲度假旅游市场和其他旅游市场
	购买数量	团体旅游市场、散客旅游市场
	购买时间	淡季旅游市场、平季旅游市场、旺季旅游市场
	购买次数	初次购买者、多次购买者
	行为特征	理智型、冲动型、积极型、猎奇型、享受型

四、旅游市场细分的步骤

根据国际市场营销学家的普遍看法,市场细分的程序一般由以下七个步骤组成:

第一步,选择应研究的产品的市场范围。在选择产品的市场范围时,应考虑自身所具有的资源和能力,还须以旅游市场需求为基础,但不由旅游产品的特性决定,选择的市场范围不宜过大,也不应过于狭窄。

第二步,列出这一范围内所有潜在消费者的全部需求。在选定产品市场范围的前提下,尽快尽可能全面地列出顾客的需求,对市场上刚开始出现的需求要特别重视。

第三步,分析可能存在的细分市场。通过了解不同的消费者需求,分析可能会存在的细分市场。在分析时,企业至少要考虑到消费者的地区分布、人口特征、购买行为等方面的情况,并据以往的经营经验做出估计和判断。

第四步,确定在细分市场时所应考虑的因素。对各个可能存在的细分市场,企业应分析哪些需求因素是重要的,然后删除那些对各个细分市场来说都是重要的因素,选择具有鲜明特征的需求作为市场细分的标准。

第五步,为各个可能的细分市场确定名称。根据各个细分市场消费者的特点,确定不同细分市场的名称。

第六步,进一步分析各细分市场的具体特点。尽可能深入了解各个细分市场的需求,以便深入理解这些细分市场消费者的购买行为,以及他们为什么会有这些购买行为。

最后,评估各细分市场。把各个细分市场与人口地区分布和其他有关消费者的特征结合起来,然后分析各细分市场的规模和潜力,这有助于企业确定目标市场。

第三节　旅游目标市场的选择及定位

一、旅游目标市场的选择

1. 旅游目标市场的概念

旅游目标市场是指旅游企业在市场细分的基础上,根据自身的资源和条件,选择作为经营目标的市场,或进行营销活动所要满足的市场需求。旅游企业只有准确无误地选择了目标市场,并据此制定出相应的营销策略,才能在激烈的市场竞争中胜出。

2. 选择旅游目标市场的过程

旅游目标市场的选择有两个环节:首先是评估各细分市场。通过对各细分市场的规模和增长率、细分市场的结构吸引力、旅游企业自身的营销目标和企业资源等方面的分析评估,把握最佳的市场机会,决定细分市场的取舍。第二个环节是选择目标市场。在对细分市场分析评估的基础上,旅游企业应根据一定的原则选取其中的一个或几个作为目标市场。

3. 旅游目标市场营销策略

旅游目标市场营销策略有以下三种:

一是无差异市场营销策略:指旅游企业不考虑市场内消费者的潜在差异,将整个市场视为一个同质的目标市场,不进行市场细分,只以单一的产品,运用单一的市场营销组合,力求适合尽可能多的消费者的需求,为整个市场服务。

二是差异营销策略:旅游企业推出多种产品或服务,同时为几个细分市场提供服务,针对不同细分市场的需求特点设计不同的产品，并采取相应不同的市场营销组合策略。

三是集中营销策略：也称为密集性营销策略，旅游企业将自身的资源和营销集中在某一个或少数几个细分市场上，制定一套营销方案，实行专业化生产和销售，使旅游企业在目标市场上占有较大的市场份额。

二、旅游市场定位

1. 旅游市场定位的含义

所谓旅游市场定位就是确定企业在目标市场上的位置，具体地说，就是要在目标顾客心目中为企业的产品或服务创造一定的特色，树立一定的市场形象，以求在顾客心目中形成一种特殊的偏爱。

2. 旅游市场定位的过程

旅游市场定位一般分为以下几个步骤：

首先是确定定位的层次。旅游目的地一般应考虑三个层次的定位：组织定位、产品线定位和单一产品定位。

其次是确定产品和服务的特征。即根据目标市场的需要选定能够使本企业产品或服务区别于竞争对手的产品或服务的特征，为每一种品牌的产品选择一种比较适当的特征或属性并专注于此主题。

再次确定定位位置。即确定目前产品在市场定位图上的相对位置，据此可以判断并分析自己的产品与竞争对手的产品的相对位置，从而更好地了解竞争产品之间的相似性和差异性。

第四步为定位选择。最终的市场定位主要应从以下三种类型中进行选择：强化与竞争对手的现有位置，可以避免和竞争对手的正面冲突；针对市场需要重新定位，但不能脱离目标市场的需要；回避定位，企业定位于市场空白点，开发并销售目前市场上还没有的某种特色产品，以开拓新的市场领域。

最后是市场定位的实施。市场定位的最终确立是通过企业各部门、员工以及市场营销活动与目标市场的互动过程完成的，因此，企业的市场营销活动、对客服务过程和内部运营制度都要根据市场定位策略来制定和实施。

3. 旅游市场定位的方法及战略

(1)旅游企业定位的方法

关于旅游企业定位的方法，美国旅游营销学者曾提出5Ds模型：(Document，Decide，Differentiate，Design，Deliver)即识别需要，决定形象，辨别优势，传递设计，落实承诺。

(2)旅游企业定位的原则

旅游企业定位最主要的原则就是差异化原则。一般来说，旅游企业可以通过产品差异化、服务差异化、人员差异化等创造出自身的特色，形成竞争优势。此外，旅游企业定位还须考虑垄断性，这样才不易被竞争对手模仿；传播性，易于被大众媒介所传播；盈利性，易于产品的销售。

(3)旅游市场定位战略

根据自身的市场地位,旅游企业的市场定位战略有以下几种选择:市场领先战略、市场挑战战略、市场追随战略、市场利基战略。

第四节 旅游市场营销组合

一、旅游营销组合的概念

营销组合指企业为达到在目标市场上所追求的销售水平而采用的可控性营销变量的组合。同样,旅游目的地为了实现旅游地整体在市场上的销售利润,也要组织营销。其营销组合的四个基本变量分别为产品(Product)、价格(Price)、渠道(Place)和促销(Promotion)。由于这四个变量的首个字母都是"P",再加上策略(Strategy),故简称"4Ps"。

目前,有各种类型的营销组合出现,它们都是在"4Ps"的基础上进行变化的。1981年,布姆斯和比特纳对既有的营销组合理论进行修正,提出了服务业的营销组合框架的"7Ps",包括产品、价格、促销、渠道、人、有形展示和过程等。在上述"7Ps"中,人、有形展示和过程都是构成旅游产品的必要因素,将这些因素单独提出是为了强调它们的特殊性和重要性。与物质商品一样,旅游产品营销管理决策的核心也是"4Ps",换句话说,旅游规划与开发的市场开发组合同样围绕"4Ps"来展开。

二、旅游市场营销组合策略

(一)旅游产品策略

适销对路的旅游产品是旅游地和旅游企业之所以能够生存和发展的根本,也是旅游市场营销组合的基础和支柱,因为旅游产品策略直接涉及旅游者需求与欲望的满足。旅游产品策略主要包括旅游产品生命周期策略、旅游产品组合策略、旅游新产品开发策略等。

1.旅游产品生命周期策略

旅游产品的生命周期是指旅游产品从投放市场,经过成长期、成熟期到最后被淘汰出市场的整个过程。理论上,旅游产品生命周期可分为介绍期、成长期、成熟期和衰退期四个阶段。产品生命周期理论的意义在于:一是使自己的产品尽快、尽早地被旅游市场消费者所接受,缩短产品在市场的导入阶段;二是尽可能保持和延长产品的成熟期,推迟旅游产品衰退期的到来;三是针对市场需求及时更新换代,尽量做到人无我有,人有我特,人多我好,人好我转,在市场竞争中处于有利地位;四是研究每一产品的需求情况,使旅游产品适销对路。为此,旅游企业要善于把握产品在生命周期不同阶段的特点,采取相应的营销策略,来满足宾客需求,促使企业经营利润最大化。

2. 旅游产品组合策略

旅游产品组合策略是根据旅游区的经营目标、资源条件、市场需求、竞争状况和目标市场需求，对产品组合的宽度、深度以及关联度进行选择决策，以使组合最优。在一般情况下，拓宽旅游产品组合的宽度有利于充分挖掘旅游区的潜力，增强旅游区竞争能力，提高经济效益同时分散经营风险；加深旅游产品组合深度可占领更多同类旅游产品细分市场，满足多层次旅游者需求；增强旅游产品系列关联度可更充分利用旅游资源，利于旅游区经营。通常用到的旅游产品组合策略有：扩大旅游产品组合策略、缩小旅游产品组合策略、改进现有旅游产品策略、高档旅游产品策略和低档旅游产品策略。

3. 旅游新产品开发策略

为使旅游新产品开发尽可能取得成功，旅游区必须根据旅游市场需求、竞争态势和自身的经营实力，选择开发旅游新产品的策略。可供选择的新产品开发策略有独创策略、仿制策略、改进策略、扩大策略和合作开发策略等。此外，建设品牌、实施品牌塑造战略是提高旅游地竞争力的一条重要途径。品牌对于旅游地而言是一笔不可估量的无形资产，品牌经营的成功与否直接关系到旅游地的命运。创立品牌、推广品牌、加强品牌的管理与维护、促进品牌创新是旅游地旅游产品营销的重要组成部分。

（二）旅游价格策略

1. 旅游价格概念及定价原则

旅游价格是旅游产品价值的货币表现，是反映生产旅游产品的劳动耗费量和该旅游产品效用程度的重要标志。旅游价格可分为单项旅游价格和旅游包价。

一般认为，旅游价格必须遵循以下原则：一是旅游产品的价格必须反映旅游产品的价值，旅游价格的制定必须以旅游者满意为准则；二是旅游价格必须适应市场需求；三是要合理安排旅游产品各服务项目之间的比价关系；四是旅游价格的制定要符合国家政策的要求；五是旅游价格的制定要相对灵活，根据情况采取多种价格形式，但在一定时期内同一价格要保持相对稳定。

2. 旅游价格定价目标

利润导向定价目标：是目标收益率方面的目标，可以是获取占营业额一定百分比的收益，也可以是获得一定的投资收益率，还可以是获得一定数额的利润。追求最大利润，这并不一定等于最高价格，为了争取顾客，可以在短期内采用低价薄利的策略，或牺牲局部利润争取整体最高利润。获得满意利润，价格的制定以获得令人满意的利润为目标。

营业额导向定价目标：增加营业收入，即定价的目标是增加销量和营业收入；保持市场份额，定价目标是保持与本企业规模和声望相适应的市场占有率；增加市场份额，以增加市场份额甚至控制整个市场为定价目标。

以保持现状为定价目标：应付或避免竞争，仿制比竞争对手稍低或稍高一点的价格；非价格竞争，强调通过产品促进销售、开拓营销渠道、提高产品质量等方面的活动，避免与竞争对手进行价格竞争。

3. 旅游产品定价方法

旅游产品常用的定价方法有三种：成本导向定价法、需求导向定价法和竞争导向定价法。成本导向定价法，以旅游产品的总成本（变动成本+固定成本）为基础的定价法，主要包括成本加成定价法和目标收益率定价法。需求导向定价法，即根据旅游者对旅游产品价值的认可程度来定价的方法，常见的有理解价值定价法和区分需求定价法。竞争导向定价法是以旅游市场竞争对手的价格为依据的定价法，主要考虑竞争对手的价格而非己方成本和市场需求，常用的有率先定价法和随行就市定价法。

4. 旅游产品定价策略

旅游产品定价时要讲究一定的技巧，灵活运用定价技巧可以提高旅游产品的吸引力，增强竞争力，继而扩大旅游产品的销售和市场占有率。

新产品定价策略：新产品能否顺利进入目标市场，在激烈竞争中拔得头筹并为以后占领市场打下基础对旅游企业营销和可持续发展具有重要意义。可供选择的定价策略主要有撇脂定价和渗透定价。

心理定价策略：是指利用消费者对价格的心理反应，刺激消费者购买产品或服务。

招徕定价策略：即利用旅游者对低于一般市价的产品感兴趣的心理，将某些产品或服务用低价、减价的办法吸引消费者，借机扩大销售，打开销路。通常的做法是廉价出售某些产品，吸引顾客在购买这些产品的同时，再购买其他产品，或在产品滞销时采用特别减价的方式进行销售。

折扣定价策略：这是一种在交易过程中把一部分价格转让给购买者，以争取更多的顾客的策略。一般有数量折扣、季节折扣、现金折扣和同业折扣。

差别价格策略：就是相同的旅游产品以不同的价格出售的策略，目的是通过形成若干个局部市场以扩大销售，增加利润，有地理差价、时间差价、质量差价和批零差价。

（三）旅游销售渠道策略

1. 旅游销售渠道的概念和类型

旅游销售渠道又称为分销渠道或通道，是指旅游产品从旅游生产企业向旅游消费者转移过程中所经过的一切取得使用权或协助使用权转移的中介组织或个人。简单地说，就是旅游企业把旅游产品销售给最终消费者的途径。

旅游销售渠道有直接间接、长短、宽窄、单多渠道之说。直接销售渠道是指旅游企业在市场营销活动中，不通过任何旅游中间商而直接把旅游产品销售给最终消费者的营销方式；而间接销售渠道是指旅游企业通过旅游中间商把旅游产品销售给最终消费者的营销方式。旅游产品从生产者手里脱手，直到旅游者购买产品，整个过程的中间环节或中间层次的多少，称为销售渠道的长度，中间环节越多，销售渠道越长，反之销售渠道越短。销售渠道的宽度是指一个时期内销售网点的多少、网点分配的合理程度以及销售数量的多少；所谓的宽渠道，就是使用的同类旅游中间商较多，旅游产品在市场上的销售面较广，适合于一般化、大众化的旅游产品销售；反之就是窄渠道，适合于专业性较强、费用较高的旅游产品销售。

2. 旅游销售渠道策略

(1)影响旅游销售渠道决策的因素分析

旅游企业在选择销售渠道时,会受到各种因素的影响和制约,所以必须在充分考虑这些影响因素的前提下对可供选择的销售渠道进行评估和决策。这些影响因素有:产品因素,包括产品的寿命周期、产品的价格、产品的复杂程度和新颖性等;市场因素,包括旅游者方面的因素如市场面、消费习惯和地理分布等,中间商方面的因素有中间商的性质、功能及其对各种产品的销售服务等;竞争者因素,有两种做法,或是在竞争对手销售渠道的附近设立销售点,贴近竞争,以优取胜(正位渠道竞争),或是避开竞争对手的销售渠道,在市场的空白点另辟渠道(错位渠道竞争);企业自身的因素,包括企业的产品组合的广度和深度、企业的经营实力如资金、形象、声誉、影响和企业的管理能力等;环境因素,各种社会、政治、经济、自然环境的特征与变化也会对企业销售渠道的决策产生影响。

(2)旅游销售渠道策略

首先确定销售渠道的目标,这可以从以下几方面来分析:旅游产品的种类、数量和质量如何?旅游企业的目标市场在哪里?市场需求如何?消费者购买产品的动机和方式是什么?市场结构如何?竞争状况怎样?市场变化和产品发展趋势如何?产品的市场重点在哪里?进入市场的策略是什么?企业的销售额和利润目标是多少?

直接销售渠道或间接销售渠道的决策:直接销售渠道有利于直接获取消费者信息,有助于提高旅游产品质量,有助于控制旅游产品的成熟过程和程度,有助于旅游企业的形象;但有时成本太高而收益却很少,销售的旅游产品种类有限,消费者选择的余地不大,销量小,而且不稳定。间接销售渠道则相反,旅游市场拓展的可能性加大,但企业对产品销售的控制力和信息反馈的清晰度较差。一般来说,企业实力越小,对间接销售渠道的依赖性越大,而当目标市场广阔或想进入新的市场时,当想要提高销量或市场竞争加剧时,也必须建立间接渠道,更多地依赖间接渠道才能取得良好的销售效果。

销售渠道长度的决策:一般情况下,销售渠道越短,生产者承担的销售任务越多,但信息传递快,销售及时,对渠道控制较有力;销售渠道越长,则信息传递缓慢,流通时间较长,生产企业对渠道的控制力就弱。在旅游消费者批量不大并且十分分散的地方,应选择层次较多的长渠道;在旅游产品购买者众多并且相对集中的地方,应选择层次较少的渠道。如果中间商经销实力较强,有丰富的销售经验,可选择短渠道;产品价格低廉,而且批量较大的情况下则应选择长渠道。

销售渠道宽度的决策:广泛销售策略,即选择大量的中间商,充分与旅游产品销售市场接触,一般在主要目标市场和旅游消费者集中的地方采用这种策略;选择性销售策略,选择那些有支付能力、有销售经验和服务上乘的中间商在特定区域与层次销售产品的策略,一般用于高价旅游产品,消费者人口数量少,但地理分布相对集中的市场;专营性销售策略,在一定的市场区域内仅选一家经验丰富、信誉卓著的中间商来销售产品的策略,一般用于开拓新市场或特殊高价旅游产品。

(四)旅游产品的促销

旅游产品的促销是指旅游产品的推广手段,其目的是将旅游产品的各种信息推广给目标受众，以招徕消费者的购买行为。它是营销组合中最大的一个变量，采取何种方式进行促销，既要看旅游产品的性质，又要看目标受众的喜好，还要在实战中因地制宜地选用成本较低、效果较好的促销手段。促销方式多种多样，如广告、公共关系、宣传材料、因特网、社区促销（大篷车、百货商场）、交易会和博览会等各种方式。

1. 广告

广告是所有的产品推广的主要渠道之一，它对产品形象、品牌的确立具有十分重要的意义。由于广告的主题突出，且创意新颖，不同形式的广告重复出现，易于在消费者心中产生感知印象。但由于旅游产品的生产能力有限，如景区容量、饭店容量的有限，旅游产品的生产不容易扩大生产规模；另外，旅游企业、旅游地的形象和旅游产品的品牌并不主要通过广告来传播，主要依靠管理和服务水平。而广告成本过高，特别是电视媒体的黄金时段广告、专题广告片和其他报刊的平面广告、户外广告等价格高昂，增加了经营成本，从而使众多的旅游地和旅游企业望而生畏。

显然，旅游产品对广告的依赖性较之于工业产品要小得多，旅游企业、旅游地对广告的投入不能走工业企业的道路。尽管如此，旅游产品推广借助于广告这种形式，也是不可或缺的，关键要掌握好以下要素：

（1）旅游产品所具备的生态、文化内涵决定了采用的广告形式是不同于工业产品的。从20 世纪 80—90 年代以后，工业产品的广告出现了这样一种趋向：纷纷挖掘产品的文化、生态内涵，在自己的产品上贴上绿色和文化的标签，以此来获得消费者的青睐。而旅游产品，天然的具有生态的和文化的内涵，因而其广告无疑是尽量地将这些天赋内涵展现出来。所以其采取的广告形式不能以户外广告、平面广告、音像广告为主。

（2）不能认为投放到广告上的资金大，广告的效果就一定好，关键在于充分掌握广告的节奏和表现形式。有时一首诗，一篇游记、散文，或一首歌对旅游产品的推广效益远大于广告投入效益。

（3）旅游企业和产品的形象广告具有举足轻重的地位，广告的资金应重点投放到形象广告中去。但由于旅游地和旅游企业缺乏对旅游者的心理、旅游经济规律的深入研究，致使有的形象广告的创意、设计不科学而使旅游地、旅游企业陷入经营陷阱之中。

（4）在制定营销战略时，应对形象战略进行深入的研究，要求旅游的主题形象具有高度的概括性和完整性。而且差别旅游形象战略要求对不同的目标市场应采取差别的旅游形象，广告促销则要实施差别化旅游形象的推广。

（5）广告的媒体选择至关重要，媒体选择不仅仅是选择影响力大的报纸杂志，关键还得看你的目标客源市场群体信赖什么样的传媒。因而广告投放在哪些媒体上，不是想当然的，而要进行市场调查，才能使你的广告投入产生最大的效益。

2. 公共关系

公共关系是重要的促销手段，其目的是为了建立旅游地、旅游企业与公众之间的良好关系，是旅游地、旅游企业与公众之间的沟通技巧。公共关系与广告相比，是成本效益比较高的一种促销手段，同时比广告更有利于树立旅游地、旅游企业的形象和旅游产品的品牌。由于它旨在与公众沟通，并不仅限于目标市场，通过公关便在公众中树立有口皆碑的良好形象，培育了潜在客源群，有利于增加销售额。

同时，由于公共关系的活动具有社会公益色彩，使其能更有效地取信于公众，在一段时期内会持续地成为公众关注的焦点，而且所需成本还低于广告。其营销的效果一般要优于广告。所以，旅游产品的促销，应在公共关系促销上下大力气，公共关系促销更适合旅游产品的特性。

公关促销应重点把握以下几个方面：一是搞好和新闻界的关系。新闻发布会、记者招待会固然重要，与新闻界保持持久的合作关系更加重要，这样旅游地、旅游企业的新信息可随时在报刊上刊登。此外，还可经常性地、有目的地邀请客源地记者来访、采风，并有针对性地策划主题活动，使报道的消息更有深度。二是举办节庆活动。利用各种节庆活动吸引媒体和公众的注意力，围绕节庆活动可策划一些专题活动，使节庆活动更有深度和影响力。三是策划专题活动。就旅游产品的文化和生态内容进行专题讨论、专家论坛，在电视台作专栏节目，举行与旅游产品有关的纪念活动，如演讲赛、辩论赛、体育比赛等。四是参与公益活动。旅游地、旅游企业通过资助慈善事业、社会公益事业、政府主办的大型活动以赢得良好的声誉，对树立旅游地、旅游企业良好的形象意义重大，可大大提高旅游地、旅游企业在公众中的形象地位。

3. 旅游宣传册

旅游宣传册指传统的旅游宣传印刷品。其功能主要是通过分发给自己的分销渠道、潜在的顾客以宣传自己的旅游产品和旅游地、旅游企业的形象。当然，有的旅游宣传册还具有招商引资的功能，将旅游地、旅游企业的资源特色宣传与招商引资项目合为一体。

旅游宣传册的设计应把握以下几个方面的内容：要突出旅游地、旅游企业的整体形象；能充分展示旅游产品的特色和区域文化特色；全面反映食、住、行、游、购、娱六大要素为旅游者提供的便捷、舒适的服务；语言表述精炼、准确、优美动人；依据 CI 设计的要求，要有标准色、标准字和标识图案，色彩配搭美观并有视觉冲击力，版式设计要有个性。总之，要站在目标市场消费者的角度来设计宣传册，要分析目标受众需要从中获得什么信息，目标受众从中能获得什么满足。

4. 录像带和光盘

自从录像带和光盘作为旅游的宣传资料后，在旅游促销中，以其声情并茂的特点大显身手。到目前为止，几乎所有的旅游地、旅游企业都制作有自己的录像带和光盘。光盘信息容量大，可播放视频、音频、flash 动画等多种文件，在宣传上的优势越来越明显。尽管录像带和光盘大有取代传统宣传册之势，然而终究不能将其替代，因为各有优势。

5. 因特网促销

通过因特网促销已成为成本最低、覆盖面最广、最有前景的促销手段。

因特网促销一般分为以下几种类型：一是新闻信息发布，在网上不断发布旅游地、旅游企业的新闻和信息，使旅游者获得大量的资讯，其中当然包括资源介绍、产品介绍，其代表是中国旅游网（www.51yala.com）。二是票务预订，通过网络直接实现订房、订票业务，旅游者可直接在网上成交，在成交签订协议前，旅游者在网上可详细浏览旅游目的地的各种信息。这也可吸引许多风景区、饭店、旅行社开展电子商务，在旅游电子商务网络中，以携程网（www.ctirp.com）为代表。三是 B2B 模式，电子商务的组织者不针对散客，而只与团体发生关系，通过收取会员费和交易佣金来维持电子商务的生存和发展，如全球通旅游（www.qqtly.net）。

案例一　宁夏旅游营销规划概要

一、宁夏旅游的形象设计

（一）旅游营销以旅游形象设计为基础

旅游营销是指根据旅游目标市场需求，设计使顾客满意的产品，制定顾客认可的价格，通过广告、人员推销、严格控制产品质量等手段以树立良好形象和扩大市场占有率的一系列对外经营活动。从这个概念中可以看出，旅游营销的一个很重要的目的就是在目标市场中树立有效形象。这就要求我们在进行旅游营销之前，要确定何种形象会对目标市场产生吸引力，我们的营销工作应为确定的形象服务。

（二）影响形象设计的因素

如何设计宁夏的旅游形象应从以下两个方面来考虑。

1. 宁夏的旅游资源

宁夏拥有丰富多彩的旅游资源，可以说是既有塞北沙漠戈壁的空旷荒凉又有黄河两岸江南般的纤小秀丽，既有古老的西夏文明又有迷人的回族风情。宁夏这些多类型的资源组合为我们树立不同的形象，开拓广阔的旅游市场打下了良好的基础。

2. 旅游目标市场

旅游形象是为顺应和引导旅游者的兴趣而设计的，不同的目标市场所感兴趣的重点是不一样的。比如：广东、上海等沿海省市，对西部的沙漠戈壁感兴趣，他们欣赏的是“大漠孤烟直，长河落日圆”的荒凉壮美；而宁夏周边地区旅游者感兴趣的就不是沙漠戈壁了，而是“春来江水绿如蓝”的纤小秀美。对国外旅游者而言呢？他们更倾情于西夏文明和回族风情。也就是说我们如何确定我们的旅游形象主要取决于我们目标市场的特点。这样，我们在对不同的地区做营销时就应该树立不同的形象，以达到吸引旅游者，促进旅游发展的目的。

二、宁夏旅游目标市场的确立

宁夏的旅游目标市场的确立，主要依据宁夏的旅游资源的特征、目标市场的经济发展水平和兴趣爱好以及目标市场和旅游资源的竞争三个方面的因素：

（1）宁夏的旅游资源的特征：前面已经分析到，宁夏的旅游资源主要有三类，一类是沙漠戈壁的荒凉壮美，一类是黄河两岸江南般的纤小秀美，一类是西夏文明和回族风情。这三类资源所吸引的旅游者是不一样的：沙漠戈壁的荒凉美能吸引东部沿海的旅游者，宁夏周边地区的旅游者对“塞上江南”感兴趣，西夏文化和回族风情糅合在自然资源中，增加了宁夏自然资源的文化含量，同时西夏文化又是吸引国际游客的一个重要因素。

（2）目标市场的爱好和经济发展水平：东部地区的旅游者对西部是陌生的，他们对沙漠草原的感情和西部对大海的感情是类似的，并且西部的民族风情对他们而言也充满神秘感。他们对于“驼铃声声”“大漠黄沙”“风吹草低见牛羊”“踏破贺兰山缺”的想象造就了他们对西部风光的向往。东部地区经济发达，人们有剩余资金去旅游。随着旅游业的发展，东部游客对东部的风光逐渐失去了兴趣，已开始将目光投向东南亚和我国西部地区。

(3)旅游资源的竞争性：无可讳言，提到沙漠旅游，人们会想到甘肃新疆；提到草原旅游，人们会想到内蒙古，这正是宁夏比其他任何西北省区都应做营销的原因。现在西部旅游处于刚刚开始的阶段，也是各省区抢占市场的阶段，如果宁夏不能抓住这个机会在东部地区造成影响，不能抓住这个机会在东部重新打造自己的形象，不能抓住这个机会抢占先机，那么宁夏旅游业将会面临更严峻的挑战。

基于以上分析，宁夏旅游目标市场应该确立三个层次。第一层次是东部地区，在东部地区确立几个主要城市(上海、北京、广州、青岛)重点突破，这是宁夏旅游营销应该重点做的工作。第二个层次是以兰州、西安为中心的宁夏周边地区。第三个层次是国际市场，国际市场主要是日本和东南亚。

三、宁夏旅游营销战略的构建

(一)区域联合

旅游营销要产生规模效益，提高市场占有率，就要打破行政区划的限制，建立旅游区划的概念。根据旅游资源的互补性和相关性进行组合，提高整体旅游资源的价值和吸引力。

旅游产品具有其自身的特点，其价值一方面取决于产品个体的价值，另一方面取决于个体产品的组合。比如：黄山作为旅游产品个体，具有很高的价值，但是如果黄山周围没有其他的景点，其价值就会下降。因为人们外出旅游，尤其是远距离旅游，总是想看更多的景点，这样才会感到物有所值。如果只看一处景点，等于说是提高了旅游成本。

因此，宁夏在对外宣传中应与西安的文化旅游、内蒙古的草原旅游结合起来，形成汉唐文化、西夏文化、伊斯兰文化，沙漠、黄河、草原有机统一的多层次多角度的旅游资源。这种组合无形中提升了宁夏旅游资源的价值。

(二)产品整合

产品整合在这里主要指旅游产品的组合打包和旅游产品的分解。一方面我们将交通、线路、食宿、娱乐、购物等进行组合，将其打包出售给旅行社等旅游中间商，减少中间商重组产品带来的高成本和高风险。另一方面我们将产品分解，改变现有的产品结构和组合方式，为背包旅游者提供体贴入微的服务。

(三)概念营销

概念营销指的是以某种有形的产品或无形的服务为依托，借助大众传媒，从吸引消费者的注意力出发，创造新的产品概念和市场概念，迅速扩大市场份额，实现资产快速增值的一种新营销理念。市场营销不仅是产品的竞争，同时也是思想观念的竞争、概念的竞争。对消费者来说，你所推销的不只是一种产品，更是一种消费理念。在旅游营销中，尤其是西部旅游的营销中,如何倡导新的旅游理念是很重要的事情。目前旅游者倾向于“海滩文化”“异国风情”“名山情结”等消费理念。我们要吸引旅游者来宁夏旅游,首先要改变的是旅游者的消费理念,倡导新型的旅游习惯。比如我们可以倡导“高原避暑”“沙漠疗法”“挑战极限”“健康旅游”等新的旅游概念,来引导旅游者改变固有的消费模式。旅游者接受了这些思想,才会在行动中表现出来,才会到宁夏来旅游。

(四)重点突破

当今时代进入了“注意力经济”的时代,信息已经是一种充实的经济资源,稀缺的只是人们的注意力。戈德海伯指出,“注意力经济”其实质就是“虚拟经济的硬通货”。宁夏旅游的营销同样面临着这个问题,过去的那种单纯发发宣传册、做几次电视广告的做法已经不能引起旅游者的注意了。因为这些简单的信息很快就会为信息的海洋所吞没,很快就会被人们遗忘。要引起旅游者的注意,改变人们的旅游习惯,吸引旅游者到宁夏来旅游,就要为目标市场提供立体式的长久的信息。这样做显然需要充足的资金,而宁夏面临的恰恰是经济落后、资金短缺的困难,所以我们只能确定几个最主要的目标市场,对这几个市场采用多方式的营销,以获得最佳的营销效果。也就是说要将有限的资金集中起来,重点突破青岛、北京、上海、广州等几个主要市场,而不是对全国各地乃至国际市场都只是进行简单的销售工作。

宁夏的旅游资源对国际旅游者尚缺乏足够的吸引力,在现阶段,国际旅游者对中国古老文明的体现者——西安和北京更有兴趣。西夏文明目前所吸引的主要是西夏文化专家。西夏文明要产生广泛的吸引力,成为大众旅游资源,尚需较大努力。

宁夏周边地区除西安、兰州外经济发展水平都不是很好,并且他们的资源和宁夏具有一定的相似性。旅游的发展和经济的发展是紧密相连的,没有一定的经济基础和剩余资金,人们一般不会外出旅游,即使外出旅游,在目的地的消费也不会太多。资源的相似性降低了宁夏旅游对他们的吸引力,所以,宁夏周边地区不太适合作为主要市场。

(五)以内御外

旅游营销当然不能仅仅依赖营销技巧,最终能否达到预期的营销目的,取决于我们提供的产品。优美的旅游资源和优质的旅游服务是我们最终要解决的问题。要以产品为核心进行营销,营销的出发点和归宿都是旅游产品。没有良好的旅游产品,就没有成功的营销。宁夏目前的旅游资源开发和旅游服务都还存在不足,宁夏政府在对外营销宁夏旅游的同时,要加强对本地旅游业的监管,促进当地旅游企业提高产品质量,以产品质量赢得旅游者。

四、宁夏旅游促销策略

(一)旅游节日和会议

举办大型的旅游节日和接待重要会议都是很好的旅游促销策略。宁夏现在已经举办的节日有“大漠黄河旅游节”“国际摩托旅游节”“宁夏红宝”“奇石”等大型的旅游节日,这些旅游节日已经推动了宁夏旅游的发展。2003 年在宁夏银川举办的第七届少数民族运动会也拉开了银川会议旅游的序幕,通过接待和举办全国性乃至世界性的会议必将推动宁夏旅游获得长足的发展。

（二）旅游目标市场营销

旅游目标市场营销是指到目标市场所在地营销，在目标市场所在地采用立体的、直观的、动态的营销方法引起当地居民的注意，从而最大限度地开发市场潜力。可以采用组建促销团、宣传车、旅游海报、构建旅游新理念、街头屏幕播放等方式，激发旅游者的旅游动机。旅游目标市场营销是引起人们注意，改变旅游理念的主要方式。

（三）中间商营销

旅游中间商是旅游产品销售的重要渠道，旅行社在组织客源方面起着重要作用。宁夏应该与目标市场的旅游中间商建立良好的合作关系。可以邀请旅游中间商到宁夏来旅游、考察等，以获得中间商对宁夏旅游资源的肯定。宁夏政府应着力解决中间商所提出的问题和困难，比如可进入性问题、旅游环境问题、旅游产品问题等等。通过旅游中间商来推动宁夏旅游的发展是宁夏发展大众旅游的重要途径。

（四）广告和公关

在全国性媒体上做宣传，改变外界对宁夏一无所知的局面，树立宁夏在全国的新形象。目前大家提到宁夏就会想到贫穷落后，这种形象是不利于宁夏旅游发展的。宁夏应该通过广告宣传让外界看到宁夏的经济发展，看到宁夏多姿多彩的自然景观，看到宁夏古老而神秘的历史文化，总之，要看到宁夏的旅游价值。

（五）网络营销和旅游推广

网络已经成为现代都市人生活的重要组成部分，网络营销成为最有潜力的营销方式。宁夏旅游已采用了这种方式，如，宁夏旅游信息网的建立。但是，宁夏旅游网络营销并没有发挥出优势，仍处于较低水平。旅游网络不仅仅是信息的提供者，更应该是网上交易的平台和新型的经济模式。旅游者可以通过网络参加旅游团、定制旅游线路、预订酒店、购买旅游产品、寻找旅游伙伴等。网络和旅游的结合是大势所趋，是促进旅游发展的新媒介。

案例二　重庆市温泉消费市场调查问卷

1. 你知道重庆要打造世界“温泉之都”吗？

   A. 知道　　B. 不知道

2. 您对温泉的热爱程度是：

   A. 超级喜欢　　B. 一般　　C. 随大众而已

   D. 喜欢　　E. 不喜欢

3. 您了解温泉以下哪些功能：

   A. 长寿　　B. 养生　　C. 缓解压力

   D. 治疗皮肤病　　E. 保健　　F. 美肤养颜

G. 促进血液循环　　H. 治疗肠胃病　　I. 促进新陈代谢
J. 加速伤口痊愈　　K. 增加矿物质　　L. 减肥瘦身
M. 其他

4. 你喜欢的温泉风格是：
A. 室外大型温泉池　　B. 室外小型温泉池
C. 相对独立的露天庭院温泉小池　　D. 室内小型温泉池
E. 咖啡池　　F. 温泉蒸汽浴
G. 泥疗温泉　　H. 沙疗温泉
I. 中药泉　　J. 酒泉
K. 草木泉　　L. 其他

5. 你认为影响温泉舒适度的因素有：
A. 设施完备和高档　　B. 水温　　C. 水的清洁度
D. 水中矿物质　　E. 周边自然环境　　F. 一起泡温泉的人的层次
G. 其他

6. 一提起中高档温泉，你就会想到：
A. 高档舒适　　B. 价格昂贵
C. 温泉配套设施一流　　D. 服务水平较高
E. 模范欧美设计建筑　　F. 模仿日本风格设计建筑
G. 有其他高档娱乐项目配套　　H. 其他

7. 请问你喜欢在哪个季节泡温泉：
A. 春　　B. 夏　　C. 秋　　D. 冬

8. 您泡过温泉吗？
A. 很久以前泡过　　B. 很少
C. 经常　　D. 从来没有(跳到 15 题)

9. 在去年你泡过几次温泉？
A. 0 次　　B. 1 次　　C. 2 次
D. 3 次　　E. 4 次　　F. 4 次以上

10. 你泡温泉每次一般几个小时？
A. 1 小时以内　　B. 1 ~ 2 小时　　C. 2 ~ 3 小时
D. 3 ~ 4 小时　　E. 4 小时以上

11. 你外出泡温泉，停留时间一般是：
A. 当天返回　　B. 住一晚　　C. 住两晚
D. 住三晚　　E. 住四晚　　F. 住四晚以上

12. 请问你泡温泉的目的有：
A. 休闲放松　　B. 商务公关　　C. 娱乐身心
D. 满足家人的要求　　E. 医疗保健　　F. 美容减肥
G. 蜜月度假　　H. 会议　　I. 疗养
J. 朋友聚会　　K. 其他

13. 你泡温泉一般和谁一起去？
    A. 同性朋友　B. 异性朋友　C. 家人
    D. 独自出游　E. 同事　F. 商务朋友
    G. 其他
14. 请问你泡温泉日均消费多少？
    A. 300 元以下　B. 300 ~ 400 元　C. 400 ~ 600 元
    D. 600 ~ 800 元　E. 800 元以上
15. 除了泡温泉，你喜欢的活动项目有：
    A. 打麻将　B. 卡拉 OK　C. 保健按摩
    D. 喝茶聊天　E. 体育健身　F. 其他
16. 在温泉旅游地，你喜欢的运动娱乐项目有？
    A. 高尔夫练习场　B. 网球场　C. 保龄球
    D. 室内攀岩　E. 小型健身娱乐场所　F. 人体健康形象塑造中心
    G. 茶艺　H. 其他
17. 在温泉旅游地，你喜欢哪些夜间娱乐项目？
    A. 歌舞表演　B. 清吧　C. 网吧
    D. 陶吧　E. 迪吧　F. 其他
18. 你最喜欢温泉度假地哪种客房类型？
    A. 标间　B. 套间　C. 别墅
    D. 家庭度假公寓　E. 其他
19. 你认为重庆温泉旅游产业发展存在的问题有哪些？
    A. 缺乏总体规划　B. 开发档次低
    C. 缺乏法规约束　D. 形式雷同、缺乏特色
    E. 娱乐项目和配套设施不健全　F. 文化内涵挖掘不够
    G. 服务质量差　H. 其他
20. 请问你的性别为：
    A. 男　B. 女
21. 你的年龄为：
    A. 22 岁以下　B. 22 ~ 34 岁
    C. 35 ~ 55 岁　D. 55 岁以上
22. 请问的你的职业是：
    A. 专业技术人员　B. 公务员　C. 公司或企业高级管理者
    D. 外企白领　E. 公司或企业一般人员　F. 学生
    G. 私营业主　H. 离退休人员　I. 教师
    J. 其他
23. 请问你月收入是：
    A. 1000 元以下　B. 1000 ~ 2000 元　C. 2000 ~ 3000 元
    D. 3000 ~ 5000 元　E. 5000 ~ 10000 元　F. 10000 元以上

本章思考题

1. 旅游市场营销环境分析包括哪些内容?
2. 简述旅游市场调研的步骤和方法。
3. 旅游市场调研包括哪些内容?
4. 如何进行旅游市场细分和目标市场选择?
5. 试论旅游市场营销组合策略的基本内容。
6. 简述旅游产品策略的内涵。
7. 如何为旅游产品定价?
8. 试述旅游电子商务会对旅游市场营销产生的影响。

第九章 旅游设施的时空规划

教学目标与内容

旅游设施的时空规划属于旅游产业规划范畴，是为旅游活动提供服务的集合。旅游设施可分成旅游服务设施和基础设施两个部分。要求掌握食宿接待设施、游览娱乐设施和旅游购物设施的概念、分类及规划原则和要点；了解交通运输设施、供水供电供气设施、通信设施、排污设施等旅游基础设施的规划要求。

第一节 旅游餐饮、住宿设施规划

旅游地除了具有吸引力的旅游资源和旅游产品外，还需要有相应配套的旅游设施为旅游者提供服务，使旅游者既有游，又有食、住、行、购、娱等，真正体验到旅游的乐趣。旅游设施是指旅游目的地旅游行业的人员向游客提供服务时依托的各项物质设施和设备。旅游设施包括旅游服务设施和旅游基础设施，旅游服务设施包括食宿接待设施、游览娱乐设施和旅游购物设施等，而旅游基础设施包括交通运输设施、供水供电供气设施、通信设施、排污设施等。

一、住宿设施规划

（一）旅馆业现状调查

旅游业现状分析主要分析旅馆业的数量、规模、档次结构、功能、平均客房出租率等情况，如表9-1所示。

旅馆业现状分析　　表9-1

旅馆类型/数量	社会旅馆				星级酒店			
	普通旅馆	风情旅馆	农家旅舍	其他	一星级	二星级	三星级以上	别墅
数量(家)								
床间数(间)								
床位数(床)								

续上表

数量＼旅馆类型		社会旅馆				星级酒店			
		普通旅馆	风情旅馆	农家旅舍	其他	一星级	二星级	三星级以上	别墅
平局客房出租率	淡季								
	旺季								
	全年								
客人平均住宿夜数(夜)									
……									

还要对星级酒店的其他功能如康乐、餐饮服务、会议服务等设施进行现状分析。

(二)住宿设施的类型

旅游者在出游过程中,可供选择的住宿设施的类型可以区分为若干种类。中国古代的民间客店,在春秋、战国之际已经成为普遍存在的独立行业。现代旅游业意义上的旅游接待业则起源于西方。十九世纪中叶至二十世纪初,欧美大饭店和商业旅馆的经营方式被引入中国,其中建于上海的西式旅馆数量居全国首位。

Holloway 曾经将住宿业的结构划分为商业部类和准商业或非商业部类两种基本类型。其中商业部类和准/非商业部类之下又都分为提供服务类和自备餐饮类两种,如图 9-1 所示。一个区域的旅游规划中,对于可能涉及的接待设施的种类,应该根据旅游产品的特征和旅游市场的分层,进行仔细的选择和定位。

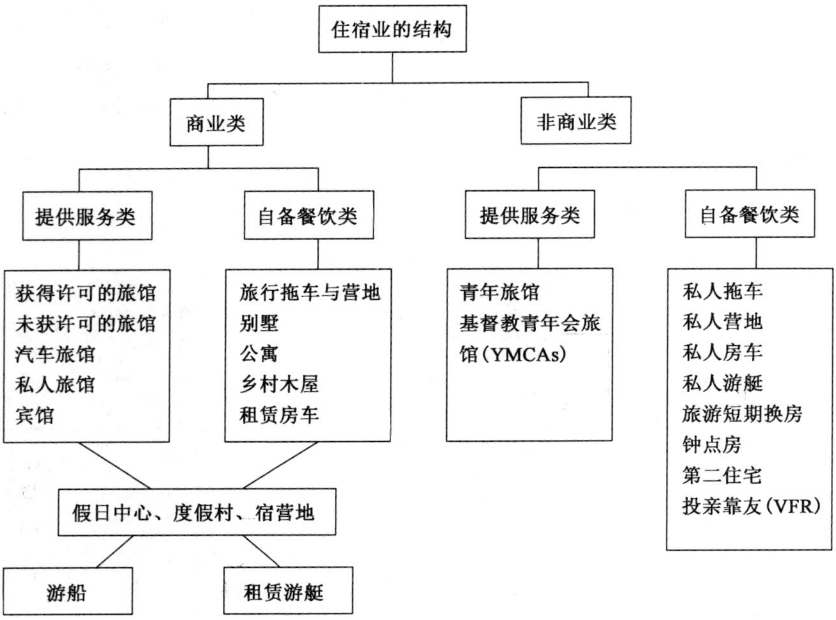

图 9-1　住宿业的结构

接待设施的种类,随着市场偏好和时间的变化而变化,例如从1972年到1992年的20年间,日本的接待业的结构就有明显的变化,1972年日本游客入住普通旅馆的比例占游客总数的55%,入住星级饭店的仅占18%;到了1992年,入住结构发生明显改变,入住普通旅馆的降至38%,而入住星级饭店的比例升至31%,二者计占70%左右,另外,入住民宿(相当于中国的家庭旅馆)的占8%,旅行车船及休疗养院各占6%,亲友家占5%,福利性住宿设施和同好俱乐部各占4%,别墅和营地各占3%。从20世纪70—90年代,接待设施结构不仅在比例上发生明显变化,而且随着时间推进,接待设施的类型也在明显增加,显示了旅游倾向的多样化趋势。

接待设施的最佳规模往往是由"临界"因素或"临界点"决定的。一般地,200间客房是一个临界点,超过这个临界点,管理方式及效益就会发生改变,由简单的管理转变为复杂的管理。只有当旅馆规模扩大到500~600间才能产生规模经济效益,才能抵消失去的优势。也就是说,旅馆的劳动生产率在200间客房时处于顶峰,超过200间,效益开始下降,只有当规模扩大到500间以上,规模经济所产生的效益才能超过规模扩大所带来的损失。一般情况下,客房的基本净尺寸3.8米×5.5米的变动幅度不超过10%,度假村和山地旅馆客房面积分配较为自由。

(三)住宿设施规划的原则

对于行政区域,因其地理位置、经济发展水平、旅游业发展有其自身的特点,因此为了提高设施的利用效率,提高经济效益和方便旅游者,住宿设施发展应遵循以下原则。

1. 住宿设施多样

要因地制宜地建设宾馆饭店、社会旅馆、度假村、乡土风情旅馆、农家客舍及野营地,以适应不同类型、不同档次的游客需要。

2. 充分利用现有设施

旅游地一般都有一家甚至几家规模较大的旅馆和一批规模较小的旅舍,由于旅游意识不强,这些旅馆可能存在设施设备不全、服务水平不高的状况。因此,在旅游业发展初期,为减少投资,充分利用现有设施,可将有一定规模的旅馆按照星级酒店的标准进行改造,并加强服务软件建设,成为旅游地近期对外接待的窗口;对规模较小的旅馆也要按一定的标准(如整洁、卫生、方便、舒适)进行改造,形成旅游定点接待;对农家旅馆要积极引导发展,提高服务水平和旅游意识。

3. 以市场为导向

住宿设施投资较大,要充分研究市场需求特征,根据市场需求来决定住宿设施的数量、规模、结构和类型。

4. 服务功能的综合化

饭店内的设计应注意服务功能的综合性和多样性,集住宿、餐饮、娱乐、购物和通信等功能为一体,各饭店要根据自身的定位和特点强调其中的一种或多种功能。

5. 突出特色

应根据环境背景条件和旅游者需求，突出住宿设施特色，以特色吸引游客，例如建筑特色、活动特色、餐饮特色等，这样才能留住客人，使旅馆不仅是旅游住宿之地，更是具有吸引力的旅游吸引物。同时，住宿设施的风格必须要与当地的自然环境和人文环境相得益彰，要在住宿设施的功能、选址、规模、体量、高度、色彩、材质等方面体现出人与自然的核心性。

6. 遵循一定的布局原则

饭店业的选择十分重要，应遵循一定的原则：综合考虑交通、通信和周围的环境；与城市发展的长远目标一致，促进城市建设与旅游开发一体化发展；相对集中于生活方便的市区；明确饭店的市场目标。

（四）住宿设施规模的确定

住宿设施方面应充分考虑游客不同层次的消费需求；不同地区消费也存在差异，应经过充分调研、评价，规划出不同档次结构、不同类型的饭店，同时不断完善每个饭店的娱乐、保健等项目，增加综合服务功能。同时住宿设施还要考虑“居住组合”的问题，突出本民族和本地区的特色，以吸引众多的旅游者。

一个旅游区的住宿接待设施的预测、规划受制于以下几个要素：一定时间内的游人总人次（Q）、平均停留时间（D）和客房出租率，景区接待床位数（M）计算公式如式(9-1)所示：

$$M=\frac{Q\times(D-1)}{\text{营业天数}\times\text{客房出租率}} \tag{9-1}$$

例 9-1：2025 年，预测某景区接待游客 40 万人次，游客平均停留时间为 3 天，客房平均出租率为 60%，一年营业时间为 360 天，计算 2025 年该景区的接待床位数为多少？经统计，该景区过夜游客中 50% 住在星级酒店，剩余 50% 住在农家乐或其他，计算 2025 年星级酒店合理的床位数为多少？

解：$M=[Q\times(D-1)]/(\text{营业天数}\times\text{客房出租率})$

$=400000\times(3-1)/(360\times0.6)$

$=3703$

故 2025 年该景区合理的床位数为 3703 个，星级酒店合理的床位数为 3703 ×50% =1852 个。根据行业统计资料分析，一般认为客房出租率为 75% ~80% 为佳，它既有利于客房硬件的维修，又便于服务和管理。同时，按行业一般规律，平均每间客房入住人数一般取 1.5 人，一、二星级饭店可取平均值 1.7 人，四、五星级饭店和商务饭店可取 1.2 人。

二、餐饮设施规划

（一）旅游餐饮设施的类型及特征

旅游餐饮规划分为两种：独立的饮食服务设施和宾馆附设的餐饮设施。两种类型各有自己的特点。

1. 独立的餐饮设施

独立的餐饮设施主要是针对附属于宾馆的餐饮设施而言的，其主要特点有：

(1)建筑占地面积大，如大型的餐饮设施往往建筑面积在1500平方米以上，一般也要占地几百平方米。

(2)内容复杂。除公共部分外，还有生产、储存、杂务、锅炉、烟囱等，常常不易与风景景观取得协调。

(3)位于游客集中地。在就餐时间内，往往游人集中，形成热闹的中心。

2. 宾馆附设的餐饮设施

宾馆常设一些餐饮设施，这些餐饮服务往往也是宾馆重要的收入来源。在国外宾馆中，餐饮服务的营业收入常占宾馆收入的50%左右。宾馆附设餐饮设施主要有类型多样的餐厅(如中餐厅、西餐厅、穆斯林餐厅、日本餐厅、辣味餐厅、野味餐厅、快餐厅、自助餐厅等)、酒吧、咖啡吧、音乐茶座等。

(二)餐饮设施数量的确定

餐饮服务设施的提供和规划设计，应充分挖掘饮食文化内涵。中国是个饮食文化丰富的国家，餐饮方面应注意开发地方特色的菜肴，引导和建设旅游城市特色餐饮街区，举办以美食为主题的旅游节活动，利用地方特色资源，发展旅游保健食品。具体到餐饮服务点的规划，规模大小则可根据公式(9-2)求得：

$$\text{餐饮服务部座位数} = \frac{(\text{接待总人数} - \text{总人数} \times \text{未入座率}) \times \text{入座次数}}{\text{日周转率} \times \text{高峰系数}} \tag{9-2}$$

例9-2：某景区日环境容量是5000人，其中餐饮未入座率为50%，进餐者人均次数为1.2次，日周转率为3次，高峰系数为0.8，请计算该景区合理的餐饮座位数。

解：餐饮服务部座位数 = [(接待总人次 − 总人数 × 未入座率) × 入座次数]/(日周转率 × 高峰系数) = [(5000 − 5000 × 50%) × 1.2]/(3 × 0.8) = 1250

第二节　旅游购物、娱乐设施规划

一、旅游商品规划

(一)旅游商品的概念

旅游商品是指供游客购买的商品，其中一部分是游客在旅游途中吃、穿、用的物品，另一部分是供游客赏玩、收藏和馈赠亲友的物品。旅游商品发展的程度是旅游业发展成熟度的重要标志之一。在旅游业发达的地方，旅游购物的收入占旅游总收入的30% ~ 50%，有的甚至达到60%以上。一般西方国家旅游商品的收入占到旅游总收入的35%，而旅游发达地区甚至达到60%。许多旅游目的地既是游览胜地也是购物天堂，旅游购物成为旅游者的主要活动之一。

（二）旅游商品的分类

1. 旅游工艺品

这主要是指用本地特色材料制作的，具有独特的工艺、精美的制作、新颖的设计的艺术品，它是传统文化艺术宝藏的重要组成部分。作为旅游购物品的主要有雕塑、金属、刺绣、花画工艺、蜡染、各种玩具等艺术品。

2. 旅游纪念品

这主要指以旅游区的人文景观和自然景观为题材，体现地方特色传统工艺和风格，带有纪念性的工艺品。这类商品的品种多、题材丰富、数量大、纪念性强，具有很强的艺术性、收藏性、使用性和礼品性，其中艺术性是最基本最重要的特性。这种类型的旅游商品一般样式精美也不太昂贵，利于馈赠，还可留作纪念，给旅游者带来美好的回忆。

3. 文物古玩及其仿制品

这主要指国家允许出口的古玩、文房四宝、仿制古字画、出土文物复制品、仿古模型等。这类旅游商品的真品相对比较昂贵，适宜于豪华型游客购买；而仿制品则价格适宜，深受广大游客的喜爱。

4. 土特产品

这类旅游商品种类十分丰富，而且具有很强的地方特色，深受旅游者的喜爱，成为旅游者必购的自用品和礼品。

5. 旅游日用品

指旅游者在旅游活动中购买的生活日用品，包括旅行车、游艇、旅行箱包、旅游鞋帽、登山器械、滑雪（水）器械、手杖、风雨衣、太阳镜、摄影摄像机、防寒暑用品、美容护肤品及常备急救药品、帐篷等。

（三）旅游商品开发的原则

1. 特色原则

“人无我有，人有我新”，只有富有特色的旅游商品才具有纪念意义，受游客喜爱。区域旅游商品的特色要体现在区域历史文化积淀、民族风情及旅游地景区特色三方面。所谓开发，是指从上述三方面特色的发掘中设计区域（景区）形象与标志，并将其应用于区域旅游商品的创制中。这种个性鲜明的旅游商品对游客有极大的吸引力，还不易被模仿。

2. 功能综合原则

旅游商品的使用值越高，就越能诱发游客的购买欲望。实用性、艺术性、纪念性是区域旅游商品的三大功能，在继续深入开发区域旅游商品各大功能的同时，应强调将其综合一体，即赋予实用日常用品以工艺美，并强化其旅游纪念意义。

3. 多样性原则

游客构成的多样性决定了旅游商品需求的多样性，这就要旅游商品应小批量、以销定产，“少而全、少而精”。在品种、花色、质地、构成用途和价格等方面必须具有较大选择性，而每种旅游商品的开发都应突出个性，富有特色，在包装上力求精美，提高旅游商品的层次。

4. 协调性原则

旅游商品的原材料多源自旅游资源，部分旅游商品的生产则可能污染、破坏环境。因此，如果开发过度，尤其是消耗性旅游商品的开发，往往会导致旅游资源的衰竭，弱化旅游吸引力。另一方面，旅游商品的特色应与销售地旅游资源特征相一致。这样，旅游资源能促进旅游商品开发，旅游商品开发又可构成新的旅游资源，形成良性循环。所以，旅游商品的特色应与旅游资源协调一致，商品开发与资源保护并举，两者互促发展。

5. 市场原则

与一般商品相同，旅游商品的供给决定于需求，但又有其特殊性。其一，旅游商品的产、销地往往合一，中间流通环节的减少使附加在旅游商品上的各种税费大大降低，与客源地相比，具有显著的价格优势。其二，旅游商品销售上的波动性，要求淡、旺(季)有别，投游客所好，适时推出旅游商品。同时，还应加强商品宣传，让游客充分了解商品的性能特点，并营造良好的购物环境与氛围，触发游客的购买欲望。

6. 配套开发原则

传统户外旅游要求旅游商品的小型化、便携式，游客对一些富有地方民族特色，但体型过于庞大或不易随身携带的旅游商品只好忍痛割爱，如云南大理的大理石因质量较大难以携带就让游客感到万分遗憾。对这类旅游商品应强调其售后配套服务，如由销售者代客托运、邮寄或直接送货上门，以减轻游客旅途负重，解除其后顾之忧。

(四)旅游商品销售网点网络规划

1. 旅游商品购物中心

购物中心分为批发部和零售部，兼营批发与零售业务，出售旅游工艺品、土特产、食品和旅游用品等。购物中心的建立使旅游商品相对集中，为旅游商品的销售打开了一个窗口；同时还可以利用这一场所，定期举办旅游商品交易会，有效地吸引各地的客户前来交易。

2. 旅游商店

在各景区、景点附近酌情设置免税旅游商店，以销售地方特色产品、旅游纪念品。旅游局应会同工商局实行旅游商店定点、挂牌政策，开展“无假货旅游商店”“旅游者信得过的旅游商店”等评比检查活动，规范旅游商店的经营活动，保障消费者的利益。

3. 旅游商品销售点

旅游商品销售点是一些流动性的、临时性的摊点或售货亭，可以布置在各景点附近及外围景区区域内，数量上应有所限制。销售点可以出售一些旅游纪念品、土特产品、饮料、食品、日常用品等，目的是为了方便游客的旅游活动。

二、康乐设施规划

康乐的英文是 peace and happiness，就是健康的、放松身心的、有助于身体健康的娱乐活动；设施是为某种需要而建立的机构、组织、建筑、器材等。因此康乐设施一般就是指有助于身体健康的娱乐活动的组织和器材。

（一）康乐设施的类型

康乐设施的种类很多，涉及体育、文艺、保健、艺术等各个方面。下面对目前较为流行的康乐设施进行归并，总结为表 9-2。

康乐设施分类表 表 9-2

康乐设施类型	康乐设施名称
歌舞类	歌舞厅、卡拉 OK 厅、专业录制演唱室等
体育健身类	健身房、球类运动场、健身浴场馆、美容室、溜冰场、嬉水乐园
游戏类	棋牌室、电子游戏室、大型游乐设施、博彩场所
知识类	影视中心、阅览室
附属类	鲜啤酒室、网吧、茶艺吧、咖啡吧、氧吧、各种主题酒吧屋等

（二）康乐设施建设规划

现代康体、娱乐等项目种类繁多，功能各异，规模大小多样，各种项目规划建设有着各自的要求和标准，在此仅介绍康乐设施的一般规划建设程序与内容。

康乐设施规划建设的一般程序为：

（1）搜集相关信息。在确定对康乐设施建设与经营投资之前，投资者必须广泛搜集有关康乐行业发展的信息以及本地康乐市场状况，以便认清形势，确定意向。

（2）选址。在充分分析相关信息的基础上，确定投资意向，然后确定康乐设施规划和建设的位置。康乐设施规划建设的选址一般需要考虑的问题包括：地区社会经济发展水平以及旅游客源市场规模；同类型的康乐项目竞争状况；交通状况；选址用地状况；周边环境条件等。

（3）可行性调查研究。可行性调查研究是康乐设施规划建设的一项先导工作。可行性研究主要是对康乐设施建设在市场调研的基础上对竞争者和自身实力进行分析，从而确定康乐项目的选择，明确企业的档次定位并确定康乐设施的规划建设方案。同时要对康乐设施投资进行预算和效益分析，以确保项目在经营过程中的赢利性。

（三）娱乐场所需具备的条件

作为一种旅游设施，娱乐场所的设立需要具备以下条件：

（1）娱乐场所的选址应该考虑社会条件的限制。不能在有可能干扰学校、医院、机关等正常学习、工作秩序的地点设立娱乐场所。有些地方规定在距离中小学校 200 米范围以内，不得设立娱乐场所。

(2)有与其提供的娱乐项目相适应的场地和器材设备。这些场所的器材设备应符合文化部行业标准《歌舞厅扩声系统的声学特性指标与测量方法》以及国家公布的《环境噪声污染防治法》等。

(3)娱乐场所的边界噪声必须符合国家规定的标准,娱乐场所的安全、消防设施和卫生条件要符合国家规定的标准。这些标准包括《中华人民共和国消防法》,国务院颁布的《公共场所卫生管理条例》,公安部发布的《公共娱乐场所消防安全管理规定》等。

旅游过程中的娱乐氛围越来越受到旅游者的重视,娱乐氛围的营造是景区规划管理的重要内容。不同的客源市场对休闲娱乐的环境有不同的表现,就用餐环境来说,美国游客喜欢3D(即 Dine,Drink,Dance,所谓的边吃、边喝、边跳舞);而欧洲游客追求浪漫情调,将酒、女人和喜悦完美地结合起来,即3W(Wine,Woman,Wonder);中国人表现的则是3C(Cheers,Chat,Chow)特征,就是在进酒、喧闹、用餐过程中制造热闹场面。

第三节　旅游基础设施规划

一、旅游交通设施规划

(一)旅游交通的概念和种类

广义的旅游交通是指以旅游、观光为目的的人、物、思想及信息的空间移动,它探讨的对象包括人、物、思想及信息。而狭义的旅游交通概念则将讨论的对象限定在人或物。通常认为,以旅游为目的的出行,在出行方式、目的地、路线的选择及出行链的构成等方面和其他目的的出行有着较大的不同。同时,由于经济发展水平、基础设施的完善程度及历史文化等原因,同样的观光出行方式会因国家或地区的不同而不同。

根据交通运输工具的性质,旅游交通分为航空交通、铁路交通、公路交通、水路交通和特种交通;根据空间范围的大小,旅游交通又分为景区外交通和景区内交通,具体见表9-3。

旅游交通的分类　　表9-3

交通类型		交通工具
景区外交通		飞机、火车、汽车、游船、邮轮等
景区内交通	水上交通	电瓶船、划船、游艇、竹筏、独木舟、帆船、皮划艇等
	陆路交通	观光车、轿子、雪橇、马、小火车、黄包车等
	空中交通	索道、天梯、直升机

(二)旅游交通规划的原则

1. 市场导向原则

根据市场需求,确定旅游交通的运输能力、设施与线路布局、营运方式等,以保持供给与需求在数量和种类上的平衡。

2. 经济效益原则

旅游交通是一个资源、技术密集型产业，基础设施投资大，回收周期长，因此必须注重投入与产出的科学性，促进旅游交通经济上的可持续发展和良性循环。

3. 突出重点原则

旅游交通是一个庞大的系统工程，易受环境影响。在规划时，必须抓住主要矛盾和关键环节，保证重点就是保证全局。旅游交通规划重点，一般是指旅游交通枢纽、主导交通方式和内外旅游交通干线。

4. 综合配套原则

旅游交通是一个综合性产业，纵向上，保持公路、铁路、航空、水运、特种等交通方式之间的协调；横向上，保持食、行、住、游、购、娱等各要素之间的协调。

5. 地方特色与国际标准统一原则

根据地理和文化特征，设计具有地方特色的旅游交通系统。同时，在服务水平和管理方面应与国际标准保持一致，如双语路牌、国际通用路标等。

6. 适度超前原则

作为旅游业发展的前提条件和大动脉，旅游交通规划必须坚持适度超前的原则，使旅游交通保持略高于旅游业的适度超前发展速度，从而为旅游业大发展奠定必不可少的交通基础。

7. 便于游览原则

旅游交通不同于一般的公交运输，在规划设计上必须坚持较一般公共交通更加豪华舒适、特色鲜明、形式多样、主题突出等便于游览的原则。

二、给水设施规划

旅游地往往耗水量巨大。一般五星级宾馆每日每间客房耗水 2000 ~ 2200L，四星级宾馆每日每间客房耗水 1500L，三星级宾馆每日每间客房耗水 1000L；高尔夫球场、游泳池等体育设施的耗水量更大。同时，水质的好坏也会影响旅游者的满意程度。完整的给水设施规划内容包括：用水标准及生活、生产、市政用水总量估算；水资源供需平衡，水资源地选择，供水能力，取水方式，净水方案及制水能力；输水管网及配水干管布局，加压站位置和数量；水源地防护措施等。

旅游区用水标准比较多，一般旅游区用水标准，参考表 9-4，表中不同类型的用水方式其用水标准是不同的。

旅游区用水标准表　　表 9-4

序号	类　型	用水标准
1	住宿游客	0.5m^3/人次
2	一日游客	0.02m^3/人次
3	常住人员	0.35m^3/人次

续上表

序号	类　型	用 水 标 准
4	服务人员	0.35m^3/人次
5	绿地喷洒	20m^3/公顷
6	道路喷洒	10m^3/公顷
7	消防用水	36m^3/公顷

根据这个标准,分别测算旅游区绿地喷洒、道路喷洒及消防用水面积并测算出住宿游客、一日游客、常住人员和服务人员的用水量。旅游区总用水量 = 0.5m^3/人次 × 住宿游客人次 + 0.02m^3/人次 × 一日游客人次 + 0.35m^3/人次 × 常住人员人次 + 0.35m^3/人次 × 服务人员人次 + 20m^3/公顷 × 绿地喷洒面积 + 10m^3/公顷 × 道路喷洒面积 + 36m^3/公顷 × 消防用水面积。

三、排污设施规划

排污系统对旅游环境的质量有明显的影响,对当地居民的生活和健康也有很大影响。旅游目的地必须配备一定的污水排放与处理设施,以保证不对环境造成污染。排污设施规划的内容包括:确定排放制度;确定污水类型、污染源位置和测算污水总量;制定不同地区的污水排放标准;排污管、渠系统规划布局,确定污水泵站及位置;污水处理设施布局、规模、处理等级以及综合利用的措施等。

四、供电设施规划

旅游地对电力系统有很高的要求,尤其是在旺季的用电高峰时期,对供电设施更应着重考虑。旅馆客房的用电量一般为每间房每天 3.5W。旅游地供电须实现平稳、充足、持续的目标,供电设施工程应注意不破坏旅游资源且安全可靠,岩洞、水底等特殊场合需配备备用电源。供电设施规划的内容包括:用电量指标,总用电负荷,最大用电负荷,分区负荷密度;供电电源选择;变电站位置、变电等级、容量,输配电系统电压等级、敷设方式;高压走廊范围、防护要求等。

五、电信设施规划

电信设施规划的内容包括:各项通信设备的标准和发展规模(包括长途电话、市内电话、电报、电视台、电视接收、无线电台、微波通信、光缆等);邮政设施标准、服务范围、发展目标、主要局所的网点布置;通信线路布置、用地范围、敷设方式;通信设施布局和用地范围,收发讯区和微波通道的保护范围。

六、供热设施规划

供热设施规划的内容包括:测算供热负荷,确定供热方式;划分供热区域范围,布置热电厂;热力网系统,敷设方式;连片集中供热规划。

七、燃气设施规划

燃气设施规划的内容包括：估算燃气消耗水平，选择气源，确定气源结构；确定燃气供应规模；确定输配系统、供气方式、管网压力等级、管网系统；确定调压站、灌瓶站、储存站等工程设施布置等。

案例 《大岚旅游服务设施规划》

旅游服务设施包括餐饮、住宿、娱乐、购物、旅游信息服务、厕所和无障碍设施、旅游交通、旅游商品等，诸因子相辅相成，共同构成了大岚镇旅游服务系统。服务设施是大岚旅游服务产品的有机组成部分，对大岚镇旅游发展具有举足轻重的意义。

一、住宿设施规划

整顿现有旅游住宿业，落实行业管理，提升服务质量，重点发展精品民宿、度假酒店等多种形式住宿，科学调控，确保大岚旅游住宿业健康有序发展。

1. 发展多元精品主题民宿

发展主题型精品民宿，建设一批个性鲜明的特色精品民宿，提倡酒店硬件环境的个性化、特色化，在建筑造型、内部装饰方面突出艺术品位、文化气息，以特色吸引游客入住，使主题精品民宿成为大岚旅游的一大吸引源。

2. 形成合理的酒店等级结构

近期引进1～2家品牌精品度假酒店；支持高起点发展精品主题民宿；改造提升现有农家乐；建立梯级合理的酒店体系，引导酒店业错位经营。

3. 倡导绿色酒店

推行国家《绿色旅游饭店》（LB/T 007—2006）标准，鼓励使用科技含量高、环保节能的设施设备。

4. 对民宿实行规范达标建设

建设民宿指导服务中心，实施对民宿旅馆业发展指导及规范管理，将有利于对现有乡村民宿发展经验进行推广，带动乡村民宿产业大发展，促进农村产业结构调整、农村环境优化，促使农民增收。

5. 合理规划住宿设施空间布局

北部片区重点发展姚江源万亩茶田景区、上马村樱花观景区、大岚镇区等区域住宿设施建设；南部片区重点发展柿林古村景区、四窗岩景区、黑龙潭景区等区域住宿设施建设；中部片区着重引入主题农庄及汽车露营地等住宿设施。在上述地区新建或提升现有住宿设施，以满足休闲度假客群对住宿餐饮的需求；在姚江源及柿林古村设置民宿指导服务中心，引导民宿科学发展与品质化经营。

6. 合理规划饭店发展数量

根据旅游业的预计发展速度，以客源市场为导向，根据市场发展状况扩大酒店接待能力，合理规划星级饭店的数量，通过行业预审、会审制度，引导饭店的合理、适度与规范化发展。根据对大岚镇未来几年到访游客逗留天数的预测，常态情况下大岚镇需求床位数预测：

近期(2016 年)床位需求预测约为 3310 张；

中期(2020 年)床位需求预测约为 6310 张；

远期(2030 年)床位需求预测约为 9150 张。

初始阶段平均留宿人数较少，但随着大岚旅游产品的逐渐丰富，功能的逐步完善，游客停留时间将大大延长，休闲度假游客的比例也将不断增长，平均留宿人数将快速增长。

规划结合各分区的发展特点，兴建具有较强主题性和专业性的接待设施。以独特的主题和专业的设施引导客源流向，引导饭店产品向功能化方向发展，形成原真村落主题民宿、农场风情主题庄园、人文艺术精品民宿、山水生态主题民宿、活力运动主题民宿五大类型民宿，满足游客日益增加的服务需求。精品民宿的培育将实现民宿发展理念和经验的突破，引导民间资本融入旅游市场，促进大岚旅游业的发展。

二、餐饮设施规划

规划着力发展餐饮集聚区，发展地方特色小吃和地方特色菜肴，形成餐饮点布局合理、风格多样、不同档次的餐饮服务系统，使餐饮成为大岚的一大特色旅游产品，成为大岚旅游的一大吸引源。

1. 开辟特色餐饮集聚区

为服务游客及大岚居民，规划于近中期在大岚镇区丹山路设立特色美食商业街，依托大岚饮食文化资源，推广当地高山云雾茶“四明龙尖”、大岚土鸡、板栗、番薯、枣子、野生猕猴桃、柿林吊红、羊尾笋、高山蔬菜等绿色无公害名特产品，以及花皮芋艿、碗口蹄髈、番薯粉丝、溪坑鱼、土鸡煲、笋干汤、松花糕、鸡羹汤等特色美食，满足游客对舌尖上美食的追求。

2. 发掘地方饮食文化，开发地方特色菜品

充分利用本地丰富的山珍野味和土特食材，深度发掘大岚地方特色饮食，是大岚旅游餐饮发展的重要方向，也是强化大岚旅游品牌形象的重要内容之一。规划应开发包括绿色食品、特色小吃街、乡村农庄、精品宴会等特色餐饮产品，以满足不同游客的需求。特色餐饮菜品应注重文化内涵的表达，包括菜品色香味、餐具及就餐环境的文化渲染。同时，积极发展体现地方特色和历史文化相结合的餐饮企业，形成独特餐饮品牌。

3. 引进新业态餐饮品牌，满足多样性需求

要适时引进 2 ~ 3 家乡村新业态餐饮品牌，展现大岚餐饮的多元化，满足现代旅游者时尚餐饮消费的需求。

4. 规范餐饮服务，改善就餐环境

餐饮服务是否规范是一个地方旅游业发展成熟与否的体现之一。大岚应不断规范餐饮服

务，鼓励更多餐饮企业创造一流就餐环境，给客人带来好的就餐感受，提高餐饮综合服务质量。

5. 加强对餐饮企业的卫生监管

制定并执行严格的餐饮行业卫生标准，对主要餐饮店进行不定期的卫生突击检查，跟踪监督卫生质量，及时整顿卫生不合格的餐馆，保护旅游者的利益。

6. 合理规划餐饮服务设施数量

餐位按中午用餐人员计算，以住宿游客中餐均在大岚就餐，非住宿的一日游游客中餐50%餐饮率计算，餐座周转率为2次，每年可游览天数为280天计算，则餐位需求量按设计模型计算：

近期（2016年）需设餐位2117位；

中期（2020年）需设餐位2873位；

远期（2030年）需设餐位3341位；

旅游旺季增加的就餐人员视具体情况可采取适当延长供餐时间或供应快餐解决。

三、娱乐设施规划

休闲度假旅游需要一定的休闲设施和文化氛围，以丰富旅游者度假体验，有效延长旅游者停留时间。大岚镇近年来旅游产品日益增多，也策划了一些节庆项目，但项目整体较单调，以农业观光为主，与游客的多元消费需求还有一定差距。因此，应规划建设旅游表演设施、文化集市、节庆活动设施、徒步露营地等多种形式的娱乐设施。

1. 旅游表演设施

在大岚镇区内规划综合性表演广场及剧院，为大岚众多美丽动人的故事和传说提供表演场所，通过旅游表演宣传，打造“神奇大岚”主题文化演艺产品，通过3～5年的努力，将之培育为余姚著名的旅游演艺品牌。另外，设置街角公共空间，为小型街头艺术表演提供场所。将表演场所和设施固定化、日常化，增加表演内容，变换表演形式，增强娱乐性，扩大受众面。

2. 节庆活动设施

茶文化旅游节、四明山樱花红枫节、丹山赤水柿子节将成为大岚标志性的旅游节庆。娱乐表演项目是旅游节庆必不可少的内容，规划在茶仙祠、柿林景区建造表演广场，增设观樱景观平台，供民俗活动、文艺表演和游客娱乐使用。

3. 旅游产品中的参与性娱乐设施

一些旅游产品本身就具有娱乐性、参与性，从而成为娱乐活动的组成部分，如：文化集镇服务区的创意文化集市、农耕文化学堂；特色文化观光区的浪漫樱林漫步、万亩茶田骑行；休闲农业体验区的七彩山丘花田观光、休闲农场农事体验、生态农业示范园果酒体验；高山台地养生区的黑龙潭徒步，四窗岩漂流，罗汉谷运动基地户外探险，野地露营，柿林村第九洞天峡谷穿越等。

四、旅游交通规划

着重规划包括车行线路、骑行环线以及徒步线路三种不同的线路体验。

1. 车行线路

结合《大岚镇总体规划》镇域综合交通规划及镇域内主要景观节点，对旅游车行交通进行规划。将镇域内省道有序地扩建升级为旅游公路，保障通路通畅，配备加油站、公用电话亭及相关旅游服务设施等。

(1)S213 省道浒溪线：规划镇区段道路路面宽度 8.5 ~ 10 米，两侧按 15 米控制防护绿化带，衔接延续整条浒溪线的特色景观。

(2)X214 县道(李俞线)：道路等级提升，路面宽度将拓宽至 8 米。

(3)乡道、村道：有序扩建升级为旅游公路，根据地形环境，开拓乡村小路，增强交通可达性，建议自驾车线路路面宽度 6 米以上，同时保证路面黑化，保障通路通畅。

2. 骑行环线

骑行游线路的选取结合了大岚的景观节点、文化节点、交通节点。结合 213 省道及大岚镇东侧主要道路形成主要骑行环线，环线贯穿大岚，拥有独特的高山台地资源，景观视野好，环线全长 45.7 千米。沿主环线设置主要骑行服务点，是为方便骑行游客而设立的，提供咨询、休憩、租赁、补给和维修等服务。在途经主要村落、景点、路口设立标识系统。

3. 徒步线路

主要徒步环路分为主题文化徒步环路(18.8 千米)、七彩大岚徒步环路(14.5 千米)和台地养生徒步环路(18.9 千米 +6.8 千米)。徒步休憩点以 2 千米为服务半径并结合村庄设置徒步休憩地，其中村庄休憩点 12 处、野外休憩点 7 处，为徒步者提供基础休憩服务。户外露营点共 3 处，选择景观环境良好的露天场所，为徒步者提供露营场地。

4. 公共交通

实现镇域内社会公交旅游化，社会公交承担旅游功能。进一步提高公共交通覆盖率，各旅游景点设置公交停靠站，大岚镇区规划游客换乘中心 1 处，规划公交停靠站间距 600 ~ 800 米；局部地段受现场条件限制，适当缩短或延长，以保证镇域重要地段全覆盖。

各景区内部交通工具应尽量使用清洁无污染、低污染的交通工具，如自行车、电瓶车、环保游船等。

5. 停车场

各景区规划建设相应规模的停车场，确保旅游交通停车服务功能完善。

(1)规划于明山路东端设置客运站 1 处，规划用地 0.49 公顷。镇区公共停车场地结合客运站、游客接待及紧急救援中心布置，为游客及居民提供集散游憩与停车的场所。

(2)中型公共停车场：规划考虑结合大岚镇游客中心、姚江源景区、罗汉谷户外运动基地、柿林古村新增 4 个中型公共停车场(建设规模：51 个 ≤ 停车位数 < 300 个，以小型汽车为标准车，其他各型车辆按综合停车占用空间系数折算)。

(3)小型公共停车场：重要景区地段规划小型公共停车场(建设规模：停车位数 <51 个，以小型汽车为标准车，其他各型车辆按综合停车占用空间系数折算)。

(4)路侧停车位：根据需要灵活设置单侧路边停车位，其服务半径约 500 米。

(5)地块内部配建车位：新建项目要求在地块内部按规范配建停车位。

6. 旅游交通安全救助系统

景区(点)交通安全监测网络全覆盖，建立相配套的旅游安全救助系统，同时作为四明山旅游服务救援中心。适当扩建大岚镇卫生院，增加床位数至 24 个；大岚镇卫生院的配套标准适当提高，适应未来大量旅游人口进入后的就医需求。新岚和南岚两个中心村配置社区卫生服务站，建筑面积 80 ~ 140 平方米；各基层村完善医务室。

7. 旅游交通服务中心

大岚镇区作为服务重要核心区，起旅游主导作用，是全镇旅游产业服务的主核心。镇区建立旅游质检和执法大队协助交通主管部门治理旅游交通秩序；对旅游运输车辆驾驶员和驾乘人员实行登记与考核，将其纳入旅游服务质量管理系统。镇区现有服务中心可通过建筑立面改造、外环境设计、增加相关服务设施等方式，综合提升场地利用率和生态性。其他基层村镇设置基层旅游服务中心。

五、旅游信息服务

1. 完善旅游解说系统

应全面规划、分步建设旅游解说系统。旅游解说系统包括硬件和软件两部分。硬件部分有导游图、导游画册、牌示、音像制品等；软件部分包括导游员、解说员、咨询服务等具有能动性的现场解说。其中公共信息图形符号的设置应满足 GB/T 10001.1—2000 和 GB/T 10001.2—2002 的要求。旅游解说系统具体内容如表 9-5 所示。

大岚镇旅游解说系统规划表 表 9-5

项　目	内　容
人员解说	熟悉各个景区总体情况和景点的历史渊源，热情大方，服务周到
多媒体	制作关于大岚各景区(点)介绍的音像制品，包括游客将在该景区内观赏到的景点，最佳季节的景观，各个自然景观的科学解说以及各个人文景点的典故解说等等。利用修建于各个景区入口的音像放映厅以较低票价或免费向游客播放，也可以出售或租赁(便携式音像解说系统)给游客
印刷品	包括景区平面图、鸟瞰图、各个景点与活动内容等的图文介绍
全景牌示	设置于各个景区大门内侧，内容包括景区总平面图与道路、景点服务设施(如餐厅、公厕等)的分布，以及景区的文字介绍
景点牌示	说明单个景点的名称、内容、背景等信息
路牌牌示	沿景区道路设置(特别是道路交叉处)，向游客清晰标示前方景点方向、名称、距离等要素
忠告牌示	告知游客各种安全注意事项、禁止游客的不良行为，多用红色、黄色。包括设于大门的“游园须知”、危险地段的“小心”“请勿前行”和“请勿吸烟”等警告字样
服务牌示	服务功能建筑物的导引牌示，包括旅游公厕、餐厅、购物地点、娱乐地点、休憩地点的牌示

2. 健全游客咨询中心(信息中心)系统

游客服务中心主要是为旅游者提供有关旅游地交通、景区和住宿情况等内容的服务设施。咨询中心为旅游者的旅游活动起到指导和疏导的作用,一般设在游客集散区域。规划近期改造现有景区(点)的游客咨询服务中心,适时在新建景区(点)增加咨询中心(点)。

3. 旅游电子商务信息系统

充分利用互联网传播速度快、涉及范围广、包含资源丰富的特点,强化大岚旅游网站建设,重点推介区域内的景区(点)和旅游资源,提供全面的信息咨询服务。建立旅游电子政务网和旅游电子商务网,提升旅游管理和服务的现代化水平。

六、旅游厕所与无障碍设施

1. 旅游厕所

按照国家旅游厕所建设标准,加快区域内主要旅游集散地、旅游交通干线、旅游景区(点)的旅游生态厕所建设和改造,尽快改变和提升旅游厕所服务水平。旅游厕所要美化外形,合理布局,以人为本,管理到位,洁净如新。景点集中区一般按照每平方公里规划 3 ~ 5 座设置,其他区域按实际情况适当增加数量,以保证步行 30 分钟范围内有厕所原则设置。厕所外观与景观环境协调,尽量使用生态厕所,根据建设地点及周边环境选择厕所主体造型。表 9-6 为旅游厕所等级划分建设标准。

旅游厕所等级划分及建设标准　　表 9-6

等级	厕所设计及建设	特殊人群适应性	厕　位
五星级	150 平方米以上,男女厕所建筑面积比例 4:6	配备适宜特殊人群使用无障碍设施	男女厕位比例(不含男用小便器)为 4:6;座蹲位设立比例至少达到 5:5
四星级	100 平方米以上,男女厕所建筑面积比例 4:6	配备适宜特殊人群使用无障碍设施	男女厕位比例(不含男用小便器)为 4:6;座蹲位设立比例至少达到 4:6
三星级	60 平方米以上,男女厕所建筑面积比例 5:5	配备适宜特殊人群使用无障碍设施	男女厕位比例(不含男用小便器)为 5:5;座蹲位设立比例至少达到 3:7
二星级	20 平方米以上,男女厕所建筑面积比例 5:5	根据条件配置	男女厕位比例(不含男用小便器)为 5:5;座蹲位设立比例至少达到 2:8
一星级	能够至少满足一个大人和小孩同时就厕	无	男女厕至少各有 1 个座厕位

2. 无障碍通道

根据无障碍设计规范:在公共场所、景区(点)设立醒目的无障碍指示标识;在公共场所、景区(点)设置无障碍通道。在旅游咨询中心、景区游客中心、厕所等配置必要的残疾人用具和残疾人设施。

资料来源:《大岚旅游服务设施规划》,2018.

本章思考题

1. 旅馆业现状调查包括哪些内容?
2. 如何确定住宿设施和餐饮设施的规模?
3. 简述旅游商品的分类。
4. 旅游商品销售网点规划包括哪些内容?
5. 阐述旅游交通规划的原则。
6. 阐述旅游基础设施规划的内容。

第十章 旅游交通与交通旅游

教学目标与内容

交通是旅游业"六要素"之一,交通与旅游的融合已成为发展趋势。系统掌握旅游交通和交通旅游的区别和联系,学习旅游交通的三个层次:景点内交通、景点与依托城市间的交通以及客源地与旅游目的地之间的交通。掌握旅游交通规划的七个原则,深入理解游览线路和特种交通规划要点;理解交通旅游的产生和概念,掌握交通旅游产品和风景道的规划要点;掌握交通与旅游融合发展的内涵、性质和路径等。

第一节 旅 游 交 通

一、交通、公共交通、旅游交通的概念

在进一步探讨旅游交通的有关问题前,弄清楚交通、公共交通与旅游交通三个概念尤其重要。因为目前在许多讨论旅游交通的论著中,不少人混淆了这三者的含义,尤其是没有对公共交通和旅游交通进行界定,这样就会导致在分析问题时缺乏针对性。

交通,就通常情况下来说有两种含义,一是交流,带有文化的色彩,如《中西交通史料汇编》《中西交通史》和《9世纪前的中亚北部与中西交通》,这不在我们讨论的范畴之内。二是指在一定时间中人与物的位移,以及与之相关的载体。这也就是我们讨论旅游交通规划时的交通含义。这个概念也包含两方面基本内容:一是指一种现象,即人或者物的位移;二是指要实现这种位移所必需的载体,即有关基础设施和交通工具。交通基础设施就是我们通常理解的道路、水路、站场、码头等,交通工具有汽车、火车、轮船、特种交通工具等。

公共交通,其要义在于公共。这个概念主要是从它的主要的功能上来说的。就某类交通来说,如果兴建和使用的主要目的在于满足一般性的国民经济发展和社会大众生活需要,也就是说,这类交通的发展主要不是为了满足旅游的需要(当然它客观上会有一定的促进作用),这样的交通则为公共交通。

旅游交通,指主要是为旅游业的发展或者旅游活动的开展提供交通服务的载体。这个载体的内涵与公共交通是相通的,也包括有关的基础设施和交通工具。它与公共交通的区别在于主要功能的不同。一般来说,旅游交通包括旅游景区(点)的交通,以及在一个旅游目的地

内,专为连接旅游景点而兴建的交通。

二、旅游交通的作用

旅游交通、旅行社和旅游饭店,是旅游业发展的三驾马车,关系到旅游六要素中的行、住、食。

(一)旅游交通是旅游业发展的前提

旅游,包含旅行和游览。在居住地的游览,不是旅游学讨论的范畴。旅游学上的旅游,一定是以"旅"作为前提的。一地要发展旅游业,在有资源可以挖掘和利用的情况下,旅游交通的有无和优劣,将直接决定其旅游活动是否可以正常开展。事实上,在许多旅游景区的发展过程中,都经历了由于交通瓶颈而带来的不利影响。但是,随着交通条件的改善其又很好地促进了当地旅游业的发展。

(二)旅游交通是旅游创收的主要渠道

有人指出,旅游交通是游客在旅游活动中主要的时间和费用消耗,这都是非常容易理解的。从游客出游的消费支出看,交通会占到非常大的比重。而这种消费是属于刚性的、必需的,并非可有可无的。这样大比例的消费支出,从目前国家 GDP 计算方式来看,无疑使旅游交通成为旅游创收的主要渠道。

(三)旅游交通是旅游地旅游产品的营销媒介

旅游交通的规划或者修建应该不同于一般的公共交通,即它除了一般意义上的交通功能外,还应着眼于为旅游服务。目前中国道路交通的建筑理念正在逐步发生转变。一些旅游景区内或者连接有关景区的交通,其功能正逐渐进行修正,其内涵正日渐丰富。这些道路交通设施,已不仅仅是运送人与物,而更加注重传递和景区有关的信息,如被进行艺术化处理的道路广告牌和标识牌等。

三、旅游交通规划

(一)旅游交通规划的概念

旅游交通规划是在对旅游规划地的旅游交通发展历史、现状和未来进行调查、分析和预测的基础上,针对旅游交通现实和潜在的市场需求并适应旅游发展对交通运输的要求所编制的旅游交通未来发展的蓝图。就本书所指的旅游交通内涵来说,它主要指对旅游目的地内联系各景区(点)交通的规划,也包括对某一具体景区(点)交通的规划。

(二)旅游交通规划的作用

1. 保障旅游交通正常、有序发展

旅游交通是旅游业发展的大动脉,是旅游接待业的三大支柱产业之一,关系到整个旅游业

的兴衰成败。旅游交通规划根据旅游发展的要求和市场需求明确旅游交通发展的目标，使各种旅游交通方式协调发展，优势互补。旅游交通规划通过科学的设计，为旅游者创造安全、便捷并符合“旅速游慢，旅短游长，旅中有游，游旅结合”的游览性特征的交通运输环境，满足旅游者特殊的旅游交通需要。旅游交通规划要保持旅游交通供给与需求的总体平衡，降低旅游季节性和区域性的差异给旅游业带来的负面影响，保证旅游交通经济效益的实现。

2. 旅游交通硬件建设的重要依据

旅游交通规划根据市场需要，确定旅游交通设施建设的规模、结构、布局和重点项目，谋求各种交通方式的优势互补和内外部交通的相互衔接，以满足旅游业发展的要求，同时，它还是旅游交通重点建设项目争取政府贷款和招商引资的重要依据。

3. 旅游交通软件建设的重要依据

旅游交通规划还要根据旅游交通未来发展的目标，确定旅游交通管理与服务的总体水平和相应的要求，包括专业管理人员和服务人员的数量、质量和来源渠道，以增强旅游交通管理。

（三）旅游交通规划的原则

1.“行”即是“游”原则

旅游交通是为旅游服务的，应努力追求交通的过程即是游览的过程。

2. 市场导向原则

根据市场需求，确定旅游交通的运输能力、设施与线路布局、营运方式等，以保持供给与需求在数量和种类上的平衡。

3. 经济效益原则

基础设施投资大，回收周期长，必须注重投入与产出的科学性，促进旅游交通经济上的可持续发展和良性循环。

4. 突出重点原则

旅游交通是一个庞大的系统工程，易受环境影响。在规划时，必须抓住主要矛盾和关键环节，保证重点就是保证全局。旅游交通规划重点，一般是指旅游交通枢纽、主导交通方式和内外旅游交通干线。

5. 综合配套原则

旅游交通是一个综合性产业，纵向上，保持公路、铁路、航空、水运、特种等交通方式之间的协调；横向上，保持食、行、住、游、购、娱等各要素之间的协调。

6. 地方特色与国际标准统一原则

根据地理和文化特征，设计具有地方特色的旅游交通系统。同时，在服务水平和管理方面应与国际标准保持一致，如双语路牌、国际通用路标等。

7. 适度超前原则

旅游交通是旅游业发展的前提和大动脉,必须坚持适度超前的原则,使旅游交通保持略高于旅游业的适度超前发展速度。

8. 便于游览原则

旅游交通不同于一般的公交运输,在规划设计上必须坚持较一般公共交通更加豪华舒适、特色鲜明、形式多样、主题突出等便于游览的原则。

(四)旅游交通规划的步骤

1. 旅游交通的“概念规划”

提出指导旅游交通规划全局的理念,确定旅游区的客源交通圈范围并分析旅游交通网络的空间形态。

2. 旅游交通的“详细规划”

在分析旅游区交通宏观需求的基础上,结合旅游区内外的出行特征、要求及主要影响因素,确定旅游交通的规划目标和线网布局。

3. 旅游交通的“特色规划”

强调旅游资源特色,将旅游交通的安全性、舒适性、游览化、多样化等本质内涵在旅游目的地内部景区交通设施的具体形态中充分体现。提出特色交通运输服务、特色横断面设置、特色交通信息和标志系统供给等。

四、旅游交通游览线路的规划

游览线路是景区的脉络,是连接各景区、景点的纽带和风景线。游览线路的规划将景区内不同功能和类型的旅游资源、功能区、景观节点、旅游产品等有机地组合到一起,保证游客游览的流畅性与可通达性。

(一)交通游览线路的作用

1. 组织空间,引导游览

景区中常常利用地形、建筑、植物或道路把景区分隔成各种不同功能的区域,同时又通过道路,把各功能区联系成一个整体。景区游览线路正是承担起组织景点的观赏顺序,“步移景异”,向游客展示景观的作用。在这个意义上,游览线路是游客的导游。

2. 组织交通

游览线路可以对游客进行集散、疏导,能够满足园区绿化、建筑维护、养护、管理等工作的运输功能,还能承担安全、防火、职工生活、公共餐厅、商业服务等景区工作的运输任务。

3. 构成园景

游览道路的曲直、刚柔并济的构图、材质各异的路面、丰富的交通工具与景区的山、水、建筑、花草、树木等景物紧密结合，达到“游在画中”与“画中可游”的动态视觉与审美体验。

(二)交通游览线路的分类

1.旅游环路

旅游环路即旅游景区的游览大道，是指旅游吸引物之间、沿固定路线连接各景点的环路，既是交通线路也是观景线路。设计要点如下：环路设计使客源快捷到达区域内各景点，有效避免某一节点人流密集、交通堵塞；环路沿线基础服务设施建设要适当选址、精心安排，沿环路合理布局观景点、停车区、信息站、游憩区、厕所和垃圾站等设施；既满足游客服务需求，又不破坏环路沿线的景观风貌；要延伸道路两侧视觉空间，营造景观，满足游客的审美需求。

2.游览主干道

游览主干道是旅游景区第二级游览线路，提供游览交通服务，它的设计最终使游人能回到旅游环线。游览主干道同时提供进入专门旅游服务设施的通道，如进入资源地、独立的纪念馆、纪念地或游憩地等。

游览主干道主要划分为陆路交通、水上交通和空中交通，其中最主要的是陆路交通方式。游览主干道时采用的工具一般为清洁型的车船、特种交通工具等。

规划要点应注意以下三个方面：因地制宜，尽量少破坏原有地形；道路标识清晰并体现地域特色；避开生态脆弱区。

3.游览步道

游览步道是旅游景区第三级游览线路，仅供游人通行，路线较窄，设计灵活，往往依据自然地形进行设计，路面材料丰富多彩，能增加游览的趣味性。在设计时要充分考虑游客的体验心理，将美学原理运用其中，使步道与周围景致相融合，构成景区的景观线路。

(三)旅游特种交通专项规划

1.特种交通的地位和作用

旅游目的地的特种交通方式，成为人们参与、体验旅游活动的主要途径之一。旅游特种交通方式或传统或现代，能使旅游者体会到新奇、刺激的快乐感觉；特种交通是对其他交通方式的补充，是旅游开发规划中不可缺少的部分。

2.特种交通规划的原则

首先，遵循“宜隐宜藏”原则。既能满足游人观景、参与的需求，又不破坏景区的自然风貌，要藏而不露，特别是索道交通。

其次，要符合旅游景区的地域文脉特征。在传统民族文化浓郁的地区，要传承其地域传统的特种交通方式，使游人体会到原汁原味的地域文化，譬如坐船游江南小镇或坐游轮观赏重庆夜景等；对经济发达的商务旅游目的地城市来说，特种交通方式往往是现代科学技术的体现，应使游客体验科技的进步。

再次，规范操作，确保安全。特种交通工具种类多样，运行环境、技术要求各异，确保安全尤为重要。

第二节 交通旅游

一、交通旅游的产生

在旅游活动实践发展中，旅游交通通常作为硬件设施按照“通、快”原则策划与安排；在旅游交通的学术研究中，旅游交通在旅游活动中通常被列为附属系统，居于旅游活动中的次要地位，仅作为旅游基础设施（硬件）而存在。在旅游业多元化发展、旅游者日趋成熟，以及新型交通工具和交通配套设施不断涌现的形势下，旅游活动开始向文化教育旅游、科技探索旅游、休闲度假旅游、银发保健旅游等高品质且具有个性特色、地域特色、时代特色的旅游方式转变。交通运输单纯性的“空间移位”功能已逐渐不能满足旅游者追求高品质、多层次的消费需求，让交通不仅仅是为旅游而服务，而是使之成为“旅游”的一部分，“交通旅游”便应运而生。目前，越来越多的旅游交通工具、交通设施，正逐渐开始向既能满足旅游者空间位移需要，又能适应旅游者对社交学习、自然观光、休闲享受等方面的价值追求发展。

二、交通旅游的内涵

交通旅游是利用相关交通载体而开展的一项旅游者参与程度高、体验丰富的旅游活动，其着重点在“旅游”。在旅游活动中，通过提高交通“行”的品质，使其具有“游”的吸引特征，转化为旅游吸引物。换而言之，交通旅游中“行”的过程就是“游”的过程，“行”即是“游”，“行”“游”实现一体化有机融合。交通旅游是社会进步、科技发展、旅游消费大众化的必然产物，是旅游活动发展中的新方式，其不仅涉及旅游线路与项目的组合设计、交通工具的选择、配套服务等，还涉及交通旅游中引导旅游者享受沿途的美景、美食、民俗、民情，或是组织途中的娱乐、康健、学习等活动，以此增加旅游者的愉悦感。交通旅游的方式、类型以及与其他旅游项目的组合都将成为旅游者体验的重要组成部分，并且对旅游者行为与旅游质量评价产生重要影响。

三、交通旅游产品

（一）交通旅游产品概念的提出

从世界范围看，各种具体形式的“交通旅游产品”诞生已久，如房车旅游（20 世纪 40 年代兴起）、邮轮旅游（20 世纪 50 年代兴起）、直升机观光游（20 世纪 60—70 年代开创）、火车旅游（20 世纪 70 年代兴起）。这些旅游产品或项目有的发展比较成熟，有的正方兴未艾，还有的才开始崭露头角，但还尚未被冠以“交通旅游产品”之名。根据各种具体形式的“交通旅游产品”的共性，我们可以初步理解“交通旅游产品”是以旅游者愉悦的旅游体验为出发点，以满足旅游者休闲、享乐、社交为首要目的，以交通工具及设施（包括旅游始发地与目的地间的交通、旅游目的地区域内的交通、旅游景区景点内的交通，共三大部分）为载体，以交通线路和旅游项目设计为主体，以景区景点游览为扩展或延长的新兴旅游产品。就旅游消费层次与旅游者追求的品质而言，交通旅游产品属于较高端的旅游产品。

(二)交通旅游产品的开发

在“交通”与“旅游”的相互作用与不断融合下,“铁路 + 旅游”“巴士 + 旅游”“航空 + 旅游”“邮轮 + 旅游”等交通旅游产品开始不断涌现,活动项目日益丰富,特色更加鲜明,规模迅速扩大。如,近年来,邮轮公司在中国的邮轮数量逐步增加,业绩每年也以两位数的速度增长,很多邮轮公司为了吸引游客参团,通过在过年期间在邮轮上举办丰富多彩的活动,让游客体验海上的别样年味。深圳首届邮轮旅游嘉年华还通过市民公众开放日、太子湾邮轮母港“邮轮旅游文化展”“邮轮故事分享沙龙”、儿童绘画大赛等形式,呈现不一样的邮轮旅游体验。又如,“引流入疆”旅游专列深入南北疆核心与主要旅游区域,2016 年达 153 列,近 11 万名游客乘专列到新疆旅游,助力新疆旅游业发展。再如,低空飞行旅游在海南的发展已初具规模,据了解,目前美亚旅游航空有限公司在海南推出了三亚湾空域游览、西线空中礼佛之旅、三亚至万宁航线等飞行旅游产品。

四、风景道规划

(一)风景道概述

风景道是一种路旁或视域之内,拥有审美风景的、自然的、文化的、历史的、考古的和增进游憩价值的景观道路,是交通价值、景观价值、游憩价值、文化价值、自然价值等多重价值的融合。

风景道所具有的充分拓展旅游和旅行途中的景观观赏功能,在将通常的旅行成本转变为旅游者的特殊旅行收益方面具有显著优势,满足了游客旅途中的多种游憩需求,同时也顺应了旅游业尤其是自驾车旅游迅猛发展的趋势。它通过线性路线,将点状、面状的旅游景区景点连接成网状旅游目的地,对面状、线状产品来说,这是一种最经济、最直观、最深刻的体验方式。因此,风景道改变了传统的围墙内的旅游风景区开发模式,是一种很好的线性旅游开发模式,是对点状、面状旅游开发模式的补充和完善。

风景道在国外如北美、西欧已有 100 多年的发展历史,已形成了一个独立的、蓬勃发展的研究领域,并取得了丰富的研究成果。同时,风景道还因得到了政府和开发商的大力支持和积极参与,在实践工作中取得迅猛发展。目前美国已建设了 80 多条国家风景小道和泛美风景道,形成了由国家、州和地方级组成的风景道体系。风景道在道路规划、景观设计、保护历史遗迹和自然风景、带动地方经济发展等方面,发挥着非常重要的作用。

国内北京交通大学余青教授对风景道研究成果较多,主持编著《风景道理论与实践》《绿道的规划、设计和开发导则》《美国绿道》等专著和译著,提出了中国国家旅游风景道标准体系。另外,吴必虎(2002)等人采用“等距离专家组目视评测法”(EDVAET)对小兴安岭风景道旅游景观进行了评价。

(二)风景道规划要点

风景道这一线性空间规划与点状和面状景点景区规划相比,最大的差别在于人们将公路廊道作为一个更广阔的人的价值的混合体,需要强化其在旅游者旅行途中的景观观赏功能、休闲游憩功能、体验教育功能和信息引导功能。因此，风景道规划设计中需要更多地强调沿途道路两侧视域范围内的景观与植物配置规划设计，沿途游憩服务设施规划设计，交通、信息标志系统与解说系统规划设计，声音景观设计等方面的内容。为此，在遵循风景道规划设计一般原则和规律的前提下，余青教授结合鄂尔多斯地区的自然生态环境和地域文化特征，创新性地提出了“最少的规划就是最好的规划原则；生态设计原则；景观需要设计及管理原则；人性化、简约化的游憩服务设施设计原则；公众参与，多利益主体平衡原则”，在这些原则的指导下，分别从以下方面对风景道进行规划设计。

第一，景观空间及植物配置。为了凸显鄂尔多斯风景道自然和文化景观的渐变性和多样性的特色，规划将风景道景观空间划分为五大带，通过对风景道沿途景观的改进和修建，修补、培植和更替不同地段生态植被，以强化和保护沿途原生态景观。植被的处理手法结合当地的历史文化背景，分别采取“保育”“放任”或“更替”的方法。

第二，游憩服务设施规划。沿途规划设计了一系列人性化、简约化的游憩服务接待设施和基础设施，如沿线公共服务设施、游客中心、宿营地及住宿设施、野营地和野餐地、汽车加油及租赁站，序列化的停车观景平台、路旁博物馆、方便的收费系统、完善的救援和安全系统、停车场及自然游径系统等。

第三，交通和信息标志系统规划设计。建立完善、多样、特色化的交通和信息标志系统是风景道区别于一般道路的重要方面。鄂尔多斯风景道交通和信息标志系统由遵循交通国家标准的公共交通标志和风景道特色标志两大部分组成。

第四，重要节点声景学设计。设计中采用了正（在原有的声音景观中设计添加新的声音要素）、负（对声音景观中与环境不协调的、不必要的、不希望被听到的声音的噪声要素去除）、零（按原状保护和保存，对该声音景观不做任何更改和变动）三种手法。

第三节　交通与旅游融合发展

一、交通与旅游融合发展的背景

交通与旅游素有渊源，从古代的马车舟船到现代的飞机高铁，交通承载着人类文明，与旅游共生发展。在中国，与社会经济发展相适应，交通与旅游的关系大致可分为三个阶段：一是交通单纯是旅游可进入性要素阶段，二是交通延伸旅游服务功能阶段，三是交通与旅游融合发展阶段。

近年来，为促进交通与旅游的融合发展，国家有关部门制定了一系列政策。2016 年 7 月，交通运输部正式印发了《关于实施绿色公路建设的指导意见》，明确了绿色公路的发展思路和建设目标，提出了五大建设任务、五个专项行动和五项保障措施，对全面提升公路建设理念和发展转型有重要现实意义，为交通与旅游的融合奠定了基础。2017 年 2 月，为深入贯彻党中央、国务院关于推进供给侧结构性改革的决策部署，国家六部门联合发布了《关于促进交通运输与旅游融合发展的若干意见》，该意见提出到2020 年，基本建成结构合理、功能完善、特色突出、服务优良的旅游交通运输体系；建立健全交通运输与旅游融合发展的运行机制，基本形成

“快进”“慢游”旅游交通基础设施网络，旅游交通产品供给能力明显增强，旅游交通服务功能明显改善，服务质量有效提升。2017 年 11 月，根据《全国红色旅游公路规划（2017—2020 年）》《促进交通旅游服务大数据应用实施方案（2016—2018 年）》等文件，交通运输部印发了《关于组织开展旅游公路示范工程建设的通知》，提出要高度重视旅游公路建设，创新理念、整合资源、统筹推进，以旅游公路示范工程为载体，因地制宜，以点带面，实践探索旅游公路建设经验，为进一步开展旅游公路建设、推进公路交通与旅游融合发展提供有益借鉴。

二、交通与旅游融合的内涵与性质

中国公路学会理事长翁孟勇认为，“交通 + 旅游”可以创造出一种新的经济社会发展业态和新的动能。交通运输部顾晓锋指出交通和旅游融合的本质是人们对美好生活的向往，它改变了时间、空间和资源的利用途径，时间变慢了，空间变得更连续，资源就地实现了生产要素的转换过程，绿水青山就地变成了金山银山。在经过以效率为主的发展阶段后，交通的快进体系基本成网，现在需要慢游体系来为人民对美好生活的向往提供新供给。

交通与旅游的融合具有五个特性：一是可达性。任何旅游者要实现从定居地到目的地之间的旅行，都必须借助良好的交通条件和运输工具这两个载体。只有“进得去”且“出得来”才能够带来客源和经济效益。二是可展性。“展”即为延展，也就是说随着旅游交通的不断发展，交通网络的不断延伸，对区域旅游产业经济发展起到促进作用。任何一项重大交通项目的建成，都会对区域旅游业带来多方面的影响和深刻变革。三是可链性。通过旅游交通运输体系的构建，包括通道支撑、集散衔接、基础网络、配套服务等方面的完善，为游客提供一站式、一体化、系列化的全方位服务。四是可融性。交通与旅游的特性，使两者在融合过程中，不断创造出新的产品和产业业态。随着融合的进一步深入，“交通 + 旅游”衍生出的新业态将越来越多。五是可导性。“交通 + 旅游”通过利用现代交通技术提前控制、疏导集中出行造成的交通拥堵，并为旅客提供多选择性的交通组合产品，对改善出行质量，提升旅游品质具有积极作用。

三、交通与旅游融合发展的内容

一是把交通和旅游功能纳入统一规划，统筹考虑交通、游憩、娱乐、购物等旅游要素和旅游资源开发。要求各地在编制旅游交通基础设施发展规划时，将旅游标识标牌、观景设施与交通基础设施统一规划、设计。

二是构建更加便捷高效的“快进”交通网络。依托高铁、城际铁路、民航、高等级公路等“快进”交通网络，力争实现一种及以上“快进”交通方式通达 4A 级景区，两种及以上通达 5A 级景区。加快干线公路与景区公路连接线以及相邻区域景区之间的公路建设。同时，做好自驾车房车营地与交通干线之间联通公路建设。

三是构建更加舒适的“慢游”交通网络。因地制宜建设旅游风景道，支持红色旅游公路建设，支持通往少数民族特色村寨、风情小镇等旅游景点的乡村旅游公路建设。建设集“食住行游购娱”于一体的“慢游”交通网络。

四是拓展交通设施的旅游功能。首先，客运枢纽要增加旅游功能，增强自驾游服务等功能，有条件的城市可建设邮轮旅游集散枢纽；其次，高速公路服务区要增加旅游功能，临近高速公路具有观景价值的地方,可与景区联合设置服务区或停车区;最后,普通公路也要完善旅游服务设施,在路侧空间富裕路段设置驿站、简易自驾车房车营地、观景台、厕所等设施。

五是提升旅游运输服务质量。在黄金周、小长假等重大节假日期间开通至主要景区景点的旅游专线、旅游直通车,定制旅游线路。推进运力闲置的客运班车向旅游包车转型。完善省内客运联网售票系统,设立跨省区联网售票平台,提高联网、联程、异地和往返票务服务水平,推广设立异地城市候机楼。建立交通、旅游数据共享机制,促进交通旅游大数据应用。

六是创新交通旅游产品。增开高铁、豪华列车、旅馆列车等特色旅游专列,开发适合旅游特点的特种观光列车等装备;开展通用航空旅游试点,加快通用机场建设,开辟重点旅游城市及符合条件的旅游区低空旅游航线;发展邮轮旅游,形成分布合理的邮轮开发港口体系,建设邮轮旅游集散枢纽。

案例　宁波东钱湖地区旅游交通"三步曲"规划方法

一、东钱湖地区旅游交通的概念规划

(一)旅游交通规划的背景和理念

东钱湖镇位于宁波市东南部,距宁波市区约 7.8 公里,东钱湖是浙江省最大的天然淡水湖,面积为西湖的 4 倍,集水面积 79 平方公里。从旅游区位来看,宁波东钱湖镇位于上海—杭州—宁波组成的"金三角"地区,是浙东黄金游线(杭州、绍兴、宁波、台州、舟山)上的重要节点,东与海天佛国普陀山隔海相望,南与宁海温泉相近,西与奉化溪口为邻,区内还有国家重点佛教名刹天童禅寺和阿育王寺以及天童国家森林公园。

旅游交通的规划理念要突出东钱湖山水明秀、水乡泽国的特色风情,以"魅力绿色旅游交通"为规划理念核心,主要从四个方面体现:

1."生态、和谐"

旅游交通的构建要减少对自然、历史文化资源的破坏,做到少损耗;要协调好与当地居民生产生活的利益关系,做到少冲突;要合理确定交通规模、等级,做到少浪费;要减少交通运行的环境成本,做到低污染,实现道路的隐于山林,融于田间。

2."绿道、亲水"

用综合的、有机的、开敞的绿色通道网络联系东钱湖地区内相互独立、分散的旅游空间,为行者的游憩活动提供亲近湖水、溪流的自然交通走廊。

3."文脉、传承"

力求在交通道路视野范围内将旅游的自然景观点、人文景观点、古树名木组织起来,使旅游道路成为联系自然和历史景观的纽带,形成体现景区文脉的宜人空间。

4."游客、慢行"

要形成以人为主,以车为次的旅游交通模式,对于道路交通的使用者尤其是慢行交通(以

游览功能为主,兼顾交通功能的出行活动)的使用者予以充分的尊重,为游客提供"方便、安全、舒适、多样化"的交通服务。

(二)旅游客源交通圈的确定

1. 旅游客源交通圈的作用机理

林木忠义提出三种旅游基本距离的原理:

(1)距离与行动圈原理,即基本距离越长,观光者的观光活动范围与其旅游规模越大。

(2)距离与频度原理,即基本距离越短,观光者访问观光对象的频度越高。

(3)距离与观光内容原理,即目的比较单纯的观光内容只能招徕近距离的观光者,而比较丰富的观光内容则可招徕较广范围的观光者。

从这三种原理可知,旅游者的出游空间对距离具有强烈的敏感度。实际上,对旅游地的感应空间距离与实际旅游行为的时间距离之间亦存在较大差异,造成这种差异的主要原因之一就是交通可达性的制约。

Prideau 等人的研究表明,以旅游点为中心,出行时间在 2 小时的范围是城市居民休闲度假的高频出游区域。可见在该范围内,通过在旅游区与客源地之间建立方便、快捷的交通联系可扩大客源腹地的范围,增强客源的出游频率和强度。

2. 旅游客源交通圈的确定

根据旅游目的地与旅游客源地之间的交通流与交通时间在空间上的相互关系,以目前高速公路的平均出行速度,建立东钱湖地区旅游客源交通圈。

(1)半小时客源交通圈

以宁波市区及周围近距离的风景区、森林公园为界,该范围是东钱湖地区的根本客源地,以公交性、通勤性交通为主。

(2)一小时客源交通圈

以舟山、余姚、宁海为界,该范围是东钱湖地区的直接客源地,以直达、当日往返交通为主。

(3)两小时客源交通圈

以上海、杭州、温州为界,该范围是东钱湖地区的间接客源地,以快速、个体交通出行为主。

随着东钱湖地区对外交通条件的改善,其各级客源交通圈的覆盖范围将不断扩大,游客客流量呈快速增长之势。

(三)旅游交通的空间形态分析

1. 职能定位的交通宏观需求

在《东钱湖地区总体规划》中,对其发展定位是:宁波都市区的"后花园",华东地区重要的国际会议中心,国家重点生态型旅游度假区。为满足并促进其功能定位的实现,东钱湖地区旅游交通系统需满足图 10-1 的要求。

2. 景区旅游空间结构的交通需求

东钱湖地区旅游空间结构为"一轴、两心、三廊",形成以东海—陶公山的山海观光轴,以东钱湖为“水心”，以森林为“绿心”，以历史、生态、佛教为主题的三个旅游走廊。

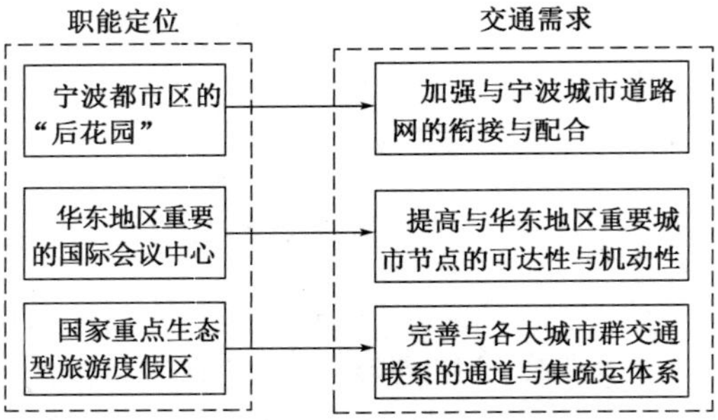

图 10-1　东钱湖地区职能定位的宏观交通需求

为促使其旅游空间结构的形成和发展，要求构建以东钱湖地区为中心的“亲水”交通环线；以森林、佛教为主题的“盘山”交通轴线；以寻踪探险为中心的登山、自行车交通系统，实现东钱湖地区交通网络的空间布局对其旅游空间结构的配合与支撑。

二、东钱湖地区旅游交通的详细规划

（一）旅游交通网络布局的需求分析

构建结构合理、网络完善、层次分明的旅游交通系统，做好交通线路的功能定位，将旅游性、生活性的主次道路在交通空间上给予分离。

重点建设与景区配套的旅游集散中心和旅游接待中心，作为旅游空间结构的空间支撑核心和旅游路线、旅游产品的空间支撑结点。

为旅游者提供以不同体验方式感受旅游空间的可能，注重公共交通、非机动交通、步行交通网络的完善，通过多样化的旅游交通结构增加旅游网络中景点的可达性。构建“旅中有游，游旅结合”的旅游交通环境，使游客在“游”的过程中也能体验“行”的乐趣，强调路随景修，景随路转的旅游交通体验。根据出行个体需求的差异性，为游客提供不同行进速度来感受旅游空间可能，提供“快＋慢”的交通模式。重视绿色、宁静交通的构建，重视公共交通的同时，也为个体交通提供可能。

旅游交通系统要为未来旅游发展提供弹性供给的可能，同时在土地、空间等资源的占用上留有余地。

（二）旅游交通的规划目标和布局

1. 规划目标

目标：四通八达，方便顺畅，快慢有致，曲径通幽。

通过区域交通建立起体系完善、设施先进、进出便捷、服务优质的旅游交通网络，实现高效、快捷的区际联系和安全、舒适的区内联系，实现东钱湖旅游交通的“进得来、出得去、散得开”，真正形成该地区旅游交通的一体化。

具体为：

(1)实现区际联系半小时、一小时、两小时交通圈要求;

(2)实现景区内的“1 2 3 4 5 6”的目标:10 分钟景点切换;20 分钟景区切换;30 分钟登高望远;40 分钟景区互通;5 个大型出入口及接待站;60 分钟环湖游览。

2. 规划布局

(1)路网布局

形成独特的“外、城、景、连”布局模式,共 190 公里,其中,“外”为东钱湖地区与周边路网衔接路线,呈“两环四射”格局;“城”为东钱湖新城的主要道路线路,呈“一轴一主一次”格局;“景”为东钱湖景区内主要的旅游道路,呈“一环两副环”格局;“连”为居民居住点间的联系道路,呈“三射”格局,并规划 65 公里的自行车徒步道,保持贴近自然的原始性和趣味性。

(2)运输枢纽布局

规划两个客运站,一个货运站,其中钱湖新城客运站的主要功能为旅游集散中心,东吴客运站主要为当地居民服务;规划 5 个旅游接待中心,分别位于东钱湖地区的主要出入口处。

(3)航道网及码头布局

规划内河航道 38 公里,湖区航道 46 公里,形成纵横交错的特色水路网络;规划 3 个内河码头,9 个湖区码头,分别承担旅游客运、生活客货运交通转换。

三、东钱湖地区旅游交通的特色规划

(一)特色运输服务供给

东钱湖地区运输服务以公共交通为主体,其交通运输服务随地域范围变化,对 1 ~2 小时交通圈范围内的游客提供快速通道服务,以满足游客尽快进入景区的要求,一旦进入景区,每位游客就能享受到其独特运输服务所营造的“魅力绿色旅游交通”。

1. 交通卡

考虑到东钱湖的度假旅游性质,游客停留的时间可能会比较长,推出交通卡制度,游客只需对所有运输服务的一次性低价付费,便可任意享用,还可对相关旅游服务享有打折或免费的权利。

2. 公共汽车 + 步行

根据东钱湖地区旅游资源的山水特色,开发了公共汽车服务与步行观光线路相结合的旅游方式,以便游客能在步行和乘车两者中轻松地选择,为人们最大限度地感受、亲近当地的青山绿水提供多种交通服务。

3. 公共交通 + 自行车

开通可搭载自行车的公共汽车,既可以满足自行车爱好者带上自行车自助游览景区的要求,又可通过举办自行车赛事增加东钱湖的知名度和吸引力。

4. 提供便利的自行车租赁

通过联网,自行车的租赁或归还可在景区任意服务点完成,给游客租赁自行车提供最方便的服务。

5. 分享式微型车

为临时结伴的游客提供小型交通工具，分享的是交通服务，共享的是更多的旅游乐趣。

（二）特色道路横断面设计

在设计东钱湖旅游道路的横断面时，要考虑以下要求：体现不同路段的交通功能特性及其在整个公路网中的地位和作用；为旅游性质的非机动交通提供最贴近自然的通行空间；弱化道路用地与周围景区的分界线，强调两者的融合；提供机非车道之间的空间分离，让步行和乘车游客各得其所；考虑旅游交通附属设施的合理布置。

（三）其他特色交通服务

1. 慢行彩色交通路面

利用当地盛产的建筑材料与特殊的合成剂铺筑彩色慢行交通路面，既适应了东钱湖地区湖泊山林地形的特殊交通要求，又明确了对交通空间的划分和识别。

2. 有序高效的标识系统

设置组合型路标、指示牌，使其不仅能指明道路的名称和走向，还能指明旅游景区、景点的方位及其距离，以便于游客根据自己的意图高效、准确地使用。

3. 高效的交通信息服务

对游客提供大量的旅游交通信息服务，包括咨询、订票、换乘、组团，提供免费的交通资料，使游客一目了然地找到与景点相关的交通服务路线、时间等信息，为步行及自行车游客提供更为详细的游行图等。

本章思考题

1. 旅游交通与交通旅游有何区别与联系？
2. 旅游交通规划应坚持哪些重要原则？
3. 游览线路的设计应注意哪些要点？
4. 风景道规划要点有哪些？
5. 交通旅游产品的概念及类型有哪些？
6. 交通与旅游融合的本质及属性是什么？
7. 如何推动交通与旅游融合发展？

第十一章 旅游可持续发展规划

教学目标与内容

在生态文明建设背景下，可持续发展成为旅游规划的基础要求。要求理解旅游资源与环境保护的必要性，了解环境问题产生的类型及原因，重点掌握旅游环境容量的概念、分类和计算方法，了解旅游资源与环境保护的常见措施。

第一节　旅游资源与环境保护的必要性与紧迫性

旅游资源大多是自然及人类文化遗留下来的珍贵遗产，不但具有易受破坏的脆弱性，而且还具有难以恢复的不可再生的特点。国内外风景旅游地的生态环境因旅游而被破坏的事例时有报道。事实证明，以牺牲环境来赢得旅游的短期繁荣景象的旅游开发是目光短浅的行为。因此，保护生态环境、保护旅游资源是旅游开发的前提和保障。

一、旅游资源与环境保护的必要性

（一）保护自然生态系统与环境的需要

保护自然旅游资源就是保护自然生态系统和自然生态环境。自然旅游资源是地球表面自然生态系统中具有旅游价值的景观，是在人类大力开发下得以保存下来的经亿万年演化而成的珍贵景观。按其特点可以分为顺境自然生态景观、逆境自然生态景观和特异自然生态景观三大类。

顺境自然生态景观是指青山绿水的原始优良自然生态系统，如世界自然遗产、自然保护区和一些风景名胜区，这类景观多分布在高山深谷、人类难以到达的区域和宗教圣地。这种景观得以保存下来有两方面的原因：一是由于生产力的限制，人类难以涉足；二是宗教的力量。这类景观生态系统极为脆弱，往往位于脆弱生态带，随着生产力的提高，旅游业的发展，这种顺境自然生态景观成了旅游开发的资源对象，若开发不当或开发后管理不当，违反自然生态发展规律，很容易对自然生态系统造成不可逆转的破坏，数亿年演化留下的珍贵自然遗产将毁于一旦。

逆境自然生态景观是指由于自然生态系统的逆向演化所形成的具有观赏价值的自然景

观,如由于自然形成的严重水土流失所造成的云南元谋土林和陆良彩色沙林风景名胜区。这类景观虽然是水土流失形成的,但如果人类的开发行为加大了这种水土流失的强度,势必影响这类景观的形态特征,甚至会导致这类景观从地球上消失。

特异自然生态景观是指自然形成的以其奇特的特征吸引游客的自然景观,如喀斯特地貌中的云南路南石林、桂林山水、地下溶洞。这类景观的形成也历经了亿万年,若不注意保护,如喀斯特造型景观的石芽被炸毁、地下溶洞中的石钟乳和石笋被敲断等,均使之失去了原有的魅力,减小了对游客的吸引力,同时也破坏了自然景观的完整度。

可见,保护自然旅游资源就是保护自然生态系统。

(二)保护人类文化的需要

保护人文旅游资源就是保护人类文化。人文旅游资源是人类几千年悠久历史长河中遗留下来的珍贵文化遗产,是祖先与自然共同创造的灿烂辉煌的结晶。现在作为旅游资源开发利用的对象,包括名胜古迹、园林建筑、民俗风情等。如北京故宫,是世界上目前存在的规模最大的木质建筑群,是我国人民智慧的结晶,已被联合国教科文组织公布为世界文化遗产。又如中国的万里长城,是世界上最为壮观的军事建筑,被称为世界七大古建筑之一,也被联合国教科文组织公布为世界文化遗产。正如历史不可逆转一样,古人遗留下来的历史文化古迹一旦被破坏,就不可能再重新真正原样恢复。别具一格的中国园林建筑,以效法自然为原则,采用一系列建筑技艺,使原来的景观特色更为突出。如小河流水处搭上弯弯的小桥,形成了“小桥流水”的优美景观和诗意;山顶建塔,加大了景观的起伏、丰富了景观的层次,这种源于自然、优于自然的中国园林典范,也是中国几千年传统文化的积淀,一经破坏,难以恢复,即使复原重修,也会留下貌似神异的遗憾。至于千姿百态的民俗风情,是反映人类社会发展的历史长河各个阶段的活的标本和缩影,是各民族历史发展过程中流传下来的文化现象,现作为旅游资源来开发,但若开发利用不当,一经流失,难以寻回。从上述分析中可以得知,人文旅游资源的实质是文化,破坏人文旅游资源就是破坏文化,从这个意义上看,保护人文旅游资源就是保护人类文化。

(三)保护旅游业可持续性发展的需要

保护旅游资源就是保护旅游业的可持续性发展。优美而奇特的旅游资源,为游客提供良好的游览、度假、娱乐等旅游活动场所,使旅游业获得经济效益。一个地区有了旅游资源才能发展旅游业,从这层意义上说,保护旅游资源就是保护旅游业的可持续性发展。21 世纪以来,随着人类社会生产力的提高,人们利用自然的能力也大为提高,但由于缺乏对自然环境的正确认识,工农业发展走的是一条以牺牲环境为代价、杀鸡取卵的道路,等到遭受到大自然的报复后才省悟过来,不得不走上“先污染(破坏)后治理”的弯路。从这一沉痛的教训中我们应该清醒地认识到:旅游业虽被誉为“无烟工业”,但由于旅游资源的脆弱性和不可再生性决定了旅游业的发展绝对不能再重蹈环境问题的覆辙。已开发的旅游资源一经破坏,吸引游客的魅力也就随之消失,旅游景区的经济效益直接受到威胁;潜在的旅游资源是旅游业进一步发展的后备资源,若未开发就先遭破坏,旅游业就失去了发展的潜力,成了无源之水。可见,保护旅游资源就是保护旅游业的可持续性发展。

二、旅游资源环境问题产生的原因

旅游资源的保护要能对症下药，就需要寻求其衰败和破坏的原因，总结起来，旅游资源衰败和破坏的原因可以归纳为自然衰败和人为破坏两个方面。

（一）旅游资源的自然衰败

旅游资源，无论自然形成的还是人工创造的都是大自然的一部分。大自然的发展、变化都会对旅游资源产生一定的影响，甚至使之产生自然衰败。根据影响的速度和程度，可分为灾变性破坏和缓慢性风化两种。

1. 灾变性破坏

自然界中突然发生的变化如地震、火山喷发、海啸等自然灾害的出现，会直接改变一个地区的面貌，毁掉部分或全部旅游资源，这种现象称为旅游资源灾变性破坏。如雕塑于公元前3世纪的世界古代七大奇迹之一罗德岛太阳神铜像，就毁于地震。中国历史文化名城的云南省丽江大研镇在1994年大地震中，部分古建筑也遭到破坏。1997年8月12日，夏威夷岛上最古老的瓦吼拉神庙，被基拉威火山喷出的熔岩全部淹没，一座拥有七百年悠久历史的名胜古迹毁于一旦。

2. 缓慢性风化

在自然状况下，由于寒暑变化、风吹雨淋，缓慢地改变旅游资源的形态和性质，这种现象称为旅游资源的缓慢性风化。

任何名胜古迹都时时刻刻受到自然物理风化的危害，如埃及的基奥斯普大金字塔，近一千多年来风化产生的碎屑体积达5万立方米，平均每年损耗约50立方米，即整个金字塔表层每年损耗约3毫米。有些更古老的台阶式金字塔风化更为厉害，很多大石块几乎完全损坏，或者只剩下很小的近似球形的团石，台阶上则堆积很厚的碎屑。又如秦始皇陵，原名骊山，据三国时魏人说："坟高五丈，周围五里余"，经折算，高约为120米，底边周长约2167米，这座由人工用黄土堆造的骊山，随着2000多年的风雨侵蚀，高度降到64.97米。我国的云冈、龙门、敦煌三大石窟及帝王陵墓石雕也同样受到自然物理风化的破坏。

鸟粪对旅游资源的生物化学分解也会导致旅游资源的缓慢衰竭。养鸽在欧洲许多城市流行，它能增加城市的生气，但是，鸽粪落到屋顶上、檐口下或雕像上，很难清洗，而鸽粪对建筑和雕像的化学分解作用远远大于工业废气。我国曾有人主张学国外在天安门广场放养数万只鸽子，后因考虑到故宫文物保护而未实行，实为北京文物保护的一大幸事。近十几年来，中国旅游城市昆明每年都迎来上万只红嘴鸥前来越冬，栖息在滇池，它们在市内游客众多的有水面的公园内捕食，引得游客争相喂食。红嘴鸥的到来为昆明又添一景，使公园门票收入大幅度提高。但是红嘴鸥带给公园的绝不仅是经济效益，同时也在房顶、栏杆、雕像和游乐设施上留下了斑斑鸟粪，破坏了公园的洁净度，也导致了景观及设施因化学风化而缓慢衰竭。

（二）旅游资源的人为破坏

旅游资源的人为破坏是多方面的、严重的，大多超过自然风化的破坏，有的甚至是完全毁灭。按其破坏的根源可以分为建设性破坏和管理性破坏。

1.建设性破坏

建设性破坏是指工农业生产、市镇建设和旅游资源开发建设中规划不当导致的旅游资源的破坏。其破坏方式如下：

(1)直接拆毁、占用文物古迹

我国是一个有五千年悠久历史的文明古国，有旅游价值的文物古迹比比皆是，这是古人留下的一份宝贵遗产。但是，由于无知，很多文物古迹在建设中遭到了极大的破坏，如我国的古城墙都被拆毁；在城市建设中，苏州有61.9%的古典园林和庭院被破坏，昔日有“十八景”盛誉的洽隐园被占用后，玲珑剔透的假山石被烧成石灰，山洞埋入地下，楼阁不见踪影。

(2)工程建设对景区环境的破坏

在风景区周边，工程建设的不当，破坏了风景区周围景观的和谐以及古建筑的风格意境。如，中国四大名园之一的苏州拙政园，周围盖了6个工厂，烟囱、水塔、高楼等建筑挡住人们的视线，站在园内已经很难能够看见雄伟挺立的北寺塔了，景区的整体环境美遭到了破坏。

(3)工业对旅游区的污染

如果在旅游区发展带污染性的工业，将对旅游区造成空气和水体的污染。空气的污染导致酸雨的产生，从而腐蚀破坏旅游资源。如，北京故宫、天坛等汉白玉围栏、石雕、铜制品等正在受到酸雨的威胁。西安是一座中国古代风貌保持最好的城市，古老的城墙、鼓楼、大雁塔、秦始皇兵马俑等景观吸引着中外游客。然而，西安正在遭受国防工业、飞机工业和纺织工业对该市的污染，这定将会加速侵蚀缺少保护措施的历史古迹。

(4)风景区内采石、开垦耕地引起的破坏

近年来，一些个人和单位，只顾眼前利益，到风景区去开山取石、开山造田、砍伐森林，致使风景区遭受极大的破坏。如在国家级风景名胜区云南路南石林，成批的农民到风景区采石，将造型优美的高石芽截去半截，用于烧石灰或造水泥，使石林伤痕累累。又如山水甲天下的桂林漓江两岸，长期以来，植被砍伐严重，开山取石、开山造田、挖河淘沙等现象十分普遍，甚至桂林市区内乱开山石的地点达35处，这不仅使风景遭受破坏，还因水土流失加剧使漓江航道变窄变浅，一到枯水季节，从桂林到阳朔的航线有一半不能通航。

(5)旅游资源开发规划不当造成的破坏

在旅游资源开发中，规划不当也会造成旅游资源特色及景观的破坏。如云南大理是我国保存较为完整的古城，系国家首批公布的历史文化名城。但在其旅游开发过程中曾一度由于片面考虑古城石板地面不利于旅游车行驶，而将石板路改为柏油路，与古城风貌格格不入，破坏了古城的特色。又如不少风景区建设，就地采石，结果，风景区建设好了，却留下了裸露石场的伤痕景观，破坏了景观的完整度。

2.管理性破坏

旅游景区是为游客服务的，但若管理不善，也会对旅游资源造成破坏，具体表现在下述几个方面。

(1)旅游活动加速石刻、雕塑、壁画古迹的损坏

古代丰富多彩的石刻、雕刻、壁画是我国重要的旅游资源，尽管在自然条件下也要经历风

化作用使其衰竭，但其风化缓慢。旅游资源开发后，旅游活动的开展，大量游客的涌入，加速了自然风化的速度，导致古迹的破坏。如我国著名的敦煌石窟，自然条件下石窟中的空气干燥，自然风化极为缓慢，石窟壁画经千百年仍栩栩如生。但是，随着旅游开发，游客进入，石窟内的大气环境条件改变，游客的呼吸带进了湿气；游客的衣服同墙壁摩擦；光线的增强使雕塑和壁画大受其害，许多壁画的逼真细节已失去光泽，变得暗淡模糊，红色和肉色逐渐变成黑色。

(2)游客踩踏带来的破坏

随着旅游业的发展，一些著名风景名胜区游客倍增，游客的踩踏使区内地面因磨损而失去原来的特色。如故宫，许多大殿前和内部的路面、地面，因游客密度较大而严重磨损。有人估算，故宫铺地的“金砖”每年磨损达 10 ~ 20 毫米。故宫御花园的土地也因严重踩踏而板结，几棵古树已濒临枯死。颐和园蜿蜒 700 多米的长廊路面的地砖，也因踩踏而每隔几年要更换一次。

(3)游客素质低，直接破坏旅游资源

由于部分游客素质低下，任意毁坏旅游资源而使其遭到破坏。如游客对景物的任意刻划、涂抹，在很多景点我们都能看到“×××到此一游”的刻痕。又如地下溶洞洞顶的石钟乳被游人采走做盆景，使溶洞顶部千疮百孔。还有的农民不知长城上的砖是文物，随意拿去盖猪圈等。

(4)旅游活动对旅游区生态环境的污染

在旅游城市和旅游景区，游客的进入、旅游活动的开展和满足游客基本生活需求都会给旅游生态环境带来影响。如游客行、游需求的交通，由机动车船排出的废气废油污染了大气和水体；满足游客生活必需的食宿条件会产生大量的生活污水和生活垃圾。以黄山为例，一年由游客排放污水 4 万吨、粪便 3000 吨、垃圾 2800 吨、煤渣 3000 吨，这些废水、废气、垃圾物若不采取措施，将会导致严重的环境污染问题。

第二节　旅游环境容量

一、旅游环境容量的概念

从第二次世界大战以后到 20 世纪 60 年代，旅游业的高速持续发展，出乎各国经济学家的预料。世界上许多旅游地区开始人满为患，出现了旅游负荷压力，国际上开始意识到旅游环境容量问题。莱佩奇(Lapage)于 1963 年首次提出了旅游容量概念。其后，斯特里特(Streeter)、利姆(Lime)、斯坦凯(Stankey)和麦库尔(Mc. Cool)等，均对此问题做过研究。世界旅游组织(WTO)于 1979 年在年度报告中正式提出“旅游承载容量”问题。

中国的现代旅游业及旅游研究起步于 20 世纪 80 年代初。1983 年，赵红红经过现场调查研究，得出了中国古典园林的合理旅游容量数据，其后，刘振礼、金健、保继刚、楚义芳等吸收国际上的研究成果，从不同角度对旅游容量的概念体系、测量方法等内容，作了较系统的研究。

目前有关旅游环境容量的概念和限定含义在学术界尚有争议，还存在不同的认识和理解。如匡林认为，从旅游地角度看，旅游容量乃是旅游地在认识到旅游业的消极影响之前所期望吸引旅游者的能力，表现为所期望的最大游人数而非实际有能力吸引的人数。显然，这种考虑侧重于东道社会和居民。从旅游者角度看，当旅游业资源利用超过某一程度时，旅游者感觉到这种利用已经过度，原来的好奇心和兴趣荡然无存，因而他们必然会另觅他方从而引起该地旅游规模的下降。这一特定利用程度即旅游容量。它是旅游者寻求其他旅游地之前所愿意接受的最低享受程度，也就是能吸引并保持旅游者前往的旅游业资源的最高利用程度。崔凤军则认为，旅游环境承载力指在某一旅游地环境（旅游环境系统）的现存状态和结构组合不发生对当代人（包括旅游者和当地居民）及未来人有害变化（如环境美学价值的损减、生态系统的破坏、环境污染、舒适度减弱等）的前提下，在一定时期内旅游地（或景点、景区）所能承受的旅游者人数。

这些定义各持一说，看来在很长一段时间内还难以统一。如前面所举的两个定义各有其长，但前者失之精炼，后者又缺乏综合性的考虑。两者比较，后者又更准确一些，既表述了旅游环境容量的可持续性，又阐述了旅游地居民和旅游者的心理容纳量。

二、旅游环境容量的分类

（一）旅游空间容量

也即旅游资源容量，是指在保持旅游活动正常开展的前提下，一定时间内旅游资源空间所能容纳的最大旅游活动量。

（二）旅游心理容量

旅游者在旅游地开展旅游活动时，在使其旅游体验质量不降低的条件下，旅游地能容纳的最大旅游活动量。

（三）旅游生态容量

在一定时间内，旅游地域的自然生态系统不退化的前提下，旅游场所能容纳的最大旅游活动量。

（四）旅游经济容量

在一定时期内，一定区域范围内经济发展程度所决定的旅游活动量。主要有五个影响因素：一是设施容量，是指旅游基础设施和专用设施的容纳能力，西方有人将设施与旅游资源的容客能力统称为物质容量；二是用于旅游业的投资能力；三是当地与旅游业相关的产业，如交通、零售、餐饮、娱乐、住宿等服务能满足旅游需求的程度及区域外调入的可能性和可靠性；四是如果发展旅游业不可避免地要使某些产业受影响，旅游业与这些产业间的比较利益如何；五是区域所能投入的旅游业的人力资源的供给情况。

（五）旅游社会容量

指旅游接待地区的人口构成、宗教信仰、民情风俗、生活方式和社会开化程度所决定的当地居民可以承受的旅游者数量。一般情况下，地域社会容量方面的问题并不突出。但是如果一个地方还没有做好接收和服务于大量游客的准备，那么，该地居民的生活就势必受到旅游的影响，并且会反过来影响到游客的体验。

这五个容量之间的关系是：

(1)旅游经济容量与旅游社会容量的关系密切，经济容量大，说明旅游地经济发展水平较高，或旅游开发较早，当地居民已习惯旅游者的行为方式，因此，旅游地社会容量也高。

(2)旅游心理容量不仅受旅游者的年龄、性别、社会经济地位、文化背景、价值观念等个人因素影响，还受旅游活动类型、接待地区的自然和社会经济条件的影响，因而同空间容量、生态容量、经济容量、社会容量都有一定的关系。

(3)对于自然景观区，旅游空间容量越大，旅游生态容量也越大。一个旅游区能接待的旅游流量，决定于五个基本容量中最小的那个。

三、旅游环境容量的测定

(一)旅游空间容量

旅游空间容量的测定分为三种模式，具体如下：

1. 面积法

适宜测定景区内景点分布均匀，游客在景区内也分布均匀并随意游览的客流容量情况。则该景区瞬时客流容量如式(11-1)所示：

$$D_m = \frac{S}{L} \tag{11-1}$$

式中，D_m 为景区瞬时客流容量；S 为景区可游览面积(平方米)；L 是每位游客所需最佳活动面积(平方米/人)。在此基础上，可进一步计算该景区日容量，其计算公式如式(11-2)所示：

$$D_a = \frac{ST}{Lt} \tag{11-2}$$

式中，D_a 为一天的客流容量；S 为景区可游览面积；T 为景区每天有效游览时间，即对游客开放时间；t 是游客游览完景区所需时间；L 表示每位游客所需最佳活动面积(平方米/人)。

2. 线路法

若游览区以若干景点为结点，以既定的、粗细均匀的游览线路为管道连接形成网络系统，游客按既定路线游览，则此游览区的瞬时客流容量计算如式(11-3)所示：

$$D_m = \frac{S}{d} \tag{11-3}$$

式中，D_m 是景区瞬时客流容量；S 为景区内游览线路总长度(米)；d 为单位游客间的合理间距(米)。根据瞬时容量，其日容量计算公式如式(11-4)所示：

$$D_a = \frac{ST}{dt} \tag{11-4}$$

式中，D_a 为一天的客流容量；S 是景区内游览线路总长度(米)；d 为单位游客间的合理间距(米)；t 为游客游览完景区所需时间。

3. 微分法

适宜于一个大的旅游区划分为若干小区，一个小区以一个景点为中心的测定情况，那么该旅游区的瞬时客流容量计算如式(11-5)所示：

$$D_m = \sum_{i=1}^{n} \frac{S_i}{D_i} \tag{11-5}$$

式中，D_m 为景区瞬时客流容量；S_i 是第 i 个景点面积或游线长度；D_i 是每人游览所需的最佳面积或最佳长度；n 表示旅游景区景点数。进一步计算该景区日容量，其公式如式(11-6)所示：

$$D_a = \sum_{i=1}^{n} \frac{S_i T_i}{D_i t_i} \tag{11-6}$$

式中，D_a 为一天内的客流容量；S_i 表示第 i 个景点面积或游线长度；T_i 是每个景点每天的有效游览时间；D_i 是每人游览所需的最佳面积或最佳长度；t_i 为第 i 个景点人均滞留时间；n 是旅游景区景点数。

（二）旅游心理容量

旅游者的心理容量要比旅游区域的空间容量小得多。不同的民族、不同的社会阶层、不同国家与地区的人群的心理容量值是不同的，即使是相同的人群在进行不同的旅游活动时，其心理容量也不同。旅游心理容量与空间容量联系紧密，其测定公式如式(11-7)、式(11-8)所示：

$$C_p = \frac{A}{a} = KA \tag{11-7}$$

$$C_r = \left(\frac{T}{T_o}\right) C_p = K\left(\frac{T}{T_o}\right) A \tag{11-8}$$

式中，C_p 表示时点容量；C_r 表示日容量；A 为旅游空间规模；a 的含义为基本空间标准；K 表示单位空间合理容量；T 是每日有效时间；T_o 是人均每次旅游时间。

（三）生态环境容量

生态容量是针对以自然为基础的旅游地存在的一个容纳旅游活动量的限度。在这一限度内，旅游地的自然生态环境不致退化，或在很短时间内自然生态环境能从已退化的状态恢复原状。某地旅游生态容量的大小，以可容纳的旅游活动量为指标，取决于自然生态环境净化和吸收旅游污染物的能力及一定时间内每个游客所产出的污染物的量。

对于毋须由人工方法自理部分旅游污染物的旅游地，其旅游的生态容量量测公式如式(11-9)所示：

$$F_0 = \frac{\sum_{i=1}^{n} S_i T_i}{\sum_{i=1}^{n} P_i} \tag{11-9}$$

式中，F_0 为生态容量，即每日接待游客的最大允许量；P_i 为每位游客一天内产生的第 i 种污染物量；T_i 为各种污染物自然净化的时间，一般为一天；S_i 为自然生态环境净化吸收第 i 种污染物的数量；n 为旅游污染物种类数。

在用人工方法进行旅游污染物处理的情况下，旅游地可接待旅游量的能力会明显扩大，这种扩大了的旅游接待能力称之为扩展性旅游生态容量，计算公式如式(11-10)所示：

$$F = \frac{\sum_{i=1}^{n} S_i T_i + \sum_{i=1}^{n} Q_i}{\sum_{i=1}^{n} P_i} \tag{11-10}$$

式中，F 为扩展性的生态容量（日容量）；Q_i 为每天人工处理掉的第 i 种污染物量。

（四）旅游经济容量

决定经济发展容量的因素主要分为旅游内部经济因素（旅游设施等）和旅游外部经济因素（基础设施、支柱性产业等）。就满足旅游者的基本要求而言，当地经济发展容量的大小可以以食宿与娱乐设施的供给为指标，其中食宿又是最基本的方面。二者所决定的旅游容量的计算公式如式(11-11)、式(11-12)所示：

$$C_e = \frac{\sum_{i=1}^{m} D_i}{\sum_{i=1}^{m} E_i} \tag{11-11}$$

$$C_b = \sum_{j=l}^{l} B_j \tag{11-12}$$

式中，C_e 是主副食供应能力所决定的日旅游容量；C_b 是住宿决定的日旅游容量；D_i 是第 i 种食物决定的日供应量；E_i 是每人每日对第 i 种食物的需求量；B_j 是第 j 类住宿设施的床位数；m 为游人所消耗的食物的种类数；l 为住宿设施的种类数。

（五）旅游社会容量

由于旅游业既可带来负面的社会影响，如可能导致与旅游地传统文化的碰撞和冲突，甚至使犯罪率上升，敌对与嫉妒等社会冲突增多，社会治安恶化，交通拥挤，物价上涨，环境污染加重等；也可能带来正面的社会影响，如使基础设施得到改善，经济增长，生活条件提高等。前者会使当地居民对旅游者怀有对立情绪，影响游客进入；后者则会使居民对旅游者持欢迎态度并积极加入到旅游从业大军中来。因此，旅游社会容量难以用计量指标来确定，但可通过民意调查方法来衡量旅游区居民的承受能力，也可根据当地居民对旅游者的态度作为旅游社会容量是否合适的标准。

（六）旅游环境容量的综合实现

关于旅游环境容量的综合实现，崔凤军认为，从理论上讲，应等于上述前五类的最小值。但由于各分类对它的贡献程度不同，即每超出各承载量值一个单位所引起的消极后果不同，各承载量最适合人数和极限人数之差相去甚远。因此，对于重要性程度（即限制性程度）较低的承载量值，应乘以一个大于 1 的系数，此系数应根据 AHP 专家调查或社会取证等方法，针对各分量指数具体内容来确定，具体计算如式(11-13)所示：

$$Tebc = \min(x_1 \cdot EEBC, x_2 \cdot REBC, x_3 \cdot PEBC, x_4 \cdot DEBC) \tag{11-13}$$

式中,*Tebc* 表示旅游环境容量;*EEBC* 表示生态环境容量;*REBC* 表示旅游地空间容量;*PEBC*表示心理容量;*DEBC* 表示经济容量,x_1、x_2、x_3、x_4 是作用系数。

第三节 旅游资源与环境保护的措施

旅游资源的衰败和破坏是多方面的,其中主要是人为破坏,但也不乏自然衰败,故旅游资源的保护对策也应多元化。

一、实施旅游可持续发展战略

1993 年世界旅游组织出版了《旅游与环境》丛书,其中包括《旅游业可持续发展——地方旅游指南》,书中对旅游可持续发展给出的定义是:“指在维持文化完整、保持生态环境的同时,满足人们对经济、社会和审美的要求。它能为今天的主人和客人们提供生计,又能保护和增进后代人的利益并为其提供同样的机会。”

1995 年 4 月,在西班牙召开的“可持续旅游发展世界会议”,通过了《可持续旅游发展宪章》和《可持续旅游发展行动计划》两个纲领性文件,作为全世界共同遵守的准则。这两个文件明确指出:“可持续旅游发展的实质,就是要求旅游与自然、文化和人类生存环境成为一个整体”,要求实现旅游与自然、文化及人类生存环境之间的平衡关系,从而使旅游目的地各具特色,旅游发展不能破坏这种脆弱的平衡关系,旅游发展应循序渐进。遵循这两大纲领性文件,在旅游开发建设中,应始终坚持将人类与环境、旅游与旅游景观资源保护作为首要课题进行研究,以确保旅游环境的优化和旅游景观的永续利用。从这个意义上讲,旅游景观资源保护是旅游可持续发展的物质基础,同时,旅游可持续发展理论为旅游资源与旅游环境保护提供理论保障。

二、旅游资源开发必须遵循生态学原则

自人类出现以来,人类一直未能处理好资源的开发与环境保护的关系。旅游资源是存在于自然和社会生态系统中的,只有与环境协调的旅游资源才具有吸引游客的魅力,故旅游资源的开发,必须遵循生态学原则。首先,在旅游资源开发中要注意适度开发,开发那些不影响或较少影响生态环境的旅游项目,如自然保护区和森林公园的开发应以生态旅游开发为主,保护自然系统的平衡,尤其是在脆弱生态带的旅游资源开发更应把生态系统平衡和环境保护放到首位来考虑。其次,要使旅游资源的开发与其周围社会生态环境相协调,以保持其原汁原味的气氛环境,保持吸引游客的魅力。否则,旅游资源开发的过程便是旅游资源破坏的过程。

三、完善法制制度,加强执法力度

不少旅游资源的破坏主要是由于法制不健全、无法可依或执法不严而造成的。为了能有效地保护旅游资源,世界各地均运用立法和立公约的法律手段来加强其保护的法制化对策。联合国教科文组织于 1972 年在巴黎公布了《保护世界文化和自然遗产公约》,该公约是唯一利用国际非政府组织作为它的“技术仲裁人”的国际公约,现已有 109 个缔约国。公约承认所

有国家对保护独特的自然和文化区域应承担义务，分批公布了世界遗产保护点，并建立了“世界遗产基金”，以保证保护措施能落到实处。我国现已有53处世界遗产保护点，因公约和资金的保障得以较为有效的保护。在一些旅游业较为发达的国家都制定了一系列的旅游资源保护法规，详尽地规定了保护各种旅游资源的具体条款。瑞士森林法规定：每年种树数量要多于砍伐的数量，不论是谁，即使是自己私有的树也不能随便砍伐。埃及的旅游法规定：除非旅游部长许可，任何人不得以任何方式利用、开发、占有或处置任何旅游区或其中一部分。中华人民共和国成立以来，也先后颁布了《文物保护法》《环境保护法》《森林法》《风景名胜区条例》等法规。虽然有了这些法律法规，但是，破坏旅游资源及旅游环境的事例仍时有发生，究其原因，主要是执法不严。这说明，旅游资源及旅游环境的保护还应从认识、宣传以及执法力度上进行解决，以达到真正有效地保护旅游资源和旅游环境。

四、加强环境保护宣传，纠正认识误区

旅游资源保护的相关法规条例的出台，对旅游资源的保护起了极为重要的作用。但是，这些法规出台后，旅游资源仍在受到人为的破坏，而且破坏范围和情节都极为严重。究其原因，主要是因为法规条例宣传不够深入和广泛。许多人，包括不少决策者根本就不知道自己做的事是违反法律法规和条例的，即使知道，也因执法不严，使一些决策者置法律于不顾，以牺牲旅游资源及环境的利益为代价来换取眼前的经济效益。此外，长期以来对旅游业发展给予旅游资源及环境的副作用认识不足，长期以来在宣传上存在着旅游业是“无烟工业”的误导，致使人们在认识上存在偏差，忽视了资源相对不足、生态环境脆弱等问题，盲目乐观。导致脆弱的生态环境与旅游需求的快速扩张形成了强烈反差，生态系统的破坏和环境退化成为中国旅游业可持续发展的主要障碍。因此，我们应该树立新的资源观，建立旅游资源忧患意识，同时加强旅游资源和旅游环境保护宣传，纠正“旅游业是无烟工业”的错误观点。

五、重视人才和科技，加强旅游管理和引导

各地旅游资源开发因“重开发轻保护”而造成旅游资源及环境破坏的另一重要原因，就是在具体规划和开发中缺乏如何保护旅游资源和环境的专业知识和专业人才。即使有了保护意识，也因缺乏保护专业知识而“好心做坏事”，造成对旅游资源及环境的无意破坏。这就需要在旅游资源规划与开发中，应有专业人才来计划和实施旅游资源及环境保护的具体细节，真正把旅游资源保护落到实处。同时，还应重视科学技术的开发研究，运用各种科技手段保护旅游资源。运用旅游资源开发的研究成果为旅游资源的保护与管理提供技术指导。同时，加强对旅游活动的管理和引导。对那些会导致旅游资源受到威胁的旅游活动，应给予一定的限制；对于某些旅游景区在某些时段内的超负荷运转，应采取有效的措施对游客进行疏导、分流或限制；对游客的旅游行为，要加强管理并建立奖惩制度；寓教于乐，使游客在旅游的过程中了解旅游资源的稀缺性和资源保护的重要性与紧迫性。

六、加强环境监测，合理确定旅游环境容量

由于旅游开发和建设及旅游活动对旅游环境也会产生或多或少的环境问题，因此，加强旅

游环境监测，预测旅游开发及旅游活动对旅游生态环境的影响及其变化趋势，确保正确引导旅游活动和保持旅游业的持续健康发展。

此外，保持适度的游客量是确保旅游景观不被破坏的重要条件。旅游企业要从景区可持续经营理念出发，根据本景区的自然、社会、环境等现有条件及特点，由专家科学、合理地确定本旅游景区的游人数量。旅游企业应坚决执行，不能因经济指标等影响而任意突破。事实上，旅游景区是可以通过门票手段控制进入的游客人数的。现在，已有不少景区已认识到控制游客数量对景观保护的重要性，如九寨沟景区在三个大假期间对游客的进入采取限量的方式。

七、加强旅游资源的修复和养护，注重生态建设

随着旅游业的蓬勃发展，旅游活动的普遍开展使得旅游资源已濒临自我修复的极限。因此，旅游资源的修复和养护工作已刻不容缓。对于某些自然旅游资源，由于其对所赋存的生态环境依赖性较强也较为敏感、脆弱，必须搞好生态建设，必要时需采用分时开放旅游景区等措施，让自然生态系统得以重建或得到补偿。对一些文物古迹和历史建筑，可以采用培修复原、整旧如故、仿古重修等方法使其“复活”，但要以保持原貌为准则，即整旧如故，切忌因“翻新”而失去“古”的特色。西安小雁塔的修复较为成功，修复后仍保持其苍劲古朴的面貌。另外，对于那些出露于地表的历史文物古迹，应采用科技手段或改变环境条件等措施延缓其风化过程。如将裸露的风吹日晒下的历史文物加罩或盖房子予以保护。乐山大佛曾建有 13 层的楼阁（唐代名为大像阁，宋代为天宁阁）覆罩其上，既金碧辉煌，又保护了佛像，后毁于战火，类似的建筑应予以恢复和建设。

八、提高公民环保意识，提倡低碳环保旅游

加强环境保护的宣传，提高公民环境保护意识，积极倡导低碳环保旅游，这些是环境保护工作的基础工作。我国公民环境保护意识还有待提高，较缺少自觉的环境保护行为。所以，要利用多种宣传媒体及景区（点）的宣传窗口，对公众进行环境保护的公益性宣传、教育和培训，使其树立起环境质量保护意识，认识到环境质量的优劣是关系到人们生活质量和子孙后代生存发展的大事。提倡“除了脚印，什么也别留下；除了相片，什么也别带走”及“低碳”的环保旅游理念。并且，树立环境保护意识，积极保护全人类及子孙后代赖以生存的家园——我们共同的地球；树立环境伦理意识，不要为了满足个人私欲而破坏环境，树立人与自然协调发展、天人合一的观念。

案例　重庆市永川区卫星湖景区旅游环境容量的测定

一、线路容量

某条线路的瞬时容量的计算公式为 $D_m = S/d$。S 为游览路线的长度，d 为游览线路上游客的空间的距离（米/人），D_m 为游览线路瞬时游客容量。

对于要用交通工具游览旅游区的旅游线路，则公式变形为 $D_m = (S/d) \times N$，N 为单位交通工具的可载人数，d 为交通工具间的合理间距。

在这里，单位游客间的距离为 80 米，单位水上交通工具的距离为 100 米，单位水上交通工具的可载人数为 6 人。

最后，某条线路的年游客容量 = 瞬时容量 × 日周转率 × 年可游天数，计算结果见表 11-1。

卫星湖旅游景区旅游线路容量 表 11-1

旅游线路名称	游线长度（米）	标准（米）	瞬时容量（人）	日周转率（人次）	日容量（人）	年可游天数（天）	年容量（万人）
水上游览线	4000	200	120	2	240	350	8.4
陆上游览线	20000	80	250	2	500	350	17.5
小计			370		740		25.9

注：在规划面积内，卫星湖景区长 4000 米，陆上游览线概计为 2 万米。

二、活动空间或设施容量

面积法的基本公式为 $D_m = S/L$，D_m 为某一区域瞬时容量，S 为某一区域的面积，L 为游人活动最佳密度，即单位游客所占合适面积。

在这里，休闲区面积保守估计为 10000 平方米，游客空间密度为 50 平方米/人；宗教活动区面积包括建筑外围的一些面积计为 1500 平方米，游客空间密度为 10 平方米/人，其他活动区域瞬时容量直接采取估算法。

某区域的年游客容量 = 瞬时容量 × 日周转率 × 年可游天数，估算结果见表 11-2。

卫星湖旅游景区面积容量 表 11-2

旅游活动区名称	用地规模（平方米）	标准（平方米）	瞬时容量（人）	日周转率（人次）	日容量（人）	年可游天数(天)	年容量（万人）
休闲区	10000	50	200	1	200		7
宗教活动区	1500	10	150	3	450	350	15
双竹镇城镇			1500	1	1500	350	52
度假区			2500	1	2500	350	87
其他			1000	1	1000	350	35
小计			5350		5650		196

三、旅游环境容量的确定

卫星湖旅游景区的旅游环境容量计算为线路容量与活动空间(或设施容量)之和。从以上环境容量预测过程可知，卫星湖的日环境容量大约为 6400 人，若日接待人数超过了 6400 人，生态环境将遭到一定程度的破坏。另外，旅游环境容量的瓶颈在于线路环境容量，当旅游区游客饱和时，应使线路环境容量向设施环境容量转移，或采取其他办法转移。

另外，需要说明的是，通过本方法计算出卫星湖旅游景区的环境年容量为 249 万人次游客,这个数字没有太多的实际的意义。尽管年可游天数是全年,但游客数量不是全年平均分配的,而是集中在旅游旺季,特别是旅游黄金周。

本章思考题

1. 简析保护旅游资源和旅游环境的意义。
2. 举例说明造成旅游资源人为破坏的各种表现,并分析其原因。
3. 如何理解"旅游业是无烟工业"这一论点。
4. 什么是旅游环境容量?如何确定旅游景区的环境容量?
5. 在旅游资源开发利用时,应采取哪些旅游环境保护对策?

第十二章 旅游保障体系规划

教学目标与内容

旅游保障体系是旅游资源规划与开发的基础条件支撑。系统学习政策保障、市场保障、组织机构保障、人力资源保障、社区参与等保障体系要素，掌握这些保障要素的意义、概念、内容及规划要求等。

第一节 政策保障体系

旅游政策为实现一定时期内的旅游发展目标而规定的行动准则和促进措施。持续的、切合实际的旅游政策保障体系是旅游业发展的基础，也是国家或地区旅游规划的基本要素。旅游政策的指导作用贯穿于旅游业发展的全过程，以促进旅游产业有序健康发展。

一、建立政策保障体系的必要性

（一）弥补市场失灵的需要

市场经济条件下的一个基本特征就是社会资源的配置以市场为主，市场秩序通过"看不见的手"来加以调节，但是市场并不是万能的，在市场运行过程有"市场失灵"的客观存在。即由于市场中存在不完全竞争、经济主体非理性以及市场信息的不充分和不对称，使得市场机制难以发挥作用，资源的优化配置难以实现。在市场失灵的情况下，政府就必须通过制定相关的政策和法规，来保证市场的正常秩序，保证资源在市场中得到优化配置。

（二）保证旅游均衡发展的需要

旅游的开发和发展必须保证有序性，不能盲目地发展，要坚决杜绝"一窝蜂"现象，避免旅游市场中形成过度竞争。因而，要为旅游开发制定相关的规划，确定发展的不同阶段和各阶段的发展目标。政策保障体系就是通过制定相关政策来保证旅游业各部门均衡发展，同时保证旅游业和国民经济其他产业部门的比例协调。

（三）大力发展旅游业的需要

当前，旅游业的发展受到了各级政府的欢迎和重视，许多地方都将旅游业作为经济增长的发动机或新的经济增长点。为了促进旅游业的发展，政府除了为其提供配套服务和基础设施等硬件条件外，还应该制定一系列有利于该产业发展的优惠政策。

二、政策保障体系的基础

制定旅游发展政策，首先要通过对各种可选政策进行对比评估，确定一个前期政策框架基础，经过对这个政策基础的试行、实施可行性的论证，包括能否实现预定目的旅游发展目标，以确定最终的政策。

政策的制定取决于很多因素，其中，旅游资源开发的目标是制定政策最重要的基础。如果目标是尽可能减小旅游业对社会文化的影响，相应的政策应该是旅游业的发展受到高度控制和限制。从总体上看，旅游政策应反映整个国家或地区的总体开发战略，使旅游业成为国家或地区总体开发中的一个有机组成部分，因此，对现行政策和背景进行分析研究就显得尤为重要。此外，国家或地区的政治和经济发展理念也是影响政策的重要因素。

旅游政策制定的依据还在于对当前旅游业发展模式及阶段、旅游基础设施情况、旅游景点和旅游市场的调查分析结果的综合分析判断。在当前建设“和谐社会”、深入实践“科学发展观”的理念指导下，社会经济和环境因素称为旅游政策决策着重考虑的因素，特别是当地社会和环境的吸纳能力或承载力。虽然在我国现阶段，发展国际和国内旅游主要是出于发展经济的目的，但旅游政策的制定必须考虑经济、社会、环境等多方面的平衡。

从当前我国旅游业发展的实际看，旅游政策决策过程中，政府起着主导作用，这既是我国旅游业发展阶段的反映，也是由我国政治经济国情所决定的。在旅游政策的制定中，国家和社会的发展目标应高于个人、团体或部门利益，但是也必须考虑这些方面的利益，特别是民营企业应参与政策决策的整个过程，使得最终的政策框架要保证民间资本能够有效参与并运作。同时，社区居民及其代表应当在政策决策过程中有发言权，并参与旅游开发规划前、规划中、规划后的整个规划过程，以保障社区居民的利益。

三、政策保障体系规划内容

（一）制定旅游业发展战略

旅游业发展战略是对旅游业长远发展的一个总体安排，它的制定既为旅游业的发展指明方向和阶段性目标，又有利于旅游业实现可持续发展。同时，旅游业发展战略的制定还可以较好地协调旅游业发展过程中的长远目标与短期利益之间的关系。

旅游业发展战略除了对旅游业的发展给予阶段性规划外，还应对旅游产业结构的调整与优化进行部署。旅游业是一个新兴的多元、多层次的产业部门，它包含的内容十分广泛。而旅游产业结构则是指旅游业中不同的所有制、区域、市场、产品和服务管理组织结合而成的经济体系。旅游产业结构的优化对旅游业的健康发展，提升旅游业在国民经济中的地位具有十分重要的意义。

（二）制定旅游产业政策和相关法律法规

旅游业作为一项行业跨度和关联度极强的经济产业，尤其需要政府发挥其宏观调控的作用加以大力扶持。

1. 制定旅游产业发展政策

在我国旅游产业发展中，政府的主导作用主要表现为制定与旅游发展有关的产业政策与法规。产业政策是调整产业结构、提高产业素质的重要手段。它通常由政府出面，从全局的高度为区域产业经济的未来发展指明方向。

2. 颁布旅游相关法律法规

相关的法律法规则是对旅游业经营管理行为加以约束的规范和准则。与西方旅游产业发达的国家相比，我国在旅游立法方面的工作相对薄弱，至今由国务院颁布的旅游法规仅有一项，其余均为部门规章，许多法规盲点在旅游产业市场化的过程中演化为投机漏洞，被不法分子利用。要改善这种不利状况，维护正常的旅游市场秩序，需要政府加快旅游立法的进程，走依法治旅、依法兴旅的道路。

（三）制定优化旅游企业组织结构的政策

旅游企业是旅游业的基本组成单位，旅游业要获得良好的经济、社会和生态效益，必须要求旅游企业具备较强的创造效益的能力。因此，必须按照现代企业组织原则来改造优化旅游企业的组织结构，以增强其活力和提高其经营管理水平。对旅游企业组织结构进行改造和优化的政策主要包含以下内容：调整优化旅游企业的产权结构，明确旅游企业的产权关系；扩展旅游企业的资金融通手段；改善旅游企业的外部经营环境等。

1. 优化产权结构和明确产权关系的政策

现代企业制度要求政企分离，产权清晰，因而，调整优化旅游企业的产权结构是优化旅游企业组织结构的先决条件。产权关系如果不能明晰，那么经营中的其他关系也不可能理顺。在政策保障体系中，应包含若干明晰旅游企业产权关系的政策提议。

2. 提升企业融资效率的政策

为了提高旅游企业的竞争力，应增强旅游企业的资金实力，并提高企业使用资金的效率，提高资金使用的周转率。因此，政策方面要为旅游企业广开融资渠道，除了通过传统投资渠道融资外，还应鼓励旅游企业借助金融工具向社会大众融资，要为旅游企业创造条件争取上市发行股票融资。我国已有不少旅游企业借助现代化的融资渠道和手段支持了自身的发展。因此，政府应制定政策以保证旅游企业能有效利用这些融资渠道，从而增强自身的竞争力。

3. 改善企业外部经营环境的政策

某些行业管理部门的不合理政策，会增加企业的经营成本，形成不公平的竞争环境。这种情形在旅游饭店的经营中较为常见，如税收、水电、环保等部门对饭店企业实行较高的税收和收费尺度，使得这类企业的营业利润减少。因此，政府应该制定相关政策保证旅游企业在经营过程中拥有和其他企业一样的竞争环境，享受相同的待遇，保证市场竞争的公平性。

（四）促进旅游业区域合作的政策

开展区域旅游合作可以利用不同区域的旅游资源特色，实现优势互补，并且可以利用区域合作扩大旅游经营的规模和影响力。世界上有许多国家成功地进行了区域旅游合作，如欧盟国家之间互免签证，形成巨大的旅游区域合作体。我国泛珠江三角洲地区的合作、CEPA 协议框架下的港澳与内地的合作等也大大推动了我国区域旅游合作的发展。除此之外，《福建省旅游发展总体规划》中也将构建闽台旅游合作区作为规划的一项重要内容。可见，政府在促进旅游区域合作方面的政策可以有效整合区域旅游资源，提升本地旅游业的影响力和竞争力。

（五）加强基础设施建设的政策

旅游基础设施建设是指专门为旅游开发而兴建的工程项目。这些工程与国计民生相关，且对于财力、人力及物资设备的要求较高，需要政府介入。由于基础设施直接关系到旅游业发展的潜力和持续性，因此，政府可在建设旅游道路、专用码头、机场等基础设施，改扩建通信、环保等工程方面，提供具有倾斜性的政策，以吸引社会资金投资。

（六）培养旅游人才的政策

现代旅游业对从业人员的要求越来越高，旅游人才教育和培训的需求日益迫切。为此，政府应制定措施和政策推动旅游专业院校的发展。如，可由政府统一规划、出资或向社会集资建立旅游院校等专门的培训机构、科研机构和实习基地，为旅游业培养知识全面、技术性强的高素质旅游专业从业人员队伍，帮助旅游企业完成人才储备，促进旅游业服务和管理水平的提高。

第二节　市场保障体系

一、建立市场保障体系的意义

（一）提高市场配置资源的效率

在市场经济条件下，社会资源的合理配置是通过市场来完成的。因此，在旅游开发过程中如能针对旅游市场的发展机制和环境制定相关的保障体系规划，就能防止旅游业发展过程中的市场效率低下或失灵现象的出现，提高市场对旅游生产要素的配置效率。

（二）增强旅游企业的竞争力

在有序竞争的市场环境中，旅游企业为了适应日益激烈的竞争环境，必然会自发明晰产权，提升技术创新能力，完善生产方式和管理方式，并以最佳方式配置资源，从而实现自身竞争力的提升。

（三）保障市场机制的稳定运行

旅游市场保障体系要对市场规则加以完善，除了让市场经济中“看不见的手”对经济运行进行控制外，还要建立一定的行政力量和法律体系维护市场秩序。公平和公正已经成为当今社会普遍认可的价值观念。市场保障体系将综合运用经济政策、经济杠杆、法律法规以及特殊情况下的行政手段，调节经济发展速度，干预垄断、商业欺诈和不公平的竞争行为，维护市场机制的稳定运行。

二、市场保障体系规划的内容

（一）强化和完善行业管理制度

行业管理是企业自发形成的对运作规范化的监督工具，也成为旅游市场保障体系规划的重要内容。行业管理的手段有多种，但总的说来无非三类：行政管理手段、经济手段以及法律手段。这三类行业管理的手段应形成一个完整的行业管理体系，具体可分为以下十种具体的手段：

（1）法规手段：针对行业发展的具体情况制定部分行业法规进行管理。

（2）计划手段：对旅游经济活动实行一定的计划管理，保证其有序开展。

（3）审批手段：对行业内的特定经营管理行为，要经过上级主管部门审批通过才予以办理。

（4）监理手段：该手段主要针对行业的物价和外汇的管理，对其进行监督和管理。

（5）考核手段：制定行业的考核标准，对企业和从业人员进行考核。

（6）检查手段：对企业的经营和服务进行定期和不定期的检查。

（7）奖励手段：建立行业的奖惩机制。

（8）命令手段：通过命令或强制规定，约束企业的行为。

（9）服务手段：为行业的健康发展提供服务。

（10）舆论手段：通过媒体的宣传，产生激励机制和舆论压力。

（二）市场规则的制定和执行

市场规则的制定和执行是借助外界的力量对企业市场行为予以控制和管理，也是目前国内外使用较为普遍的市场管理方法。目前我国已经拥有了众多的旅游标准，相信随着旅游标准和规范制定工作的深入进行，必将形成完整的国家旅游标准体系。在旅游规划与开发过程中，也可针对市场运行中存在的问题为旅游市场规则的制定提供方向。

（三）服务质量监控与价格管理

旅游服务质量和价格是旅游行业管理的关注焦点，对其进行管理的目的在于，一方面维护市场良性的竞争环境，保证所有企业竞争的公平性和公正性；另一方面促使本地旅游业的质量和价格水平的优化，保障旅游者的切身利益。各地旅游业发展情况不同，无法采取统一的模式进行管理，这就需要在编制旅游规划时，充分调研，努力探索符合本地特色的质量和价格社会化监控网。

第三节　组织机构保障体系

为了规划、开发、营销、协调和管理一个国家或地区的旅游业，有效的组织机构是重要的。不过，政府或公共机构的类型及其对旅游业的介入程度要根据各国的具体需要、政治结构、旅游发展的类型和规模等因素而定。

一、组织机构主体

（一）政府管理部门

政府部门对旅游的管理包括制定政策和规划，确定和执行设施和服务的标准，适当的市场营销，以及提高旅游区的环境质量等。从国外的经验看，在西欧和北美等一些经济发达国家中，国家级政府部门介入旅游的程度较低，只有西班牙、葡萄牙、法国等少数几个国家例外。不过在近几年，随着旅游对经济的重要推动作用得到普遍认识，欧美发达国家也逐渐开始改变政府对旅游发展的较低程度介入的现状。以美国为例，联邦政府通过了《国家旅游政策法》，并于 1982 年成立了美国旅行和旅游管理协会（USTTA），美国的一些州和市政府更是积极地参与旅游业的规划和营销。在发展中国家，由于民间经济比较薄弱，各级政府一般在旅游业发展中起到了重要的作用，包括了营销、投资和鼓励外资等方面。我国旅游业实施政府主导型发展战略，因此，必须加强政府的领导组织和行业管理，以保证对旅游开发与规划实施有效的组织与管理。

按照不同的资源属性，我国的旅游资源分别由住建部、文物局、林业总局、环保局、国土资源局、旅游局等部门归口管理，并按照旅游资源的科学价值、历史文化价值、美学价值和地域范围等划分为国家级、省级、县级，分别由各级相关行政主管部门管理。为加强旅游资源的开发与保护，国家设立了相应的行政管理机构，如风景名胜区、国家森林公园、自然保护区管理委员会（或管理局）、文物管理委员会（或文管所）等，它们作为国家资源所有者代表，对旅游资源统一实施管理。

（二）行业管理组织

行业组织有多种，如行业服务性组织、行业信息性组织及行业销售性组织等。行业管理组织是其中之一，它是权威性的自律组织。行业管理组织既是政府管理职能的延伸，又是整个行业利益的代表，其实质是介于政府和企业之间的市场中介性组织。如，联合国开发计划署于 1975 年成立的世界旅游组织，1990 年成立的全球规模最大的促进和传播生态旅游的非政府非盈利机构——国际生态旅游协会（TIES）。我国的中国旅游协会、中国旅游饭店业协会、中国旅游车船协会、中国乡村旅游协会等行业管理组织都能为旅游的发展和行业管理起到一定的作用。如中国旅游协会于 1994 年专门成立了生态旅游专业委员会，挂靠在中国科学院地理科学与资源研究所，致力于促进我国生态旅游事业的健康发展。

二、组织机构职责

(一)市场引导和秩序维持

这种类型的职责主要有制定旅游业发展的战略方针、政策和规划,引导行业的投资和经营方向;制定国际旅游开发战略和国内旅游战略措施等产业政策,运用经济杠杆调节市场供求关系,如联合国确定2002年为"国际生态旅游年",澳大利亚于1994年制定了国家旅游发展战略,这些政策措施都取得了较好的市场效应;制定旅游业管理的行政法规、规章,建立执法队伍监督企业经营行为,如各类旅游企业的服务标准和设施标准。

(二)行业服务

行业服务职责主要有通过行业性服务,培育国际国内两个旅游市场,组织国家或地方旅游整体形象的对外宣传和重大促销活动,指导重要旅游产品的开发,帮助企业提高竞争力。如,我国安徽省旅游局、林业厅、环保局联手操作,举办新闻发布会,推销该省九大类旅游产品:野生动物观赏游、环黄山自行车游、皖南徒步游、新安江漂流游、天仙河漂流游、彩虹谷漂流游、太平湖浅水游、岩洞游、地质考察游等。此外,积极进行旅游业信息调研,为企业的决策提供相关依据。

(三)行业协调

旅游行业管理部门通过协调其他相关部门、组织、企业等的关系,加强行业的信息交流和资源优化配置,如美国除国家公园管理局开展旅游业务外,内政部、农业部、商业部和国防部也对一些旅游景区景点、旅游资源具有管理权限,因此需要把各个部门协调起来,以便开展工作。行业协调在开发一些大型旅游项目时显得特别重要。如法国地中海沿岸西端长达180公里的朗格多克—鲁西荣开发项目,根据皮尔斯(1989)的研究,该项目始于20世纪60年代早期,由于没有一个组织有能力独立承担整个项目,因此项目由几个不同类型的组织机构合作开发,该项目的成功主要取决于各个合作组织机构的权责明确以及协调顺畅。该项目专门成立了一个"任务组",由相关各方代表和一个技术小组组成,负责整个开发项目的协调。地区政府为基础设施建设提供资金,并通过组建的四个公私合营的公司参与了一些新度假村的开发。在基础设施规划开发之后,私营企业进入了该项目的开发,修建各类住宿设施及其他旅游设施。

三、实施途径

(一)行政手段

行政手段是政府部门的主要手段,旅游部门采取指导性与指令性计划相结合、旅游企业或项目的审批、旅游服务质量与价格监督、对旅游行业从业人员的规范性考核等措施实施对旅游行业的管理。行政手段的另一种表现是积极为全行业提供良好服务,包括对外宣传、经营指导、人才培训和资源开发等方面，发挥其服务功能。如，北京市旅游局公共关系部(现为北京市旅游发展委员会)用400万资金实施北京旅游业的总体宣传战略。

(二)经济手段

经济手段是市场经济体制下必不可少的一种手段，经济手段能更好地执行有关政策法规，实施质量监督。如我国的旅行社执行质量保证金以来，有力地保护了旅游者和旅行社的合法权益。

(三)法律手段

旅游组织机构的管理运作应当法制化、制度化和规范化，法律法规是管理的依据，是为旅游企业营造一个公平有序竞争环境的有力保障。与发达国家相比，我国旅游业起步晚，法制不健全、规章制度不完善的问题较为突出，但随着我国社会主义市场经济体制的日渐完善以及旅游业的不断发展，国家及地方都加快了立法的步伐，加大了执法的力度。在旅游资源保护方面，各项法律法规正在逐渐完善，如《中华人民共和国森林法》《中华人民共和国自然保护区条例》《森林公园管理办法》等。

第四节　旅游人力资源规划

旅游人力资源规划是围绕旅游规划区或规划区内的旅游企业未来的战略目标，经过人才供需分析，对所需人员从数量、质量到结构的预测和规划。要制定一份既有前瞻性，又具有实用性的人力资源规划，事前进行人力资源需求预测必不可少，人力资源需求预测是人力资源规划的重要组成部分。

一、人力资源需求预测

(一)人力资源需求预测的内容

旅游人力资源需求预测主要是从旅游发展总体规划确定的规划目标及长远利益出发，对所需要的人力资源的质量和数量进行科学分析，并给出符合发展需要的预测结果。旅游区的人力资源需求预测主要包括以下几个方面：

1.人力资源存量与增量的预测

这种预测主要是根据旅游区的人力资源现状，对未来拥有的不同层次人力资源数量的推测与判断。就存量而言，主要是指景区人力资源的自然损耗(如自然减员)和自然流动(如专业转移、变动)引起的人力资源变动；就增量而言，主要是指随着景区经营规模的扩大等发展而带来的人力资源的新需求。通过存量与增量的分析，再依据人力资源再生能力，可以进行预测，以便当科技发展和产业结构发生调整时，能够根据需求补充新的不同层次的人力资源，及时满足旅游发展的需要。

2. 旅游区人力资源结构预测

人力资源结构应当合理。进行人力资源结构预测，正是为了防止出现结构问题，以保证景区在任何情况下都具有较好的人力资源结构的最佳组合，以避免出现不同层次的人力资源组织不配套或者结构比例失调等问题。

3. 旅游区特种人力资源预测

这是针对旅游区对特种人才和资源的需求而进行的预测，具有极强的针对性。通过专门特种人力资源的预测，可以使旅游区通过一些特殊的手段与方法，加快专门人才的开发和培养。

（二）旅游区人力资源预测技术

旅游区的人力资源预测受不确定因素的影响比较大，方法多种多样，分类也各不相同，比较常见的有以下几种：

1. 专家评判法

专家评判法又称专家经验预测法，属于定性预测。它是按照一定的理论，建立在逻辑思维和逻辑推理基础上的预测法。专家评判法是应用历史比较长、比较普遍的预测方法之一。这种预测技术通常是预测者在对景区人力资源状况进行深入调查的基础上，对所获得的资料进行加工整理，然后根据所掌握的情况和数据，凭借预测者的经验、知识和综合分析能力，对景区人力资源发展的前景规模、方向、速度等做出比较接近实际的分析和判断。这种预测的质量主要取决于预测者的业务水平、分析能力、对各类有关资料数据的掌握程度，以及当时外部环境对预测者心理的影响等。具体包括函询调查法、专家会议法、特尔菲法三种。

2. 趋势外推法

趋势外推法又称为时间序列法，是定量预测技术的一种。是将历史资料和数据按时间顺序排列成一系列，根据时间顺序所反映的发展过程、方向和趋势，将时间顺序外推或延伸，以预测未来所需的人力资源的方法。

3. 描述法

旅游区人力资源管理计划的制订者通过对将来某个时期的景区发展的诸因素进行假定性的描述、分析和综合，预测景区人力资源的需求量。由于这是假定性的描述，因此景区人力资源需求就有多种可供选择的方案，目的是适应和应付环境及其他因素的变化。

二、教育培训规划

人力资源的教育培训规划包括教育培训体系和教育培训经费，培训体系包括学历教育、职业教育、公众旅游教育、岗前培训、短期培训等。进行教育项目规划时应突出重点，分层次、有针对性地进行教育培训。

（一）第一层次：旅游部门的所有旅游管理人员

要有效地保证旅游人才资源开发与管理能够健康有序地发展起来，并且逐渐形成体系，创造品牌，那么政府的宏观指导和管理以及在政策上加以扶持是十分重要的。相关政府人员应进行旅游管理多方面的培训，如：战略规划、开发、市场营销、调研、旅游行业标准和旅游执法。同时，对派遣到国内、特别行政区和周边国家旅游局的培训，提出了系统的代培计划。

（二）第二层次：旅游区人力资源管理者

旅游景区的人力资源管理应实现从传统人事管理到现代人力资源管理的转变，这种转变归根结底要靠一批既懂旅游理论又懂实践的人力资源管理专门人才来完成。人力资源管理者肩负着为旅游景区选才、育才、用才的重任，其自身必须具有较高的素质。先要通过各种形式的进修，提高他们的学历档次，丰富其专业知识，提升其专业技能；其次，要让他们从多方面深入了解旅游景区的实际情况，以顺利地完成从"行政管理者"到"策略性筹划及设计者"的转变。

（三）第三层次：旅游区从业人员

旅游从业人员是旅游人力资源开发的核心所在，对他们的教育培训应把着力点放在综合素质的培养上。应严格建立岗前培训、岗位培训、资格认证考核、登记认证考核等制度，加强管理知识和业务知识的培训。对上岗职工进行岗前严格培训，并结合晋升、奖惩等激励手段，提高职工工作技能与综合素质。培训方式可由景区内部培训向参观学习、脱产进修等方式转变，以充分挖掘人力资源潜力，使整个景区从业人员结构、人力资源储备进入良性循环状态。与各地区有关旅游院校联合开办成人教育系列的各种学历教育班，鼓励、支持并组织景区在岗在职人员采取脱产或半脱产的形式参加学习，让更多的员工有接受系统教育的机会，使其在职业道德意识、政治理论素养和专业技能水平等方面有明显的提高。委托有条件的中等、高等职业学校开办景区服务与管理专业职业教育培训班，景区可与学校联办旅游职业技能培训中心或旅游职业技能鉴定所，充分利用学校现有教育资源开展景区从业人员的技能培训，并积极创造条件，建立景区人才培训基地。组织行业高级管理人员不定期地进行培训，特别是对那些专业背景与本行业无关的人员更应加大培训力度。此类培训有两重目的：首先，它能帮助他们树立新的管理理念，改变管理者对待服务与培训的态度；其次又可以了解现代的管理理论，掌握先进的经营管理技术。

（四）第四层次：旅游相关行业人

对于那些不直接从事旅游服务工作，但与旅游行业密切相关的各行业服务人员，如出租车驾驶员、商店售货员、餐馆服务员等，应通过积极宣传、正面引导，培养他们的旅游意识，使其自觉规范自己的言行，以维护旅游景区的整体形象。

第五节　社 区 参 与

社区参与是社会学的概念，社会学家威尔·保罗给"社区参与"下了一个被普遍接受的定义："社区参与是一种积极主动的参与过程，通过受益者对发展计划的实施方向和执行情况施加影响，而不是仅仅得益于参与本身。"中国的社会学家结合中国实际，认为社区参与是指社区居民自觉自愿地参加社区各种公益活动或公共事务的行为，它是一种公众参与，意味着社区居民对社区责任的分担和成果共享，它使每个居民都有机会为谋取社区共同利益而施展和贡献自己的才能。

一、社区参与的意义

（一）有利于提高旅游规划的可行性

西方旅游发达国家已将居民对旅游的态度问题作为对影响旅游规划的一项重要内容，社区参与的旅游规划可使当地居民减少对旅游规划实施的敌意。在我国很多旅游景区中，都存在这样的情况，就是当地老百姓都不清楚旅游规划，而且也不支持，甚至采取激进措施来反对旅游规划。在这种情况下，减少矛盾的一个重要措施，就是要保证社区居民参与旅游规划，让老百姓了解并支持旅游规划，有了这样一个前提保证，才能提高旅游规划的可行性。

（二）有利于为旅游者提供高质量的体验，促进当地社会文化的维护与发展

社区居民参与规划，通过有目的的教育和培训，能使居民素质得到提高，并能充分挖掘旅游目的地的自然科学和文化内涵，提高其旅游观赏品位，使旅游者获得高质量的体验，使得旅游资源及社区文化所共同依赖的环境得到维护。如，在我国少数民族地区，当地社区居民很自觉、乐意地穿上民族服装，向旅游者展示民族风采，并积极地开发挖掘民族歌谣和传统习俗，这些不仅为旅游者提供了高质量的体验，而且也促进了当地社会文化的维护与发展。

（三）以人为本，维护了我国社区居民的主体权

社会主义和谐社会的构建，强调以人为本，旅游事业的发展更离不开社区居民的支持。以前的传统规划，仅仅重视政府、旅游投资商、旅游专家学者的意见和建议，而很少考虑居民的切身利益，或者说就没有想过要让社区居民来参与旅游规划，社区居民是被排除在外的。例如，广西资源县八角寨在刚开始开发旅游景区时，只有村干部投资，广大村民不太知情，当旅游业发展得非常红火时，村干部得到了分红，引起了广大村民的强烈不满，由此造成干群关系紧张。社区居民参与旅游规划，使得社区居民享有旅游发展的主体权。社区居民的利益需要被提出来，这有利于维护社区居民的利益，也使得社区居民有了主人翁意识，才能保持旅游业的持续、健康发展。

二、社区参与的原则

（一）授权原则

社区参与旅游资源开发，其关键在于社区居民掌握一定的权利，具体来说，主要是旅游资源及相关开发项目的决策以及旅游发展的利益分配、管理、监督等权利对社区居民的授权程度。社区参与的程度与居民所获得的授权大小有较大的关系，当社区居民拥有较多的权利来

自主决定旅游资源开发的战略、形式乃至具体的项目运作的时候，必定会进一步激发社区居民的参与积极性，从而形成良性循环。当然，在这个过程中，我们并不是忽视政府、专家、非政府组织等相关团体的参与，相反，要将社区居民的授权与其他相关者的角色、作用结合起来，在居民与专家、政府之间形成更良好的沟通与互动机制。

（二）滚动发展原则

区域旅游的开发与发展应树立动态观点。不论是旅游开发与区域规划，还是旅游保障供给体系都要分阶段、分区规划，明确资源层次、地域结构建立时序，建立行业系统滚动发展的目标。一些偏远地区资金筹集较为困难，可先开发一些投资少、见效快的项目，然后逐渐向旅游市场纵深发展。充分利用当地的现有条件，逐步发展旅游产业。同时，旅游资源的开发也应随着市场需求的发展而逐步发展。

（三）以人为本的原则

制定出适合社区可持续发展的旅游规划，更须注重过程的重要性。应该建立在社区居民的充分参与下完成一系列可行性操作步骤，这个过程是以社区的资源、能力为基础的，充分发挥社区居民的聪明才智，解决社区居民面临的问题，反映社区居民对旅游发展的意愿。这个过程是社区居民在旅游发展中逐渐学习—认识—实践—提高的过程，只有注重这一客观规律，增强人的主观能力，社区旅游业的可持续发展才有保障。反过来，旅游发展的目的在于发展社区居民，当地人通过发展旅游业，不仅发展旅游的能力得到了提高，其他方面的综合素质也得以提升，比如，受教育程度、文明程度，从而促进社会整体的发展。

（四）当地居民受益原则

社区参与旅游资源开发目标是要实现旅游业和当地居民的双赢。尽可能让当地居民参与旅游活动，能在旅游活动中受益，摸索出投资较少、见效较大、收益较好、致富面广的旅游富民好路子。社区居民参与，既可增强地方特有的文化气氛，提高资源的吸引力，更为重要的是让社区居民真正从旅游中受益，实现旅游资源开发的经济效益。

（五）当地根植原则

在旅游开发时，要尽量保持旅游资源的原始性和真实性，把旅游资源开发的规划、发展战略、项目运营等根植于当地社区、当地文化习俗和民族特色之中。具体表现为不仅保护大自然的原生韵味，而且保护当地特有的传统文化。不要把城市现代化建筑移植到旅游景区，接待设施应与当地自然及文化协调，保证当地自然与人的和谐意境不受损害，提供原汁原味的“真品”和“精品”。

三、社区参与的内容

（一）社区居民作为政治主体参与社区政府

社区外政府包括中央政府、省市县级政府，他们制定的相关法律、法规、政策，是社区参与旅游资源开发的制度基础。旅游发展的战略、框架由上而下传递至社区政府，社区政府则将社区旅游开发项目需要的支持、完成的成果等反馈给上级政府。

在社区居民与社区政府之间，社区居民作为社区的公民，通过民主制度，民主参与社区政府，在有条件的地方，鼓励村级社区民主选举，乡村自治。社区政府一方面接受上级政府的旅游发展指导和政策资金支持，另一方面，与社区居民互动，根据社区情况，会同专家及非正式组织（NGO），共同制定旅游开发项目。

例如，成立社区居民与社区政府的联席会，定期开会商谈旅游发展相关问题；成立当地各阶层参加的旅游行业组织，其功能定位在上传下达、沟通协调等方面，形式可以多样，内容要相对集中。旅游发展决策咨询，包括旅游发展的指导思想、目标、途径等战略问题。虽然居民受自身素质限制，参与能力有限，但至少在宏观概念上要听取他们的意见和看法，以便取得他们的支持。旅游发展具体思路咨询，包括旅游业的要素安排，即食、住、行、游、购、娱之间的比例以及各自内部之间的相互配合和协调。以食宿为例，通过征求居民意见，根据其参与的积极性来确定国有、集体和私营旅馆的比例，在可能的条件下，应多为居民提供开办旅游接待设施的机会，使之更热情、更实质性地参与到决策中来。旅游发展引发影响问题的咨询，包括环境、经济、社会文化等各个方面。将居民所关注的问题体现在旅游规划过程之中，目前的规划实践尚无此项内容。国家质量监督检验检疫总局发布的《旅游规划通则》从宏观上提出了可持续发展的原则，并具体规定了编制旅游规划的内容，但对可持续发展负有重大责任和义务的社区居民的条款在通则中没有体现。西方旅游发达国家已将居民对旅游影响引发问题的态度作为旅游规划的一项重要内容。体现社区居民意志或意愿的旅游规划更易于在实施过程中推行，也会使居民更有效地参与旅游的可持续发展。

（二）社区居民作为学习主体参与专家及 NGO 的技术支持

专家以及 NGO 主要是为社区居民提供技术支持及咨询等服务，这种技术支持应当是跨学科的专家团队，这样才能有效地解决旅游开发的手段与社区居民发展致富的目的二者之间的冲突与矛盾。另一方面，社区居民作为学习技术知识的主体，与专家及 NGO 充分沟通，居民根据自身情况在专家的技术支持下，自主选择适合自己情况的项目。例如，可以由不同科学专家指导建立社区工作小组，对小组人员进行培训，使他们具有跨学科的综合知识。这样，跨学科的社区工作小组就可以作为政府、专家以及社区居民之间的沟通桥梁。

由于社区居民作为接受技术知识的学习主体，不仅参与项目制定，也参与知识和信息的学习，避免成为专家咨询建议的看客，这也使专家与政府关系发生变化。传统方式是政府利用专家进行决策，而在社区参与模式下，转变成了社区居民决策为主、专家及非正式组织提供技术支持的自主决策。旅游资源开发具体项目的实施和检测、评估，都是以居民为主体，专家及政府为辅助的。在这样的模式下，政府对专家和 NGO 管理引导，为其提供工作上的支持，专家们则主要面对社区居民的直接需求，他们的技术成果主要由居民来评价而不是政府，因此他们会更多地考虑农民实际情况而不是政府指令。

（三）社区居民作为利益主体参与旅游产业发展以及利益分配

社区居民作为发展旅游产业的利益主体，应当建立合理的制度和途径，为社区居民公平地参与本地旅游产业的经营管理提供条件。同时,通过旅游产业的发展,为当地居民提供更多的就业机会,进而带动当地居民消费。社区居民参与旅游业的发展,主要是参与以下几个方面的内容:

1. 参与旅游发展决策

社区参与旅游发展决策是指居民自行决定旅游发展目标,这样一方面体现了可持续发展思想中代内公平的思想实质,即所有的人公平地拥有获得物质环境利益和社会文化利益的机会,旅游不仅使旅游者获得精神的满足和愉悦、政府税收的增加和旅游企业的盈利,还给社区居民带来多方面的利益,各方都从中获益进而促进旅游业的健康、协调、持续发展;另一方面是对旅游吸引系统有了科学的把握,除自然和人文景观资源外,居民的素质、对旅游发展的态度也是旅游吸引系统的一个重要组成部分。这样看来,居民在旅游决策中作用重大,已有研究表明,旅游地若能充分考虑居民要求并使其受益,则居民会表现出支持旅游进一步发展的倾向,并以更积极的姿态继续介入。

2. 参与旅游市场调查、旅游产品设计

社区主体通过参与市场调研,不仅可以看到客源市场的需求,还能够根据社区的地方性和客源市场的潜在特征,推出符合市场潜在趋势的旅游产品,通过市场营销推向市场。每一种旅游产品要尽可能延长其发展稳定期,在衰弱期到来之前就要对旅游市场进行再调查,进行旅游产品的再开发,实现更新换代,形成市场—产品—市场的良性循环,保证旅游经济的可持续发展。

3. 参与旅游社区营销

随着旅游业的蓬勃发展,越来越多的旅游研究者发现,形象是吸引游客最关键的因素之一。旅游形象设计使旅游社区政府和居民对本地旅游的资源核心、产品定位和发展目标有更清楚的认识,使旅游社区在众多的同类产品中以鲜明的姿态出现在旅游者面前。旅游社区的形象也可使社区居民了解本地发展旅游的潜力和前景,增强旅游意识,积极参与社区旅游的开发建设。反过来,社区居民要以文明规范的行为,热情的服务,好客的态度树立社区良好的旅游形象,提供质量高、品种多的食宿设施和其他接待服务,增强旅游社区的魅力,促进旅游业的可持续发展。

4. 参与旅游服务

旅游服务包括个体、企业、事业性质的各种旅游餐饮接待、住宿(家庭旅馆)接待、旅游交通接待、导游接待、娱乐接待和购物接待等。社区在参与旅游服务时,应提高服务质量,注重服务形象,规范服务程序,并与国际接轨,才能使社区旅游在国内外旅游竞争中立于不败之地。此外在旅游服务中要认真观察,及时发现和排除潜在的事故隐患,保证社区旅游安全,因为这也是影响旅游业成败的关键。

5. 参与旅游发展带来的利益分配

社区参与利益分配主要包括不断增加居民的就业机会和商业机会;保证本地居民优先被雇佣的权利;旅游商品尽量采用本地原料进行加工;向居民开放为旅游者而兴建的服务设施和环保(回收水和废水处理等)设施等。

社区居民作为利益主体,要求政府推动、扶持旅游产业的发展,并且在这个过程中,制定相关制度充分保障居民积极参与旅游产业的经营管理，保证社区居民真正得到当地旅游发展带来的好处，同时严格控制旅游业发展对社区居民所造成的一些不良影响，如旅游企业污染、外来管理者主导等问题。旅游产业的发展对当地政府及区域发展来说，显然具有重大意义，旅游产业的发展可以为当地政府带来较多的财政税收，改善政府财政状况，增加了政府为农民提供公共产品的能力，同时对区域经济发展作贡献。

（四）社区居民作为社会文化主体参与与旅游者的互动

社区居民作为社区的主体，与自然旅游资源一样，也是吸引旅游者的因素之一，所不同的是，居民具有特定的社会文化习俗。居民所体现的独特社会文化与旅游资源一起，成为向旅游者提供旅游价值的因素，甚至一些社会文化现象本身就可以成为旅游吸引物。而另一方面，并不是只要存在独特的旅游资源，就可以吸引游客，在社区及其居民与旅游者之间还存在一个市场选择的过程，即旅游者在社区旅游资源的吸引下，在主观偏好和旅游目的地的可进入性的共同作用下如何做出消费效用最大化决策的过程。

在消费者进行市场选择的过程中，其旅游消费偏好是相当主观的因素，不容易把握，而旅游目的地的可进入性则比较明确，也容易为社区居民所理解，因此建设社区基础设施，提高当地的可进入性就成为居民与旅游者互动过程中一个非常重要的方面。

墨非在其社区旅游战略中阐述了社区提高可进入性的方式，提出蜂窝式路标设置，以及在旅游开发过程中注重容量控制和相关设施的重复使用。墨非提到了社区居民的真实的社会文化与旅游者的消费需求之间的冲突，实际上这也是旅游开发过程中消费者的市场选择与本地居民自身社会文化和生活方式的冲突。在我国一些地区，在把当地社会文化和生活方式作为旅游资源开发的过程中出现了很多问题，如泸沽湖的旅游开发，当地的社会文化的商品化和展示倾向，造成了旅游产品的庸俗化和非真实性，长此以往，不仅对其旅游业长远发展造成损害，也冲击了当地摩梭人的传统文化。因此，如果一味迎合消费者的口味和市场选择，旅游地将必然对自身的传统文化进行“再加工”，并把这种经过加工的文化商品提供给旅游者，这时呈现在旅游者面前的“传统文化”已经不是原来意义上的传统文化了，居民与旅游者之间的这种社会文化互动并不是真正的互动。

案例　梅里雪山雨崩村旅游社区参与的组织形式与分配制度

雨崩村是云南省迪庆藏族自治州德钦县梅里雪山深处的一个藏族村寨。20 世纪 90 年代末，旅游业逐步代替了传统的农牧业，成为雨崩村最重要的产业。雨崩村至今未通公路，也未通电，政府和旅游开发商尚未介入雨崩村的旅游业，故而村民能够自主决策、自主经营基于社区的旅游业。

雨崩村是一个以农户为基本社会单位和权力单位的乡村社会，乡村事务的决策和管理体现出农户之间明显的“平均主义”原则。在旅游经济内驱力和乡村社会权力运动的共同作用下，村民个体的旅游参与期望逐步趋向一致，最终形成了“平等参与、平均受益”的整体目标；并且在旅游参与行动上也趋向统一，形成了一套完整的社区旅游参与制度框架。这套制度框架包括两个主要方面，即旅游社区参与的“分配制度”和“组织形式”。旅游社区参与的“分配制度”是指旅游收益配置的规则，它反映出旅游参与者共同的一致性目标；而“组织形式”是指参与者的行为规范与约束机制，它反映出参与者之间的社会关系。旅游分配制度反映出社会成员的共同需要，而参与旅游的组织形式反映出社会共同需要得以实现的内在基础。总体来看，旅游参与的“组织形式”和“分配制度”有三个方面的社会功能：第一，规范参与者的行为；第二，调节参与者的利益分配；第三，避免因参与行为的失序而造成的社会失范。把旅游参与的“组织形式”和“分配制度”结合起来考察有利于我们认识旅游社区参与社会目标的形成及其实现方式，从而能够让我们在乡村社会的语境下深刻理解旅游业在雨崩村社会变迁过程中产生的影响。

通过文献回顾发现，关于旅游分配制度的形成及其社会功能的研究，国内外并不多见，相关研究成果也不深入。大体可以分为两类：其一，把乡村社会视为一个整体，力图探寻实现多元利益主体之间旅游分配公平性的途径；其二，从现实问题入手，分析限制农民之间旅游分配公平性的因素。

一、家长会议制与雨崩村的旅游业

2000年以前，雨崩村是梅里雪山地区一个极其贫困的藏族村寨，村民过着半农半牧的生活。2000年以后，雨崩村以其雄伟壮丽的自然风光、神奇多彩的山神崇拜宗教文化景观以及淳朴的民族风情每年吸引约1万人次的旅游者进入雨崩村。进出雨崩村有17公里的山路，村民为旅游者提供马匹和向导服务，以解决高海拔地区旅游交通不便的问题。由于不能当天进出雨崩村，旅游者必须在村内住宿1~3晚，旅游住宿接待就成为另一项重要的社区旅游参与项目。目前村民提供“独立客栈”和“家庭接待”两种形式的住宿服务。2006年，雨崩村旅游马帮运输服务和旅游住宿经营住宿服务的总收入约为148万元，其中旅游者住宿88万元，牵马服务约60万元，平均每户获利4.5万元。相比之下，1999年旅游总收入仅为1.3万元。

“家长会议制”是雨崩村拥有正式户名的33户家长组成的民主会议制度，是雨崩村乡村社会的权力基础，负责本村重要村务的决策与管理，包括：村规民约的制定与修改，各户建房所需的木材砍伐指标，与邻村冲突的化解，旅游参与及分配等等。“轮换制”和“代税制”就是通过“家长会议制”确立下来的村民参与旅游服务的组织形式和分配制度，反映出村民“平等参与、平均受益”的旅游参与原则。

二、“轮换制”：马帮服务的组织形式

在雨崩村，马帮服务的“轮换制”是指33户村民按照一个固定顺序，每轮每户出一人一骑运送一位旅游者。当完成了本次的运送服务之后，他必须等到其他村民都完成一次牵马服务后，才能接待下一位旅游者。由于具备了政治层面上和操作层面上“平等参与”的双重条件，雨崩村的两种旅游参与活动，只有马帮服务能够实现“家长会”确立下来的平等原则。首先，在政治上，33户村民通过“家长会”获得了平等的参与权，没有任何农户能够支配其他户的意愿实现完全利己的个人目标；任何违反共同意愿的行为都是不被接受的，将被排除到参与行动之外。其次，在操作层面上，旅游马帮服务是一种劳动密集型的经营活动，只要是正式雨崩村民，拥有一匹马匹，他就有权参与旅游马帮服务并从中受益。“轮换制”客观上实现了“平等参与”原则，也决定了雨崩村村民之间旅游马帮经济收入趋向于平均。调查表明，33户村民从马

帮服务中的收益在10000~30000元之间,相差不大。

“轮换制”是一种制度性很强的旅游社区参与的组织形式,反映出强烈的集体意识的强制性行为准则,强调参与者的个体需求必须服从于集体意志,并且只有通过集体行动才能够得以实现。这实际上符合涂尔干指出的社会通过法律法规而“机械团结”起来的特征,即“集体类型越能够得到彰显,分工越是停留在低级水平,压制性法律相对于协作性的法律来说就越占优势。因此可以说,“轮换制”反映出雨崩村马帮服务的组织形式处于一种初级水平的社会分工状态,通过制度凝聚起来的“机械的”社会团结对减小旅游业造成的社会紧张,维护雨崩村社会的稳定性和完整性有积极的作用。

三、“代税制”:住宿服务的分配制度

马帮服务是一种无差别的服务商品供给方式,即村民不会因为马匹的差异获得或者丧失额外的旅游参与机会,而住宿服务商品的供给则是差异性的。与马帮服务相比,修建客栈需要资金、技术和知名度,是一种资本密集型经济活动。这决定了目前雨崩村只有6户村民拥有独立客栈,其他27户村民只能进行家庭接待。住宿商品供给的差异性和旅游者消费的自由选择性决定了雨崩村住宿服务的竞争性。住宿接待经营的差异性竞争在雨崩村形成了两个明显的社会分层:一个是拥有独立客栈的6户雨崩村民,另外一个群体是没有独立客栈的27户村民。2006年,6户客栈接待量占到了全部份额的90%,旅游总收入约为80万元,其中最高一户收入达15万元;27户村民的家庭接待仅仅占10%的接待量,共获利约为8万元,其中收入最少的仅有1000元。

“代税制”是“家长会”确立下来的强制性旅游住宿收入的再分配制度。2006年,雨崩村规定:“留客户(接待经营户)应向轮到户(当值户)交纳每位客人住宿费的50%。”“代税制”本质上是27户家庭接待户向6户客栈经营户对住宿费进行50%的抽头。经测算,6个独立客栈经营户的接待收入中约20万元进行了再分配,占到了全村住宿收入的22.5%。“代税制”是在旅游参与经营活动中出现分配不均,无法实现“平等参与、平均分配”的旅游参与目标的时候,乡村社会通过强制性再分配制度进行的一种自我调节机制。它一方面承认参与经营活动的竞争性,另一方面,对竞争而引发的收入差异进行再分配,因而在一定程度上缓解了旅游收益不均而造成的社会紧张。

本章思考题

1. 简述旅游规划与开发保障体系的内容。
2. 简要说明旅游规划与开发中建立保障体系的意义。
3. 如何加强旅游业人力资源的开发与培养?
4. 举例说明旅游景区社区参与的意义和内容。
5. 如何处理好旅游业发展中政府主导和市场资源配置的关系?

第十三章 旅游规划与开发效益评估

教学目标与内容

效益评估是对旅游资源规划与开发结果的综合衡量。理解旅游规划与开发效益评估的概念、分类与原则，掌握经济效益评估、社会效益评估和生态效益评估的内容与方法。

第一节 旅游规划与开发效益评估的概念、分类与原则

一、旅游规划与开发效益评估的概念及分类

旅游规划与开发的效益是指在旅游开发过程中对旅游活动导致经济、社会以及生态环境等要素发展变化而引起的对人类社会的效应。从整个系统来看，旅游规划与开发的效益包括两个层面，即旅游规划与开发对各种环境的影响以及环境的反作用。

为了更深入地考查旅游规划与开发对经济、社会和生态环境的影响，可按照不同标准对效益进行分类。

（一）按照效益产生的来源分类

按照旅游规划与开发的效益来源可分为直接效益和间接效益。其中，直接效益是指由于旅游活动而对人类社会及其环境产生直接作用的结果，而在该直接作用接触上诱发的其他后续影响可视为间接效益。将效益分为直接效益和间接效益有助于进行项目可行性分析，对旅游规划与开发的影响进行科学评价，并可据此制定出有针对性的应对方案。

（二）按照效益产生的效果分类

根据旅游规划与开发的效益产生的效果，可大致分为有利影响和不利影响。这是人类社会及其环境从旅游开发中受益或受损的角度进行分类的结果。对于旅游规划与开发而言，更多的应发挥有利影响，尽可能避免不利影响。

（三）按效益产生的影响程度分类

按照效益产生的影响程度，可将旅游规划与开发的效益分为可恢复影响与不可恢复影响

两类。可恢复影响是指在旅游规划与开发过程中对社会或生态环境造成的某些特性或价值的变化可以逐步恢复到以前状态的影响。而不可恢复影响则是指社会或生态环境在特性和价值方面发生无法还原的变化。

二、旅游规划与开发效益评估的原则

(一)客观公正原则

对于旅游规划与开发所带来的经济效益要进行客观公正的评价,既不能任意夸大其效益,也不能对旅游规划与开发所能带来的经济效益视而不见,要力争做到评估结果客观公正。

(二)科学实际原则

在对旅游规划与开发效益进行评估的过程中,应该大量地运用数理统计、经济学、生态学、人口学、社会学等学科的理论和方法,力求通过科学的分析得出其效益评估结果。

(三)全面系统原则

旅游规划与开发涉及人类社会及自然界的各个方面,具有多层影响,并产生着深层次的相互关系和作用。因此,在进行旅游规划与开发效益评估时,应综合考虑经济、社会、环境多方面的影响和其带来的综合效益。

(四)适度超前原则

旅游规划与开发是一个长期的开发项目,该项目对于周边环境的影响更是长期性的。在对旅游规划与开发效益进行评估时,不能仅对旅游规划与开发目前所产生的效益进行近期评估,而应该在评估的时效性方面适度超前,应有一定的预见性并做好长期评估。

(五)力求定量原则

对旅游规划与开发效益进行评估,也就是对旅游开发过程中发生的投入与产出进行数量上的衡量并进行效益比较。既然是数量上的衡量与比较,就要求对开发过程中的投入和开发后所产生的效益进行量化分析,并且在制定指标时要采用统一的标准,以便开展不同地域或时段上的横向和纵向的比较。

(六)可持续性原则

在进行旅游规划与开发效益评估时,不能单纯考虑经济效益或者社会效益,而是应该通盘考虑,综合分析旅游规划与开发对社会、经济、环境的影响,并就其发展的可持续性进行评估。

第二节　旅游规划与开发效益评估的内容与方法

一、旅游规划与开发效益评估的内容

旅游资源的开发和旅游活动的开展会给当地的经济、社会及环境造成很大的影响。所以,旅游地效益的评估,也应该从经济、社会和环境三个方面来进行。

(一)经济效益评估

所谓经济效益,一般是指人们在社会生活中由于贯彻经济原则,力图以尽量少的投入获得尽可能多的产出。

旅游区的经济效益是指在旅游业发展过程中,旅游产业和旅游资源开发的投入与旅游业产出之间的比较,在价值的形式上则表现为生产旅游产品的费用和经营旅游产品所获得的收入之间的比较。旅游区的经济效益包含的范围极广,既包括微观经济效益,又包括宏观经济效益,在评估旅游区经济效益时,不仅要研究个别旅游企业的经营情况,还要注意整个社会由于旅游区的规划和开发而获得的经济效益。

(二)社会效益评估

现代旅游的快速发展所带来的不仅是社会收入的增长、财富的转移和积累,而且对人类社会也产生了巨大的影响。旅游业在国际上被称为"民间外交",由于旅游是不同国家、不同宗教、不同种族以及具有不同生活方式的人们之间交往的手段,因此,旅游过程有助于增进国际间不同文化的相互了解,加强国与国之间的和平友好关系。旅游规划与开发对促进民族文化的保护和发展同样具有极大的作用,旅游开发地所特有的民族文化是旅游活动中一道亮丽的人文风景线,是无价的人文旅游资源。

但是,我们也应该看到,随着外来旅游者的不断涌入,旅游目的地的居民的正常生活会受到不同程度的干扰,古朴的民风也将受到市场经济的冲击,并且流动人口的增加使社会的稳定性降低。此外,国外旅游者的涌入,会带来西方生活方式,并且产生大量迎合低级趣味的娱乐场所,若旅游目的地的居民在这种社会氛围下生活的时间过长,无疑会降低该地的社会道德水平。

旅游区社会效益的评估就是要进行全面的分析,综合评估其对社会的正面影响和负面作用,并对这两方面进行分析比较,以确定是正面效应大于负面效应,还是负面效应大于正面效应。

(三)环境效益评估

为了吸引旅游者,旅游规划与开发的管理者会注重对环境资源的保护,一些珍惜的动植物和原生景观会得到保存,环境状况也将得以改善。这些都是旅游规划与开发对环境改善的促进作用。但是,随着旅游者的进入,旅游目的地的自然、社会及游览环境会受到不同程度的影响,如果过分追求经济利益,以追求旅游人数为目标,游客人数在超过风景区游客容量后将会使该地的自然环境产生不可逆转的退化。如果游客对于旅游环境的保护意识不强,旅游企业的环保宣传工作又不到位,游客就会自觉或不自觉地破坏自然环境和旅游景观。

二、旅游规划与开发效益评估的方法

旅游区的效益评估就是指将其成本和收益进行比较,以收益减去成本得出效益大小。这个过程(原理)说起来十分简单,但是操作起来却不是一件容易的事情。因为旅游规划与开发涉及的不仅是经济效益,还会涉及环境、社会等诸多复杂的利益关系。评估的时间范围不仅包括现实的状况，还应该有一定的时间超前性，也就是人们常说的前瞻性。基于旅游区效益评估内容的繁杂性以及时间上的预见性等特点，我们在评估时必然应多种方法并用，既要使用旅游学、经济学、统计学、数理统计等学科的统计方法，还要运用社会学、人口学、生态学、行为学等学科的分析方法；既要使用定量分析，还要合理地使用一定的定性分析方法，并且定量分析要与定性分析紧密结合。下面我们将分别介绍旅游规划与开发的经济效益、社会效益和环境效益的评估方法。

（一）旅游区经济效益评估方法

一般说来，经济效益评估的方法是先针对评估对象制定一系列评估指标，分别就其成本和收入进行评价，然后对成本和收益加以综合比较而得出结论。在对旅游规划与开发的效益进行评估时，我们要分别对旅游区的微观经济效益和宏观经济效益加以评估。

1. 旅游区微观经济效益评估

旅游规划与开发的微观经济效益是指旅游企业和部门在开发、生产、经营旅游产品的过程中投入与产出的比较，即向旅游者提供直接服务的旅行社、旅游交通运输部门、酒店、餐饮、景点、娱乐场所等旅游企业在开发和提供旅游产品对物化劳动和活劳动的占用与消耗和企业所获得的经营成果的比较。

微观经济效益评估的对象是旅游企业，对旅游企业进行效益评估实际上就是界定企业的成本和收益，收益减去成本费用及各种税金便是企业的利润。如果某旅游项目评估结果是有可观的年利润率，也即有较理想的投资回收期，则证明该项目的经济效益是可行的。

2. 旅游区宏观经济效益评估

旅游作为一种经济活动，它的开展必然会产生收入，并且由于旅游业所特有的关联作用而导致其他与旅游业有联系的国民经济行业收入增加。另外，旅游业作为国民经济第三产业中最具潜力的行业，对国民经济结构的改善和升级有着极大的促进作用，国外的三大产业结构中一般是第三产业所占的比重最大，而我国由于长期生产力水平低下，因而第一产业所占的比重很大。开发旅游资源不仅能大力推进第三产业的全面发展，也会将第一、二产业融于其中共同发展。此外，国际旅游被称为一种特殊的国际贸易形式，旅游接待国在获取国际旅游者带来的旅游外汇的同时，也要投入大量的人力、物力、财力，以保证充足的旅游服务设施供给来满足各类旅游者的需要。旅游规划与开发的宏观经济效益是指在旅游经济活动中社会投入的活劳动、物化劳动、自然资源的占用和消耗与旅游业及全社会经济效益的比较。

旅游规划与开发的宏观经济效益评估主要包括对国民经济增长的贡献率评估、对国民经济产业结构调整的贡献率评估和对其他产业的关联带动作用及其乘数效应评估。

（二）旅游区社会效益评估方法

旅游业的发展对旅游区产生经济效益的同时，也会带来一定的社会影响，其社会效益可从以下三方面进行评估：

1. 基础设施的改善

区域旅游开发的基本条件是公共基础设施的完善与便利，需要政府或企业加大投入，这种公共基础设施的投入是区域旅游业发展的先决条件。这些公共基础设施的投入,一方面将优化区域投资环境,为旅游企业的发展创造条件,鼓励旅游企业开发本地的旅游资源,促进当地社会经济的发展;同时,由于公共基础设施的服务对象是社会大众,旅游区内的居民也会从基础设施的大量投入中获得便利,提高旅游区整体的社会福利水平。可通过旅游区内人均拥有的公里路程、平均每个企业拥有的公共设施等指标,结合居民和旅游者对公共基础设施的感受评价,来评估旅游区基础设施的改善所产生的社会效益。

2. 就业环境的改善

旅游业是以一定的旅游资源为依托、以服务为导向的产业,其劳动密集性特征十分明显,故发展旅游业可以为本地提供一定数量的就业机会。在对旅游区旅游产业的就业机会进行评估时,主要是利用经济统计的方法和手段,比较该区域在一段时期内接待的游客增加数与该地新增的旅游直接就业人员和派生的间接就业人员人数,结果就是旅游业的就业乘数。该乘数可以用来衡量旅游业创造就业机会的能力的大小,数值越大说明旅游区的就业效益越大。

3. 社会文化的影响

随着旅游活动的展开,其对旅游区的社会文化也有一定的影响。随着游客的大量进入,旅游区居民原来的生活方式、思维方式等会受到外来文化的冲击而发生变化,甚至会产生原有文化的边缘化以至消亡。对旅游者来说,旅游地原有文化的边缘化和消亡,就意味着原来异质旅游区变成了同质旅游区,其旅游价值将下降。这是旅游区的一个巨大的损失。这种社会效益的评估难度较大,一般采取实地考察并结合抽样调查的办法进行评估。

(三)旅游区环境效益评估方法

区域旅游活动的开展,一方面对旅游区环境质量的改善有着积极的促进作用。这集中表现在水体旅游资源的开发要求和地质地貌旅游资源、生物旅游资源等的开发与环保标准上。故在对旅游区的环境效益进行评估时,可借助旅游规划与开发要求中的相关指标进行衡量,通过这些指标的纵向和横向比较,得出该旅游地在开发过程中环境质量的变化情况。另一方面,旅游活动会对旅游区的环境带来负面影响,特别是当旅游活动出现长时间超载时,其负面影响将是不可逆转的。然而,人类活动对环境所产生的影响是缓慢作用的结果,所以,评估旅游者对旅游区环境所产生的负面影响的难度是相当大的,需要对旅游区的环境进行长时间的跟踪监测。

案例　乡村旅游投融资模式

一、政府资金

政府资金融资偿还期限长,甚至不用偿还,是最为有利的融资渠道。在乡村旅游政府资金融资方面,主要类型有国家财政支农资金、扶贫基金支持、旅游国债项目、生态保护项目、文物保护项目、世界旅游组织规划支持、国家级省市旅游产业结构调整基金和农业、水利、生态、文化等项目扶持资金。所筹资金投资重点涉及公共基础设施、市政设施、环境治理、生态建设、文物保护、人力开发、交通、信息扶持、产业安全等方面。

国家财政支农资金包括:四减免、四补贴、六小工程、三奖一补、两免一补、新型农村合作医疗及劳动力转移培训阳光工程,且投资重点转向农村社会领域。中国扶贫基金会是援助贫困社区的弱势群体、援助贫困社区的公共设施和社区服务、为贫困社区中的穷人提供技术性服务的专业人士和组织。投资公益性项目是政府通过转移支付等方式投资支持项目发展,直接或间接促进乡村旅游发展的项目,项目类型有农村基础设施建设、生态农业、观光农业、农业产业化、生态涵养等。

融资措施包括争取计划单列、政策组合;加快乡村旅游项目库的建设。

二、借贷融资

借贷融资渠道通畅,债权清晰,融资过程稳定性高。政府提供优惠政策,支持获得商业银行贴息贷款,政府为乡村旅游企业支付50%~100%的贷款利息,减轻企业负担。主要类型有村镇银行、农村资金互助社、小额贷款公司、商业银行和农村合作银行分支机构。所筹资金投资重点包括政策性银行和国际贷款主要投资基础设施建设、生态环境保护、遗迹遗产保护、脱贫帮扶等项目。

商业银行主要投资经营性项目、旅游服务设施建设、旅游娱乐项目等。借贷条件是项目信贷自有资本大于25%;抵押贷款拥有土地使用权、相关建筑物的所有权、开发经营权、未来门票或其他收费权等。

农村资金互助社的贷款方是农村资金互助社;借款方是农村资金互助社的社员,一般是乡镇、行政村农民和农村小企业;借贷目的是为社员提供存款、贷款、结算等业务的社区互助性银行业金融业务,解决社员在生产经营过程中遇到的资金短缺难题。互助社成立基本条件为符合监管部门规定要求、10名以上符合规定要求的发起人、有一定的注册资本。

小额贷款的贷款方是村镇银行、农村资金互助社和小额贷款公司等;借款方是个体经营者、合作组织或中小企业;借贷目的是为发展乡村旅游而获得小额资金,在一定程度上解决长期存在的经营者一时手头不足、贷款难的问题。

逐步推进旅游景区(景点)所有权、管理权与经营权的分离;成立一支富有经验的管理团队,可以提供项目成本及利润的准确预测;加强对农户和经营企业的信贷支持和担保支持,给予一定比例的保费补助或贴息,并用小额贷款支持农村旅游户;引导和鼓励中介组织为乡村旅游发展提供资金融通、信用担保、融资租赁、项目融资、信托投资等服务;探索推行动产抵押、权益抵押、林权抵押、土地使用权抵押等担保形式。

三、招商引资

招商引资是针对具体项目而进行的引资行为,继而达到实现商业价值的目的,其本质就是为乡村旅游项目引进资金,招揽商户。招商引资灵活性大,融资范围及幅度可无限扩展。招商引资的重点是经营性建设及服务项目,主要方式包括风险投资、项目招商和合作协议,招商对象是具有一定基础、符合一定条件的且有意愿投资乡村旅游的国内外企业,大城市郊区可重点吸引国际资本与品牌,边远地区则重点吸引本地资本。主要类型包括整体项目招商,即项目整体打包招商;合作项目招商,即两家以上企业合资入股;基础设施建设项目招商,即政府在一定限期后收回,包括 BOT、BT、TOT 等方式。

认真落实招商引资的各项优惠政策,组织召开旅游投资洽谈会,探索推动重点地区乡村旅游项目的集中招商,鼓励和引导大型旅游企业参与开发和经营,鼓励整体项目融资,创办特色乡村旅游项目。具体步骤为:

(1)项目包装与招商资料准备:项目建议书、商业计划书、可行性研究报告、策划及规划、优惠政策、合作意向、基本法律文件。

(2)招商渠道与政策:政府招商部门、企业招商部门、专业招商部门、关联企业及关联人、专题招商会、参加招商会。

(3)招商宣传:印刷精美的招商册子、专用招商网站、网络传播、其他媒体传播。

(4)招商谈判与合作:最大优惠政策、多种合作模式、规划可调整、政府参与。

四、金融市场

金融市场融资顺应金融改革发展趋势,融资规模大、期限长,发展潜力巨大。乡村旅游金融市场:融资重点用于基础设施、资源环境保护和培训等公共服务。主要类型包括:

(1)股票和债券市场:对融资主体较高,发展较好的乡村旅游目的地或规模较大的乡村旅游企业可借由这两个渠道获得大批资金。

(2)基金:包括公募基金和私募基金,国家和政府财政建立的乡村旅游专项基金属于公募基金,私募基金是企业或团体为实现某个目的而筹集的资金池。

(3)信托市场融资:一般借助于特定项目、特定产品进行融资。

信托市场融资的委托人是信托的创设者,是信托服务的需求方,提供信托财产;受托人是信托服务的提供方,通常指信托投资公司;信托服务以委托人项目完成,受托人盈利为目的。如,重庆中国青年旅行社策划发行西部旅游信托凭证,向社会集资。

融资措施有:

(1)积极引进先进的管理模式,加快旅游市场化运作,推动组建大型旅游企业集团,促使资源优势向经济优势转化。

(2)由于门票收入不能计入上市公司主营收入的限制,上市融资并非易事。但可优化公司资产结构,从主要依赖门票收入的景区开发经营模式,向宾馆、民居旅馆、餐饮经营、旅游交通、旅游纪念品产销等多项业务转移资本和收入,增强企业的融资能力。

(3)以股份有限公司发起人身份,向社会定向招募投资人入股。

(4)在新股发行中引入战略投资者,允许战略投资者在发行人发行新股中参与申购,引入国外资本。

(5)资产证券化包括实体资产、信贷资产、证券资产、现金资产证券化。主要受理此业务的银行有国家开发银行和中国建设银行。

五、资产重组

资产重组融资挖掘自身资产价值,化不动资产为流动资金。乡村旅游资产重组融资的类型有股权融资和权益融资。

股权融资是成立股份有限公司,企业出资入股,村集体以村落资源为不动产入股,占有旅游企业的部分股权,甚至控股,参与经营和分红的融资方式。如农民以土地招股方式获得企业投资;村民散户将土地使用权转让给村集体,成立合作组织发展乡村旅游,分享经营利润。2009 年 8 月,在西部产权交易所,一则包括空中花园、老年生态休闲公寓、六国园项目旅游观光轻轨火车、秦岭欢乐谷、石鼓大酒店、石鼓跑马场、石鼓山山地高尔夫球场、石刻艺术文化区等 15 个项目在内的宝鸡市文化旅游招商公告占据了西部产权交易所的显著位置。经粗略计算,15 个项目招商资金为 70 余亿元。产权界人士表示,数额如此巨大的招商项目在产权市场融资尚属首次。

权益融资是政府主导、农民以村集体为单位向企业出租不动产,放弃土地的使用权、经营权和经营所得,以租赁费为补偿的融资方式。如房屋使用权重组,村民通过整体租赁转让,受让者对房屋进行改造,使其具备居住和乡村旅游接待双重功能;土地使用权重组,村民集体获得开发企业的土地租金。如,张裕爱斐堡国际酒庄权益融资案,当年巨各庄镇政府以出让 800 亩土地使用权的方式进行权益融资,成就总投资 4.5 亿元的中外合资项目,规模较大,品质较高,影响显著。

融资措施:按照资本市场标准要求设定融资项目;融资方应加强规范和引导,保证乡村环境的持续改善和乡村旅游的稳健发展。融资方要正确处理外来投资者和本地居民的关系,形成乡村旅游发展的合力。

六、闲置资金

社会闲置资金利用不足,尤其是农村信用社资金闲置问题较为严重,政府鼓励充分利用该笔资金。闲置资金融资充分提升资金利用率,化闲置资金为盈利资金。主要类型包括团体闲置资金和个人闲置资金。

团体闲置资金融资多指在满足团体某种需求的基础上,可吸引有闲置资金的团体将资金投入乡村旅游发展之中。志愿性组织和非营利性团体多以教育保护等为目的;营利性团体多以获得资金回报为目的。如,农村信用社的闲置资金,可在政府担保、项目确保盈利的基础上充分利用该笔资金。

个人闲置资金融资多指乡村旅游目的地当地的农民进行单体投资或集体投资。单体投资如德庆县农民在景点投资建设农村农舍、配套的购物街、餐馆等。集体投资如河源市苏家围全村农民集体筹资,成立了当地第一家农村旅游股份有限公司;九龙湖黄金沟的全部村民集中全部集体资金和个人资金开发黄金沟项目。

融资措施有以下四种:

(1)继续执行各种有关土地使用、税费等优惠政策,鼓励和引导社会资本以独资、合资、合作、联营和项目融资等方式,参与旅游景区(景点)基础设施建设。

(2)放宽民间资本的市场准入,拓宽民间投资领域,鼓励农民以土地使用权、固定资产、资金、技术等多种形式入股兴办乡村旅游,享有薪金、租金、股金等稳定长期的收益回报。

(3)建设一支团结奋进、村民拥护的领导班子,可有效提高融资能力。

(4)集体经济实力强的村庄往往依靠集体积累开发旅游项目,集体经济实力较弱,又缺少政府和企业投资的村庄发展旅游除了单个农户投资就是依靠社会集资。

七、减缩成本

减缩成本融资实质是节约资金，避免浪费，提升资金的有效利用率。具体包括减缩管理成本、减缩投资成本和减缩环境成本三种类型。

减缩管理成本包括三个方面：组织管理方面，成立经营合作组织；行政管理方面，借助政府服务部门；人事管理方面，运用先进的管理理念。其中，成立经营合作组织，可减缩组织管理成本。旅游经营主体聚零为整，由农民分散经营变为农民旅游合作社，不仅自身的经营实力增强，产生了规模经营优势，减缩了组织管理成本，而且对外融资的能力也大为提高。由于抗击风险的能力增强，农民旅游经营合作组织更易于获得商业银行贴息贷款和金融公司的小额资金贷款。借助政府服务部门，可减缩行政管理成本。在企业与村民的合作过程中，不论是股权融资还是权益融资，都由地方政府所属的企业管理服务中心代理各村与企业签订协议，这样，政府及其代理机构就成为了企业信用和农民信用的担保者，减少了融资行政管理成本，增加了融资成功率和项目合作成功率。

减缩投资成本包括前期投资，精打细算做预算；中期投资，一丝不苟严把关；末期投资，稳扎稳打守底线。要倡导节约精神，力促压缩各项成本；倡导科学管理方法，高效集约达成目标。

减缩环境成本包括促使政府出台各项优惠政策，寻求政策支持；支持行业协会等中介机构发挥作用，寻求行业扶持。其中，促使出台优惠政策，减缩投资环境成本，如，促使市、区、县、乡镇等政府出台土地、税收等多种政策措施，优商、惠商、安商，不但减缩了前期投资成本，还可吸引国内外众多投资商投资乡村旅游业，更有诱惑力的是吸引一批有实力的企业投资综合性乡村旅游项目。

资料来源：奇创旅游规划设计咨询机构

本章思考题

1. 简要说明旅游规划与开发效益评估的意义。
2. 旅游规划与开发效益评估应遵循哪些原则？
3. 如何评价旅游规划与开发的社会效益？
4. 如何平衡旅游规划与开发中经济效益、社会效益和环境效益三者的关系？

参 考 文 献

[1] 吴必虎. 区域旅游规划原理[M]. 北京:中国旅游出版社,2001.
[2] 杨振之. 旅游资源开发与规划[M]. 成都:四川大学出版社,2002.
[3] 马勇,李玺. 旅游规划与开发[M]. 3 版. 北京:高等教育出版社,2012.
[4] 保继刚,楚义芳. 旅游地理学[M]. 3 版. 北京:高等教育出版社,2012.
[5] 赵黎明,黄安民. 旅游规划教程[M]. 北京:科学出版社,2017.
[6] 高峻. 旅游资源规划与开发[M]. 北京:清华大学出版社,2007.
[7] 辛建荣,张俊霞. 旅游区规划与管理[M]. 天津:南开大学出版社,2007.
[8] 陈兴中,方海川,汪明林. 旅游资源开发与规划[M]. 北京:科学出版社,2005.
[9] 刘沛林. 区域旅游规划:原理与实践[M]. 北京:华龄出版社. 2006.
[10] 孟爱云. 旅游资源开发与规划[M]. 北京:北京大学出版社,2013.
[11] 王大悟,毕吕贵. 旅游规划新论[M]. 合肥:黄山书社,2002.
[12] 梁明珠. 旅游资源开发与规划[M]. 北京:经济科学出版社,2007.
[13] 全华,王丽华. 旅游规划学[M]. 大连:东北财经大学出版社,2003.
[14] 冯小叶,王蔚. 旅游资源与开发[M]. 北京:北京大学出版社,2012.
[15] 简王华. 旅游规划与开发[M]. 武汉:华中师范大学出版社,2006.
[16] 严国泰. 旅游规划理论与方法[M]. 北京:旅游教育出版社,2006.
[17] 王德刚,何佳梅. 旅游资源开发与利用[M]. 济南:山东大学出版社,2005.
[18] 保继刚. 旅游区规划与策划案例[M]. 广州:广东旅游出版社,2005.
[19] 马勇,李玺,李娟文. 旅游规划与开发[M]. 北京:科学出版社,2004.
[20] (美)克莱尔 · A. 冈恩,(土)特格特 · 瓦尔. 旅游规划理论与案例[M]. 吴必虎,吴冬青,党宁,译. 大连:东北财经大学出版社,2005.
[21] 曹诗图. 旅游开发与规划[M]. 武汉:武汉大学出版社,2007.
[22] 龚绍方. 旅游规划与开发[M]. 郑州:郑州大学出版社,2007.
[23] 马耀峰,宋保平,赵振斌. 旅游资源开发[M]. 北京:科学出版社,2017.
[24] 王德刚,焦连安,董宪军,等. 旅游资源开发与利用[M]. 济南:山东大学出版社,1997.
[25] 唐代剑. 旅游规划原则[M]. 杭州:浙江大学出版社,2005.
[26] 何雨. 旅游规划概论[M]. 北京:旅游教育出版社,2004.
[27] (美)因斯克普. 旅游规划:一种综合性的可持续的开发方法[M]. 张凌云,译. 北京:旅游教育出版社,2004.
[28] 李蕾蕾. 旅游目的地形象策划:理论与实务[M]. 广州:广东旅游出版社,1999.
[29] 尹隽. 旅游目的地形象策划[M]. 北京:人民邮电出版社,2006.
[30] 鄢志武. 旅游资源学[M]. 武汉:武汉大学出版社,2007.
[31] 杨桂华. 旅游资源学[M]. 昆明:云南大学出版社,2003.
[32] 宁夏回族自治区旅游局,北京交通大学旅游发展与规划研究中心. 宁夏回族自治区旅游市场营销规划 2004—2008[M]. 北京:中国旅游出版社,2005.

[33] 林南枝,黄晶.旅游市场学[M].3版.天津:南开大学出版社,2010.
[34] 赵西萍.旅游市场营销学[M].北京:科学出版社,2006.
[35] 赵毅,叶红.新编旅游市场营销学[M].北京:清华大学出版社,2006.
[36] 印开蒲,鄢和琳.生态旅游与可持续发展[M].成都:四川大学出版社,2003.
[37] 崔莉.旅游交通管理[M].北京:清华大学出版社,2007.
[38] 赵瑜,周振庆,吴风.旅游交通[M].北京:中国铁道出版社,2002.
[39] 杜学.旅游交通概论[M].北京:旅游教育出版社,1978.
[40] 杨晓霞.旅游规划原理[M].北京:科学出版社,2018.
[41] 李瑞,王义民.旅游资源规划与开发[M].郑州:郑州大学出版社,2018.
[42] 邓爱民,张大鹏.旅游资源开发与管理[M].北京:中国旅游出版社,2016.
[43] 张伟强.旅游资源开发与管理[M].广州:华南理工大学出版社,2013.
[44] 梁明珠.旅游资源开发与规划——原理、案例[M].2版.广州:暨南大学出版社,2014.
[45] 周骏一.旅游资源与开发[M].成都:西南财经大学出版社,2010.
[46] 杨阿莉.旅游资源学[M].北京:北京大学出版社,2016.
[47] 张吉献,李伟丽.旅游资源学[M].北京:机械工业出版社,2015.
[48] 刘春.旅游资源开发与规划[M].天津:天津大学出版社,2010.
[49] 全华.旅游资源开发及管理[M].2版.北京:旅游教育出版社,2011.
[50] 四川省人民政府.四川省"十三五"旅游业发展规划[R].2017.
[51] 海南省人民政府.海南省全域旅游建设发展规划(2016—2020)[R].2016.
[52] 重庆浩鉴旅游规划设计有限公司.重庆永川卫星湖旅游区旅游发展总体规划[R].2004.
[53] 北京国智景元旅游顾问有限公司.格尔木旅游形象策划与市场营销规划纲要[R].2003.
[54] 成都来也旅游策划管理有限责任公司.重庆市南山森林公园旅游发展总体策划[R].2009.
[55] 朱孔山.论旅游产品设计与开发的原则[J].商业研究,2002(14):116-118.
[56] 许春晓.旅游规划产品设计"双筛法"研究[J].旅游学刊,2003(1):27-30.
[57] 孙亮.论旅游产品组合的三维拓展模型——以南通旅游产品开发为例[J].华东经济管理,2008(7):14-18.
[58] 杨振之,陈谨.旅游产品策划的理论与实证研究[J].四川师范大学学报(社会科学版),2006(4):105-110.
[59] 彭建,陈忠晓,刘忠伟,等.区域旅游商品的特征及其开发原则[J].资源开发与市场,2002(2):59.
[60] 蒋冰华.旅游商品的特点和分类研究[J].安阳师范学院学报,2005(3):60-62.
[61] 陈毕新,鞠风波,陈小鸿,等.旅游交通规划"三步曲"的方法与实践——以宁波东钱湖地区为例[J].交通运输工程与信息学报,2007(2):37-43+56.
[62] 陈飙,杨桂华.梅里雪山雨崩村旅游社区参与的组织形式与分配制度[J].思想战线,2008(3):127-128.
[63] 樊信友.对大足旅游发展的深度思考[J].重庆交通大学学报(社会科学版),2008(4):36-39.

[64] 孙有望,李云清. 论旅游交通与交通旅游[J]. 上海铁道大学学报(理工辑),1999(10):65-69.
[65] 王兆峰. 旅游交通对旅游产业发展影响的实证分析——以张家界为例[J]. 财经理论与实践. 2009(4):112-116.
[66] 黎洁. 论旅游目的地形象及其市场营销意义[J]. 桂林旅游高等专科学校学报,1998(1),81-85.
[67] 熊伟,冯维波,康刚. 基于 TIS 的我国乡村旅游地形象设计[J]. 生态经济,2005(6):82-85.
[68] 张慧丽. 基于地脉、文脉理论的桂林城市旅游形象分析[J]. 中国集体经济,2009(13):158-159.
[69] 张广瑞. 旅游规划的理论与实践[M]. 北京:社会科学文献出版社,2009.
[70] 樊信友. 论区域旅游产业空间布局的形成机制——以九寨沟为例[J]. 特区经济,2008(11):158-159.
[71] 吴必虎. 区域旅游开发的 RMP 分析——以河南洛阳市为例[J]. 地理研究,2001(1):103-110.
[72] 国家旅游局人事劳动局. 旅游规划原理[M]. 北京:旅游教育出版社,2006.
[73] 苏文才,孙文昌. 旅游资源学[M]. 北京:高等教育出版社,1998.
[74] 王大悟,魏小安. 新编旅游经济学[M]. 上海:上海人民出版社,1998.
[75] 漆明亮. 社区参与旅游扶贫及模式研究[D]. 成都:西南财经大学,2006.
[76] 戚丽莎. 中国旅游规划发展的阶段特征及主导思想对比研究[D]. 青岛:青岛大学,2009.
[77] 马耀峰,黄毅. 旅游规划创新模式研究[J]. 陕西师范大学学报(自然科学版),2014(3):78-84.
[78] 徐宏,徐荣民. 国内全域旅游研究进展及其理论创新[J]. 安顺学院学报,2017(3):97-101.
[79] 张玉. 交通旅游研究述评[J]. 旅游纵览(下半月),2017(1):29-30.
[80] 中华人民共和国国家质量技术监督检验检疫总局. 旅游规划通则[S]. 北京:中国标准出版社,2003.
[81] 中华人民共和国国家质量技术监督检验检疫总局. 旅游资源分类、调查和评价[S]. 北京:中国标准出版社,2003.
[82] 张晓萍,黄继元. 纳尔逊·格雷本的"旅游人类学"[J]. 思想战线,2000(2):47-50.
[83] 樊信友. 体验经济下工业旅游的发展模式[S]. 中国旅游报,2015-7-9.
[84] 粟路军,何学欢. 旅游地形象涵义、构成、特征与形成过程——基于国外文献的梳理[J]. 旅游科学,2015(3):80-94.
[85] 余青,樊欣,刘志敏,等. 国外风景道的理论与实践[J]. 旅游学刊,2006(5):91-95.
[86] 余青,吴必虎,刘志敏,等. 风景道研究与规划实践综述[J]. 地理研究,2007(6):1274-1284.
[87] 李星明,曾菊新,Liu Juanita C. 旅游规划的文化生态理论研究[J]. 人文地理,2014(1):129-133 +60.

[88] 刘建峰,王桂玉,张晓萍.基于旅游体验视角的旅游规划形式与内容的反思[J].地域研究与开发,2014(2):88-93.

[89] 郝康理.新常态下旅游规划理念创新[J].旅游学刊,2015(4):4-6.

[90] 宁夏回族自治区人民政府.宁夏回族自治区"十三五"全域旅游发展规划[R].2017.